石川 林億齡의 生涯와 詩文學

林南炯

나는 石川의 15대손이다. 지금으로부터 37년 전 선친의 유지에 따라 가족과 함께 생전 처음으로 성산에 있는 石川의 구거 식영정을 찾아간 적이 있다. 그런데 입구의 안내문에는 石川의 이름은 커녕 정자의 유래마저 일언반구 없었다. 황당한 나머지 정자에 걸려 있는 해 묵은 현판을 보니 "식영정은 林石川이 남긴 정자"라 적혀 있는 것이다. 자초지종을 알고 싶어 선대로부터 물려받은 『石川集』을 봤더니 식영정의 주인은 차치하고라도 「성산별곡」의 해설에 오류가 있음을 발견하였다. 그래서 위선의 차원을 넘어 왜곡된 국정교과서를 바로 잡아야 한다는 사명감에서 둔필에까지 이르게 되었다. <성산별곡 창작 동기에 대한 재검토>란 표제로 국문학계에 반론을 제기하여 논란을 일으켰던 것이다.

이때부터 石川 관련 자료수집에 심혈을 기울여 온 결과 필자가 소장한 『石川集』(1,100여 수)보다 배 이상 수록된 서울대 규장각 소장 『石川集』 필사본(2,300여 수)과 石川 사후 4년에 제주목관에서 간행한 고려대 만송문고 소장 『石川先生詩集』 목판본(1,200여 수)을 입수하여 중복된 시를 제하고 2,700여 수가 수록된 『石川集』 영인본(여강출판사 발행)과 속집을 위탁 간행함으로써 학계에 石川 연구가 본격화 됐을 뿐 아니라 조선시대 최 다작 시인(서울신문, 1990년 3월 13일자 등재)으로까지 부상한 것이다.

 그 밖에 우리나라 역대 시평을 집대성한 『시화총림(詩話叢林)』을 비롯한 고전에 石川을 국조인물로 거명하고 있으며, 특히 시인으로서는 당시 사계의 제 일인자로까지 추앙하고 있음을 볼 때 문중의 현조로만 알았던 필자로서는 石川의 위상을 다시 한 번 깨닫게 되었다.

 이 같은 문헌을 토대로 한 石川의 문학, 생애, 교유에 관한 논술 몇 편을 골라 묶어 보았다. 당초 출판을 의식하지 않고 그때마다 새로운 청중들을 상대로 발표하였기 때문에 石川의 주론을 전개하다 보니 중복된 사설이 있으며 또한 후예로서 편향된 선입견을 없애기 위하여 증거 위주로 기술하려 하였다. 그러므로 미숙한 곳이 없지 않으니 많은 질정을 기대한다.

 금년이 필자의 팔순인데 가아 재윤이 내외가 저서의 출간을 서둘러 그 성의가 가상하고 필자 역시 오랜 세월 石川을 위하여 논쟁 속에 휘말려 온 과정을 알리고 싶고 石川을 연구하고자 하는 후학들에게 자료로 제공하려는 마음 또한 간절하여 분수를 잊은 채 용기를 냈다.

 출판에 협조하여 주신 위정철, 권혁명 학자와 출판사 대표님께 감사하며 집필할 때 옆에서 격려하여 준 내자에게도 고마워한다.

필자 임남형 삼가 씀

차례

책머리에 • 3

1장 石川 林億齡과 海南

   Ⅰ. 머리말 ·· 9
   Ⅱ. 石川의 生涯 ·· 10
   Ⅲ. 石川과 海南 文學 ·· 27
      1. 海南은 시가 문학의 고을이다
      2. 石川이 海南에 끼친 影響
   Ⅳ. 맺음말 ·· 41

2장 石川 林億齡의 星山詩壇과 亭閣

   Ⅰ. 머리말 ·· 45
   Ⅱ. 石川과 星山과의 因緣 ··· 46
   Ⅲ. 石川과 星山詩壇 ·· 48
      1. 石川의 詩評과 詩想
      2. 星山 詩壇의 形成
      3. 石川의 <息影亭二十詠>과 <星山別曲> 對比
   Ⅳ. 石川과 星山亭閣 ·· 69
      1. 星山亭閣의 主人에 대한 論難
      2. 星山亭閣의 保存
      3. 息影亭의 案內板記
   Ⅳ. 맺음말 ·· 78

3장 石川 林億齡의 交遊 人士

    Ⅰ. 머리말 ··· 83
    Ⅱ. 스승 ··· 84
    Ⅲ. 제자 ··· 89
    Ⅳ. 교우 ··· 120
    Ⅴ. 승려 ··· 162
    Ⅵ. 맺음말 ·· 167

4장 星山別曲의 論爭攷

    Ⅰ. 序論 ··· 171
    Ⅱ. 星山別曲의 作家 ·· 171
    Ⅲ. 星山別曲의 製作年代 ·· 172
    Ⅳ. 星山別曲의 讚美對象 ·· 176
    Ⅴ. 結語 ··· 198

附錄

    石川年譜 ·· 205

1장
石川 林億齡과 海南

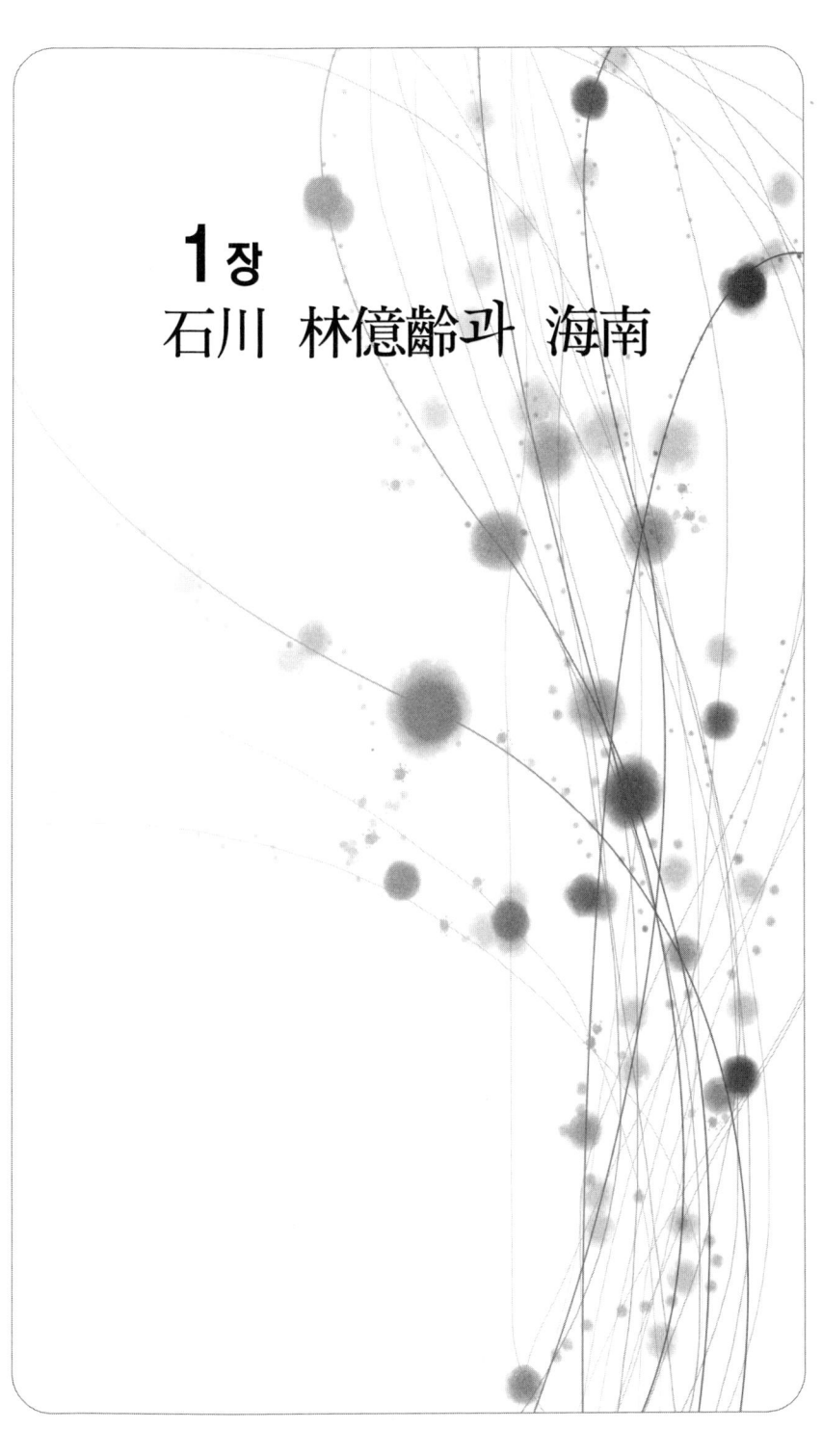

1장 石川 林億齡과 海南

Ⅰ. 머리말

조선조 시문학이 가장 융성했던 16세기에 이르러 활동하던 인물 중 호남인이 주류를 이루었다. 특히 이곳 해남 출생인 석천 임억령(1496~1568)은 호남의 사종(詞宗)으로 각광 받았던 시인이다. 석천은 3,000여 수를 창작하여 당시 시인 가운데 가장 많은 작품을 전하고 있으며, 교유 인사가 300여 명에 달하고 있으니 사계의 정상이라 일컬어지고 있다. 그런데 아직까지 석천 문학에 대하여 그 실상을 규명하지 못한 상태이다. 이는 광복 후 고전문학 연구의 방향설정이 한시보다는 국문가사에 치우쳐 왔기 때문이며, 특히 석천의 경우는 유고의 산재로 뒤늦게 학계에 알려졌으니 더욱 그렇다.

그러나 근자에 이르러 최한선 교수의 「석천 임억령 시문학 연구」란 박사학위 논문이 발표되고, 1995년 광주광역시 주최로 "석천 임억령의 문학과 사상"이란 주제 하에 전국학술대회(광주, 전남 5대 인물로 고봉, 제봉, 눌재, 하서, 석천을 선정 5년간 년차 실시)가 개최되었는가 하면, 1996년에는 석천 탄신 500주년을 기념하여 전라남도에서 『석천집』 국역본을 간행 한 바 있다. 그리고 지난 2000년 11월에는 담양군에서 석천의 유적이 있는 성산의 식영정 아래에 가사문학관을 건립하고 송순, 정철 등과 같이 석천의 생애와 시문학을 전시 또는 영상으로 제작하여 석천의 위상이 밝혀지고 있다.

그렇다면 잠시 우거했던 그곳에 비해 석천이 생졸 한 이곳 해남에서는 얼마나 많은 활동을 하였으며 어떠한 업적을 남겼는가 하는데 궁금하지 않을 수 없다. 따라서 본고에서는 석천의 생애와 위상을 더듬어 보고 이 고장 해남과 석천의 관계를 심층 고찰해 보고자 한다.

Ⅱ. 石川의 生涯

석천은 해남 남문 밖 해리에서 선산 임씨 우형(遇亨)과 은성 박씨(회제 박광옥의 고모)의 5남 1녀 가운데 셋째로 태어났으며 일찍이 아버지를 여의고 편모슬하에서 자랐다. 7세에 숙부 우리(遇利)의 문하에 들어가 가학을 익혔으며 14세 때에는 동생 백령과 같이 광주 외가의 주선으로 눌재 박상(1474~1530), 육봉 박우(1476~1549) 형제를 찾아가 수학하였다. 그때의 일화가 박동량의 <기재잡기>에 전한다.

> 눌재는 석천에게 장자를 읽도록 하면서 말하기를 "너는 반드시 문장이 될 것이다"라 하고
> 동생 백령에게는 논어를 읽도록 하면서 "이는 족히 관각문을 담당하게 될 것이다"라 하였다.[1]

눌재의 이러한 예견은 대체로 적중하였으며, 석천의 학시에 발판이 된 것이다.

---

1) 박동량, 「기재잡기」, 『국역대동야승』 권51, 민족문화추진회, 1982, 24면.

그러므로 석천은 양 사부를 통해 거슬러 올라가면 점필재 김종직의 학맥을 이어 받은 것이다.

```
        ↗ 최부 → 임우리 ↘
  김종직                    임억령
        ↘ 박정 → 박상  ↗
```

석천은 중종 11년(1516) 진사 회시에 합격하고 태학에 들어가 학문이 크게 진작 되었으나, 기묘사화가 일어나자 사림의 거목 정암 조광조가 이 지방 능주에서 사사되고 그 여파가 호남 사림에까지 미치니 이를 지켜 본 석천은 사화에 혐오를 느껴 벼슬에 대한 뜻을 버리고 처자와 같이 귀향하였다. 석천은 그 때의 감회를 다음과 같이 읊었다.

有客携妻子	어떤 나그네 처자를 거느리고
遙遙指海南	멀리 멀리 해남을 향해가네
黃昏來古渡	해 질 무렵 옛 나루터에 당도하니
碧水染新藍	맑은 금강물은 쪽빛인양 푸르르네
撲撲柳飛絮	훨훨 나는 버들 꽃은 솜털인양 휘날리고
蕭蕭風滿衫	쓸쓸한 바람은 소매 끝에 스며드네
平生驚世句	평생 동안 세상을 놀라게 할 시구는
性癖至今耽	성정의 괴벽 때문임을 이제야 깨닫겠네

<題錦江樓船>[2]

사화를 일으킨 가화자는 바람이요 피화자는 버들에 비유하고 있다.
석천은 중종 20년(1525) 사화의 물결이 멈추자 식년시에 등과 하고 출사 하였다. 이때 양림산 사직동에 살면서 칩거하고 있는 청송 성수침과

---

[2] 임억령, 『石川集』, 여강출판사, 1989, 279면. 이하 『석천집』 인용의 경우 '임억령, 앞의 책, 페이지.'의 형식을 따름.

조우(遭遇)하게 된다. 청송은 우계 성혼(渾)의 아버지다. 성수침은 정암의 수제자로 스승이 사사되자 일생동안 벼슬에 나가지 않은 조선조 대표적인 산림처사로 국중명사들의 예우를 받아왔다. 청송과 석천은 평생 지기로 노년에 이르기까지 편지 또는 선물이 오고 갔음을 석천시를 통하여 확인할 수 있다.

또한 석천은 청송의 선친 대사헌 성세순의 <묘갈명>을 찬술한 바 있다. 중대한 부친의 묘갈을 많은 인사 가운데 석천에게 의뢰하였다함은, 평소 석천의 문장을 높이 평가하고 양가의 정분이 돈독하였음을 알 수 있다. 청송의 동생 절효공 성수종 역시 석천과의 교유시가 전해지고 있으며, 그의 아들 우계 역시 석천의 학문을 추종하였다고 볼 수 있다. 때문에 김수항은 <석천행적기략>에서 "선생이 교유하시던 분들도 모두가 명인석사다. 더욱이 청송 성선생 형제와는 막역한 처지로 지내셨다"[3]라고 지적하고 있다.

석천은 1533년 모친의 병환을 걸양코자 잠시 동복 현감으로 내려왔다. 그 때 신재 최산두가 기묘사화로 이곳에 유배되어 있었는데 자주 방문하고 뜻을 같이한 위안의 시를 게을리 하지 않았다. 제봉 고경명은 <유서석록>에서 신재가 적벽을 찾아내고 석천이 명을 짓고 하서가 시를 지어 남도 제일의 승지가 되었다고 기술하고 있다.[4]

또한 제봉은 석천을 회상하는 시에서

誰知林峒俗   오늘날 동복현의 좋은 풍속이
正類公一變   석천 선생의 치하인 줄 누가 알랴.
刃跡逐鴻泥   지금은 옛날 자취 찾을 길 없고
俛仰同掣電   세월만 번개처럼 지나갔구나.

<次太白韻有懷石川先生>[5]

---

3) 임억령, 앞의 책, 303면.
4) 고경명, 「유서석록」, 『국역제봉전서』 중권, 한국정신문화연구원, 1980, 17면.
5) 임억령, 위의 책, 333면.

1장 石川 林億齡과 海南 ■ □ ■ 13

  이와 같은 동복과의 인연으로 석천은 이곳에 소재한 도원서원(道源書院)에 배향 되었는데 석천을 위시하여 한강 정구, 신제 최산두, 은봉 안방준 순으로 숙종께서 사액을 내린 바 있다. 사제문에 의하면

    승선(석천을 지칭)은 뜻도 높고 행동도 결백하였기에 간사한 자들을 미워하다가 드디어 그들에게 배제를 당했도다. 올바른 방향으로 아우를 꾸짖었으며 녹권을 불살라 자신을 격려했다네. 문장을 연구하는 것은 그 밖의 일로 여겼으니 뛰어난 인물이었지. 말씀마다 뜻이 담겨 있고 그의 모습 엄격하였으니 누구든지 그의 애기를 들으면 겁쟁이는 자립할 수 있고 욕심쟁이는 청렴해 질 것이다.6)

  다시 경직으로 올라간 석천은 홍문관 부수찬 교리, 응교, 전한, 사헌부 지평, 집의, 사간원 사간, 성균관 사성, 승정원 동부승지 등 요직을 고루 역임하면서 동료들과 교유도 활발하였는데, 이때부터 시에 있어서 독보적인 존재로 부각됐던 것이다.
  윤근수의 <월정만필>에서

    옥당에서 예전에 학 한 마리를 길렀었다. 당시에 이렇다하는 학자들은 흔히 이 학을 두고 시를 지었는데 모두 하늘 천(天)자의 운을 따라 지었다 그 가운데 석천 임억령, 하서 김인후의 작품이 특별히 사람들의 입에 오르내렸다.7)

  이는 석천과 하서의 시를 경찬하고 있으니 호남파 시인들이 당세를 누린 증거라 할 수 있다. 또한 석천은 중종의 은우(恩遇)를 남달리 많이 입었다. 궁중연회가 있을 때면 석천을 참석시키고 하사품과 아울러 응제(應製)시를 짓게 함이 십여 차례 이르렀으니 중종께서 얼마나 석천시를

---

6) 임억령, 앞의 책, 293면.
7) 윤근수, <월정만필>, 『대동야승』 57권, 민족문화고문간행회, 1975, 340면.

애송하였음도 알 수 있다. 응제시 가운데 <문선(聞蟬)>을 보면

長夏荒村草樹交	긴 여름 거친 마을에 풀 나무 어우러졌는데,
小虫來抱細腰搖	작은 벌레가 와서 가는 허리 안고 흔든다.
誠音凄切由飡露	소리가 처절함은 이슬을 먹었기 때문이며,
衫服輕殲正刻綃	옷이 가벼우니 비단을 아로새긴 듯하다.
宿雨乍晴絹似磬	밤비가 막 개었는데 경쇠의 소리 같고,
斜陽欲斂更如謠	석양이 되려함에 다시금 타령 같다.
深深翳葉毋多噪	깊이깊이 잎에 숨어 너무 떠들지 마라,
山鵲來요不汝饒	산 까치가 와서 보면 너를 봐주지 않을 터이니

<聞蟬>8)

　김안로가 한참 용사(用事)할 때 사람을 매미에 비유하여 지은 시로 산 까치가 너를 엿본다고 경계하고 있다. 왕명을 받아 지은 시임을 감안할 때 석천의 용기와 식견이 뛰어남을 알 수 있다.
　당시 석천은 호음 정사룡(1491~1570)과 사계에 쌍벽을 이루었다. 호음은 명재상 정광필의 조카로서 대제학을 지낸 바 있으며 석천보다 선배였으나 수창한 시가 80여 수에 이를 만큼 다정한 시우였다. 양인은 다 같이 기를 추구하는 시인으로 조선시대 시풍이 宋詩로부터 唐詩로 전환하는 과정에서 唐詩에 접근했던 시인들이다. 따라서 석천 한시의 영향을 이어받은 백광훈, 최경창과 호음문하에서 배출된 이달이, 선조 때 목릉성세에서 삼당시인으로 각광받았으니 당시(唐詩)가 우리나라에 정착하는데 원류라 할 수 있다.
　제봉 고경명은 <기몽(記夢)>에서 "하루는 성산에서 놀다가 양 선생(석천과 호음)이 대좌하여 글짓기에 몰두하고 붓을 휘둘러 경각 사이에 백여 편을 이루는 것을 보았다"9)라 기술하고 있다. 많은 시인 가운데 하필

---

8) 임억령, 앞의 책, 80면.
9) 고경명, 앞의 책, 496면.

양인을 꿈속에서 보았다함은 평소 연모했던 분들로 큰 시인이었기 때문이다.

석천은 시문학적 공적뿐만이 아니다. 실록에 의하면, 사헌부에 있을 때 김안로의 집권 당시 폐지시킨 삼복(三覆)의 법을 부활하고, 백성들이 억울하게 누명을 쓰고 처벌받는 일이 없도록 강력히 주청하는 왕도정치의 정치론을 전개하기도 했다.

중종 말엽에 석천은 대사간에 이르렀고 인종이 등극하자 대간의 직무에 대해 다음과 같이 장계를 올린 바 있다.

> "모든 국가의 일은 조정에서 의논하여 결정한 것이지만 만일 착오가 있다면 대간은 잘못을 밝혀 바로 잡아야 할 책임이 있습니다. 이제 백립을 쓸 것인가 흑립을 쓸 것인가 의론을 결정한 자리에 대간들에게 동참하라는 교시를 받았습니다. 대간이 만일 참석한다면 비록 대신들의 잘못이 있으나 누가 밝혀 바로 잡을 것입니까? 청하옵건데 동참하지 않을까 합니다." 전하께서 화답하시기를 "성종대왕 때도 대관과 홍문관이 동참하여 이러한 논의를 가졌다는 말이 있다. 어제 참판 등의 의논이 오례의(五禮儀)에 합일점을 찾았고 나도 또한 백립을 쓰고 싶은데 중신들의 의논이 하나로 되지 않으므로 의논을 넓히고자 한 것이니 바로 잡는 것을 기대 한다는 것보다는 올바로 의논해 줄 것을 기대한 것이니 함께 논의하여 아뢰는 것이 옳다고 하셨다." 억령 등이 재차 아뢰기를 "대간의 직책이란 옳고 그름을 밝혀 바로 잡는 것인데 조정대신들과 자리를 함께 하여 이 일을 논의한다는 것은 옳지 못한 것입니다. 예전에 비록 대간과 대신이 동참하여 논의할 때가 있었지만 그것은 이미 잘못된 것인데 그것을 근거로 하여 떳떳하다고 생각한 것은 옳지 못하다는 생각이 듭니다. 돌이켜 생각해 보면 자신의 직책을 떠나 대신들과 함께 논의한다는 것은 월권인 것이며 일의 원칙에 큰 잘못을 남기는 것이므로 감히 사뢰는 것입니다."[10]

이와 같이 석천은 임금의 교시라 할지라도 불의(不義)라면 타협하지 않는 선비로서의 지조가 투철했던 것이다.

명종 직위 원년 석천은 을사사화가 일어날 것을 예지하고 벼슬에서 물러나 고향으로 돌아왔다. 그 때 한강을 건너면서 다음과 같은 경계시를 지었다.

> 好在漢江水　　잘 있거라 한강수야
> 安流莫起波　　조용히 흘러 물결 일구지 말라
> 孤舟宜早泊　　외로운 배 일찍 메는 게 마땅하니
> 風浪夜應多　　밤새 풍랑이 많을 것 같다.
> <無題>11)

그때의 일을 사신은 기록하기를 "사람됨이 소탕하고 속박 받지 않으며 영리를 좋아하지 않았다"라고 석천의 인성을 평하고 있다.12)

이 무렵 석천은 강진 만덕산 백련사 부근 군영촌 탄상에 은거한 적이 있다. 이곳에서 <백련사 동백가>를 비롯하여 대표적인 서사시로 평가 받고 있는 <송대장군가> 등 장편 시 수십 편을 전하고 있으니 생애를 통해 가장 시작이 왕성했던 시기라 할 수 있다. 그러므로 백련사사적비(1681년 건립)에는 이례적으로 유자인 석천의 제영을 찬미하고 있다.

사화 후 원종공신록권(原從功臣錄券)을 보내오자 산골짝에 들어가 제문을 지어 불사르면서 착잡한 심정을 시로서 달랬다.

> 竹老元逃削　　대나무 늙어 베어 쓰기 맞지 않고
> 松高不受封　　소나무 높아 봉후도 마다한다

---

10) 「인종원년(1545), 정월 7일 조」, 『조선왕조실록』.
11) 임억령, 앞의 책, 277면.
12) 「명종즉위년(1545), 11월 7일조」, 『조선왕조실록』.

```
何人與同調    누가 송죽과 지조를 같이 할고
窮谷白頭翁    깊은 골짝에 백두옹 뿐일세.
```
<無題>13)

　이때부터 석천은 속세를 떠나 물아일체의 심정으로 이 고장 마포별업(아침재 너머 서당골)에서 후진양성에 전념했던 것이다.
　석천은 호해생활 7년 만에 문정왕후의 수렴청정이 끝나고 명종이 친정하게 되자 부름을 받고 재출사하여 동부승지를 제수 받았는데, 얼마 전 퇴계 이황 역시 조정에 들어와 있었음으로 석천과 퇴계의 재회가 이루어 졌다.
　1553년 3월에 퇴계가 석천을 내방하고 시 6수를 수창한 바 있는데 한 구석을 보면

```
一瓢寂寂顔回樂    한 표주박 고요하니 안회의 즐거움이요
千仞巖巖孟氏岌    천길 우뚝함은 맹자의 높음이로다.
疎懶每蒙今世笑    소활하고 게으른 나는 세상의 웃음을 싸고 있지만
詩書長對故人多    길이 시서만 대한 고인도 많았도다.  (석천 원운)
```
<贈退溪>14)

```
心欣吉善如蘭馥    마음은 선을 좋아하니 난초같이 향기롭고
氣湧姦兇似泰峨    기개는 간흉을 미워하니 태산같이 높으리
莫把衰齡看古史    늙은 나이에 고사를 보지 마오
衰齡看史轉傷多    늙는데 역사 보면 상심만 많아지리  (퇴계 차운)
```
<次韻林大樹>15)

---

13) 임억령, 앞의 책, 310면.
14) 임억령, 위의 책, 208면.
15) 임억령, 위의 책, 322면.

퇴계는 유학에, 석천은 문학에 심취하고 있었기에 그 마음을 서로가 경찬하고 있는 것이다.

양인의 교유시를 살펴보면 『석천집』에 5편 10수가 있고 『퇴계집』에 10편 22수로 더 많은 시가 전해지고 있다. 자주(自註)를 참고해 보면 사화를 전후하여 출처를 같이 한 동료로서 귀향할 때면 거소로 찾아가 위안의 시를 읊었으니, 두 사람의 돈독했던 우의를 확인할 수 있다. 또한 청송의 파산운을 비롯하여 규암의 유거운, 하서의 풍영정운 등 많은 시에 동제 차운하고 동유 동락 하였다. 그러나 시상(詩想)에 있어서는 상이하였으니 간과할 수만은 없다.

『퇴계집』에 <희임대수견방논시(喜林大樹見訪論詩)>란 제하에 8절 64구의 장편시가 전해지고 있다. 이 가운데 우리의 관심을 끄는 구절만 요약해 보면, 먼저 석천을 가리켜 "시를 배워 두보와 이백을 따르고 도를 배워 장자와 열자를 사모한다네"라 호평하면서 시관에는 이견을 제시하고 있다.

<석천의 시상>
吾詩尙豪宕　나의 시는 호탕함만 숭상하지
何用巧剸劀　어찌 교묘하게 다듬으리요
五行踏大方　나의 행동은 큰길만 행하지
不必拘小節　반드시 작은 절개엔 구애받지 않는다네
<퇴계의 질의>
自非聖於詩　스스로 시에 통달한 사람이 아니라면
法度安可輟　시의 법도를 어찌 버릴 수 있겠는가
寧聞大賢人　어찌 들으랴 큰 현명한 사람은
不用規矩密　법도를 쓰지 않고도 정밀한 시 짓는다는 말을[16]

---

16) 이황, 「별집」, 『퇴계선생문집』 권1, 『한국문집총간』 31, 41면.

석천은 시 형식에서의 자유로움과 성정을 중시하고, 퇴계는 도리의 근본과 법도를 중시하고 있다. 환언한다면 석천은 주정설을, 퇴계는 주리설을 설파하고 있는 것이다. 이 같은 여파는 학통으로 이어져 석천의 문학은 목릉성세의 문단을 이루었고, 퇴계의 도학은 영남학파를 이룩하였으니 양인의 시상이 상이한 것은 당연한 귀결이라 할 수 있다. 오늘날 양대 지방학의 특징을 논할 때 영남은 도학, 호남은 문학이라 하며 그 유산으로 서원문화와 정자문화로 이어지고 있다. 그러면 석천과 퇴계의 논시는 단순한 시상이라기보다는 호·영남 인사들의 정서를 대변한 것으로 사상에 있어 양대 지방학을 형성하는데 큰 비중을 차지하고 있다. 때문에 성리학에 퇴고 논변이 있는가 하면, 문학에는 석퇴 논변이 전해지고 있는 것이다.

같은 해 10월에 석천이 강원도 관찰사에 부임하자 강릉에 율곡 이이(1536~1584)가 사사 차 찾아왔다. 석천을 봉견한 자리에서

> 小子才可愧   소자 같은 재주 부끄럽기만 하여
> 不能窺堂室   마루와 방을 엿보지도 못하오
> 一席得親炙   한자리에 가르침을 받으니
> 何事同時出   동시대에 난 것이 얼마나 다행하오
> 平生不屈膝   평생에 무릎을 꿇어 본 적 없건만
> 今日爲公屈   오늘에야 영공 앞에 굽히나이다.
>
> <次石川見寄韻>[17]

자신을 소자라 하고 무릎을 굽혔다 하였으니 석천의 가르침과 시재에 감복하고 있다. 석천 역시 <금강 구룡연(金剛 九龍淵)>등 이이와 3편을 함께 지은 시가 있는데, 그 속에 "전부터 빼어난 인재 없으랴만, 그 연못도 못 보거늘 하물며 그 몸이야"라 하며 찬사를 아끼지 않고 있다.[18]

---

17) 이이, 『율곡전서』 권1, 『한국문집총간』 44, 16면.

이때 간이 최립(1539~1612)도 율곡을 따라와 사사한 적이 있다. 간이는 벼슬이 참판에 이르렀으며 시문에 능하여 8문장의 한 사람으로 일컬어지며 차천로, 한호와 같이 송도 삼절이라 한다.

훗날 석천이 해남 서재에 있을 때, 제자 정언식 편에 율곡과 간이가 시 한편씩을 부쳐왔다. 율곡은 "산수에 시름 달래신 선생님 작품 중에, 한편쯤 저희들에게 보내 주었으면" 하고 선생의 안부와 같이 시를 청하고 있으며, 이에 석천은 "무지개 빛이 만발하여 털옷에 비추니, 문장이 누가 적선의 넉넉함과 같겠는가"로 시작하여 "내가 곤륜산 정상에 한번 올라 가려하는데 그대들이 나를 따를 것인가 묻고 싶다"19)로 끝맺은 시 한수를 정언식의 귀경길에 부쳐준 것이다.

이와 같이 이이와 최립은 사사한 후 오래도록 선생의 시에 대한 연모지정을 못잊고 있으며 석천은 시인들의 선망이라 할수 있는 곤륜산 정상에 제자들과 같이 가고 싶다며 짙은 사제지정을 표상하고 있다.

석천은 시흥이 넘치는 시백으로서 관동팔경을 조망할 수 있는 좋은 기회를 놓칠 리 없다. 승경을 굽이굽이 돌아보고 그 정취를 시로서 형상화한 것을 <동행록>이라 이름하여 전하고 있다. 시축이 백여 편에 이르고 200여 수가 되는 방대한 기행시로, 평론가들의 주목을 끌었던 걸작이다. 그러므로 누정이 있는 곳이라면 현판으로 제작하여 걸었다. 이에 다음과 같은 일화가 있다. 어우당 유몽인은 「어우야담」에서

> 임진왜란 때 왜구가 해주에 침입하여 부용당 현판의 시제를 모두 부수고 유독 정현과 김성일 두 사람의 시만 남겨 두었다. 김성일은 시에 능하지는 못했으나 일본에 통신사로 갔을 때 그의 강직함이 일본 사람들에게 높이 평가되었기 때문에 그의 시는 남겨 두었던 것이

---

18) 임억령, 앞의 책, 199면.
19) 임억령, 위의 책, 269면.

다. 정현의 시는 왜구들도 또한 절창임을 알았음으로 남겨 둔 것이다. 또한 왜구들이 강릉에 이르러 관부의 현판을 보고 여러 시편은 모두 남겨 두었지만 오직 임억령의 장편 고시만을 떼어서 배에 싣고 돌아 갔으니 왜인들 역시 시를 아는가 보다[20]

절창의 시만을 남겨두고 없애버렸던 왜인들이 석천 시만은 떼어 가지고 갔다하였으니 그만한 보존가치가 있기 때문이며 지금 일본 어딘가 보관되어 있지 않을까 한다.

석천이 동행(東行) 중 낙산사에 이르러 서산대사 휴정을 만났다. 서산대사는 일찍이 승과에 합격한 고승으로서 임란 시 승병을 이끌고 서울 수복에 공이 있어 승군장으로 널리 알려졌으며 이 고을 대둔사와의 연고로 표충사에 향사하고 있다.

石川과 휴정은 다른 승려들과의 교류와는 달리 많은 수창이 이루워졌음을 『石川集』과 『청허당집(淸虛堂集)』에서 볼 수 있으니 시경(詩境)이 있었음을 알 수 있다.

석천이 낙산사를 떠나면서 서산대사에게 지어준 송별시 가운데 한 수다.

　　　　岩松元自曲　바위 옆의 솔은 원래 절로 굽어지고
　　　　水月不成圓　물에 뜬 달은 둥글 수가 없는 법
　　　　他日師如訪　훗날 대사가 찾아올 때에는
　　　　眉岩雪竹邊　예쁜 바위 가에 설죽이 한창일걸세
　　　　　　　　　　　　　　　　　　　　<贈淸虛子>[21]

자연의 섭리를 인간과 비유하고 미암과 설죽이 있는 해남으로 찾아 올 것을 언약해 주고 있다. 훗날 서산대사가 대둔사 또는 백련사에 종적을 남긴 것은 이때의 언약과 무관할 수 없다.

---

20) 유몽인, 「어우야담」, 『시화총림』 하권, 까치, 1989, 77면.
21) 임억령, 앞의 책, 178면.

아계 이산해(1538~1609)가 사사 차 내방한 적이 있다. 아계는 대제학과 영의정을 역임하고 당쟁이 가장 치열했던 선조조에 동인으로 대북파의 영수였다.

아계는 석천의 시를 보고 "임석천이 영동에서 읊은 시중에 장풍일만리 편월고금추(長風一萬里 片月古今秋)의 구절이 있는데 적선이 아니고서야 어찌 이 같은 감탄할 시를 지을 수 있겠는가? 그러므로 한 절을 짓는다"라 하고

  石川當日擅騷場 석천이 당세에 문단을 전단(專斷)했고
  玉節東遊寶唾香 동백(東伯)으로 왔으니 주옥같이 향기롭다.
  仙鶴一歸蓬島廻 선학이 금강산을 돌아간 곳에
  海天如水月蒼茫 해천이 물과 같고 달은 창망하도다.
      <林石川嶺東題咏中, 有長風一萬里, 片月古今秋之句.
      自非謫仙風骨, 何以得此. 咏歎之餘, 仍成一絶.>[22]

석천이 당대의 문단을 휩쓸었다고 감탄하고 있다.

명종 12년 환갑을 지낸 석천은 환로를 마무리할 생각으로 고향근처 담양부사로 내려왔다. 2년의 임기를 마친 후 미리 마련해 두었던 성산의 서하당에 머무르면서 경내에 식영정을 짓고 강호처사로 우유자적하였다. 이 때 송순, 김인후, 기대승, 김성원, 고경명, 정철, 송익필 등 많은 시객들이 수창 또는 사사 차 내방하여 무등산 풍계에 계산풍류를 이루었으니, 이른바 무등산 시가 문화권으로 불러온 성산 시단이다.

기촌 송순(1493~1582)은 눌재의 담양 부사 때 사사하였음으로 석천과는 동문이다. 때문에 호남시가의 흐름을 정립한다면 눌재가 선하(先河)가 되고 석천은 시로, 기촌은 가사로 일가를 이루었던 것이다. 따라서 기촌의 면앙정과 석천의 식영정이 근교에 있음으로 면앙정 30영, 식영정

---

22) 李山海,「箕城錄」,『鵝溪遺稿』권2,『韓國文集叢刊』47, 470면.

20영 등 대수한 시가 『면앙집』에 2편 22수, 『석천집』에 25편 83수로 교유 시 가운데 가장 많은 편수를 점하고 있다.

하서 김인후(1510~1560)는 석천이 성산에 정착한 그 해 겨울에 찾아와 6수를 수창하였는데 성산을 화양동이라 하고 석천을 시선이라 경칭하고 있는 것이다.23)

또한 광주 어린이 대공원에 세워진 하서의 동상, 석병(石屛)에는 <次石川韻>이 새겨져 후학들의 사표로 전해지고 있다. 그 일부를 보면

　　肝膽專相照　간담이 오로지 서로를 비추니
　　塵囂敢爾干　세상의 떠들썩함, 어찌 감히 침범하리.
　　二更山吐月　이경이라 산달이 떠오르도록
　　坐久不知還　돌아갈 줄 모르고 오래 앉았네
　　　　　　　　　　　　　　　　　<石川第酬唱>24)

하서는 모처럼 흉금을 털어놓고 대화할 수 있는 석천과 회포를 풀고 있는 것이다. 두 사람은 을사사화 때 환로에서 함께 물러난 사이로 의기투합했기 때문이다. 그러므로 수 백수가 넘는 하서의 차운 가운데 유독이 시만을 선택하였다함은 그 연유에 의미를 부여하고 싶다.

고봉 기대승(1527~1572)은 석천이 담양부사로 부임하자 <병중에서 석천선생을 그리며 아울러 나의 뜻을 기술 한다>라는 제하에 7언 율시 4수를 보내왔다. 그 내용을 살펴보면 고봉의 강학 요청에 석천의 수락으로 사제의 연을 맺고 있다. 그 후 고봉은 담양관아 또는 성산을 출입하면서 수작한 시에 "긍긍전전승명훈 (兢兢戰戰乘明訓)"이라 하고 석천은 "붕자원래사문도(朋子遠來思聞道)"라 하였으니 고봉이 김인후, 이항, 정지운, 이황 등과 이기논의가 있기 전에 석천에게 도를 물으러 왕래하였

---

23) 김인후, 『국역 하서전집』, 하서선생기념사업회, 1987, 308면.
24) 임억령, 앞의 책, 323면.

음을 알 수 있다. 따라서 양인의 유집을 살펴볼 때『석천집』에 6편 24수, 『고봉집』에 5편 21수의 적지 않은 대수가 있다. 석천의 기건한 시풍과 고봉의 주기설을 호남의 정서차원에서 연관 지어 볼 수도 있다.

구봉 송익필(1534~1599)은 8문장의 한사람으로 율곡, 우계 등과 교유하며 문하에서 김장생, 김집, 정홍명 등 예학의 대가들을 배출하고 현미한 가문 출신으로 문경이란 시호를 얻을 만큼 예우를 받았다. 구봉은 이 지방 출신도 아니면서 석천문하를 찾았다는데 의미를 두고 싶다. 구봉이 석천에게 증정한 시에 이르기를 석천을 상국으로 자신은 광생이라 칭하고 속세를 초월한 석천을 오래도록 사사하지 못함을 아쉬워하고 있다. 이밖에 석천 차운과 <영서하우객>, <하당사결>등의 시가 있다.

성산의 제자들 중 석천을 가장 가까이 모셨던 김성원, 고경명, 정철을 석천과 더불어 식영정 4선이라 한다. 이는 산자수려한 승경에서 신선처럼 놀았다 하여 후학들이 붙여 놓은 칭호다.

석천은 1563년 가을에 제자로서 사위가 된 김성원(1525~1597)에게 성산의 관리를 맡기고 내년 봄에 올 것을 약속하며 해남 본가로 귀향했다.

그 뒤 석천은 마포별업과 성산을 오고가며 소일하고 있었는데, 이때 송강 정철(1536~1593)이 석천의 <식영정 20영>을 모체로 스승의 모습과 성산의 사시경을 곁들어 찬미하였으니, 이 가사가 유명한 <성산별곡>이다.

문곡 김수항은 <석천 행적기략>에 이르기를

> 일찍이 창평 성산동의 수석의 아름다움을 사랑하여 터를 가려 집을 짓고 살았다. 당은 서하라 하고, 정자는 식영이라 이름하였는데 기문과 제영 제시가 있다. 해남으로 돌아가셔서도 자주 왕래하시며 서식하시니, 송강 정상공이 <성산별곡>의 노래를 지어 그를(석천) 찬미하신 것이 지금까지 전파되어 불리어 온다.[25]

---

25) 임억령, 앞의 책, 302면.

<성산별곡>에 대한 최초(1678)의 문헌으로 서하당 식영정의 주인, 작가, 창작연대, 찬미대상 등을 밝혀주고 있다. 1983년 필자가 「성산별곡 동기에 대한 재검토」란 제목으로 이 논문을 사계에 발표하여 기존의 주장에 논쟁을 일으켰다.

훗날 송강은 좌의정에 이르렀으나 당쟁으로 환로가 평탄하지 못하였으며, 그때마다 성산으로 퇴휴하여 시문에 종사하였는데 그때 석천의 <식영정 20영>을 차운하였다. 마지막 소재 <선유동>에서

何年海上仙　그 어느 해던고 해상선(海上仙)이
棲此雲山裏　구름 서린 이 산속에 깃들었던고
怊悵撫遺蹤　유적을 어루만지며 슬퍼하노라
白頭門下士　머리가 하얀 이 문하생이

<仙遊洞>[26]

해상선은 석천이며 문하사는 송강 자신으로 선생의 지난날을 회상하고 있다.

석천은 이곳 성산에 4년을 머무르면서 무등산에 시풍을 일으키고 오늘날 시가 문화권의 중추적 인물로 추앙받고 있다. 그래서 유림들은 식영정 옆에 성산사(星山詞)를 건립하고 석천을 주벽으로 향사 해 왔던 것이다.

1567년 마산에(海南 소재) 있는 석천 서재로 미암 유희춘(1513~1577)이 찾아 왔다. 미암은 해남 출신이나 14세 때 담양으로 취가하여 정착하

---

[26] 정철, 『국역송강집』, 송강유적보존회, 1988, 33면.
『송강집』의 <선유동> 시 말미에 "海上仙指河西"라 쓰여 있는데 「송강연보」 및 「하서연보」에서 이 시를 등제하고 사제지연을 미화하고 있다. 그런데 『서하당 유고』 부록에서는 "海上仙指石川"이라는 것이다. 필자가 숙고하건대 이 시가 石川의 <식영정 20영>의 차운일 뿐 아니라 바다위 선비라면 바다와 인접한 고을 출신을 칭한 것으로 바다없는 장성의 하서보다는 바닷가 해남의 석천을 지칭한 것으로 볼 수 있었다. 현재 필자의 이러한 주장은 학계에 대부분 수용하고 있다.

고 등과 후 정언으로 있었는데 양재역 벽서사건(정미사화)으로 인하여 19년을 적거하고 선조의 등극으로 풀려난 뒤 전라 감사와 대사헌을 역임했다.

석천과 미암은 삼향(관향 - 선산, 고향 - 해남, 타향 - 담양)이 같은 인연이 있었으므로 남다른 정의가 있었다. 이를 『미암일기』에서 확인해 보자.

> 1567년 12월 5일
> 임담양(석천이 담양부사를 지냈음으로 부른 존칭)을 찾아뵈었는데 병중에 방안으로 인접을 하여 회포를 하나하나 털어 놓았고 심지도 솔직했는데 돌아가신다면 안타까운 일이다.
>
> 동년 동월 16일
> 생전복 10개와 생 노루의 뒷다리 하나를 임석천 영공에게 보냈더니 임석천이 사람을 시켜 사례의 편지를 보내 왔다.
>
> 동년 동월 17일
> 임담양 영공을 찾았으나 병환이 심하고 사양을 하여 그대로 돌아왔다.27)

이때 미암은 적소에서 방면된 지 얼마 되지 않아 처음으로 환향하였고 당상관의 직위에 있었으므로 지방 수령들과 선비들의 예우만을 받아 왔건만, 유독 와병중인 석천을 거듭 찾아왔다함은 단순한 예의라기보다는 평소 동향의 선배로서 존경해 왔기 때문이다.

별세 후에도 치제하였음을 알 수 있다.

---

27) 유희춘, 『미암일기』 제1집, 담양향토문화연구회, 1996, 103~117면.

1569년 11월 24일
　조반을 든 뒤에 의용(儀容)과 호위(護衛)를 갖추고 마포, 명봉산 근처 임담양의 제청으로 가서, 흑단령(黑團領)과 품대(品帶) 차림으로 들어가 절을 하고 술과 과일로 전을 갖추고 축문을 올렸다. 이유수가 아차령에서 마중을 나와 따라와서 축문을 읽었다.28)

　이같이 석천은 평소 강학 했던 명봉산 문암제에서 73세를 일기로 별세하였다. 그 후 이 고장 유림들은 해남의 수원사로 석천동(지금의 구교리)에 석천사를 건립하고 석천을 독향으로 모셨던 것이다.

Ⅲ. 石川과 海南 文學

1. 海南은 시가 문학의 고을이다

　한반도의 땅 끝에 위치하고 중앙으로부터 멀리 떨어진 해변이지만 금남 최부를 위시하여 귤정 윤구, 석천 임억령, 미암 유희춘이 있고 옥봉 백광훈, 고산 윤선도 등을 배출 했다. 먼저 표해록을 저술한 금남은 나주 출신이나 이 고장 명문이었던 초계 정씨 가문에 취가하여 정착한 후 윤효정, 임우리, 유계린 등의 제자를 가르쳤다. 그 학통이 아들, 조카 등으로 이어져 귤정 형제, 석천 형제, 미암 형제가 몇 년 사이 등과의 영광을 누려서 이 고장 학풍이 전국에 알려졌던 것이다. 일찍이 『미암일기』에 이르기를

1573년 7월 11일
　소병사흡(蘇兵使潝)이 「석천시집」 3권을 부쳐 왔다. 내가 가만히

---

28) 유희춘,『미암일기』제2집, 담양향토문화연구회, 1996, 226면.

살펴보니 참으로 맑은 물에 연꽃 같은 밝은 기상이 있다. 우리 고향에 문장이 번갈아 나니 윤귤정의 문이나, 백씨(유성춘)의 부나 이 임석천공의 시는 모두 세상에 크게 올린 것으로서 타읍에서는 드문 것이다.29)

이때부터 해남은 문한의 고을로 자리매김 했음을 알 수 있다. 이를 객관적인 시각으로 판단해 보기 위하여 이제까지 호남 인물과 시인만을 거명하고 논평했던 고전 등을 열거해 본다.

(가) 이수광의 『지봉유설』에서
"경세에 시인은 호남에서 많이 나왔다"라 하고 박상, 임억령, 임형수, 김인후, 양응정, 박순, 고경명, 백광훈, 최경창, 임제 등을 지적하고 있다.30)

(나) 허균은 <성옹식소록>에서 "정능기에 호남에는 인재가 많았다. 박눌재 곤계, 최산두, 유미암 곤계, 양팽손, 나세찬, 임형수, 김하서, 임석천, 송순, 오겸이 먼저이고 그 뒤로 박사암, 이일재, 양송천, 기고봉 등도 학문과 문장으로 유명하다"라 하였다.31)

(다) 김득신은 <삼익당서>에서 호남은 경학보다는 문학만을 숭상하였다고 하면서 "경학에는 기대승 한사람이 있었고 문장에는 임억령, 고경명, 백광훈, 임제가 있었다"는 것이다.32)

(라) 『신재집』에 의하면, 기묘사화 때 피화자들로서 시주로 교유한 최산두, 윤구, 유성춘을 가리켜 호남삼걸(湖南三傑)이라 하였다.33)

(마) 안방준은 <부군유사>에서 을사사화 때 벼슬을 버리고 귀향한 김

---

29) 유희춘, 『미암일기』 제4집, 담양향토문화연구회, 1996, 60면.
30) 이수광, 『지봉유설』 하권, 을지문화사, 1974, 214면.
31) 허균, 『허균전서』, 아세아문화사, 1983, 220면.
32) 김득신, <三益堂序>, 『柏谷先祖文集』 5책, 『韓國文集叢刊』 104, 142면.
33) 최산두, 『신재집』, 초계최씨대동보편찬위원회, 1981, 349면.

하서, 임석천, 안둔암을 세인들은 호남삼고(湖南三高)라 불렀다.34)

(바) 안방준은 <박광전 행장>에서 호남오현(湖南五賢)으로 김인후, 이항, 유희춘, 기대승, 박광전을 들고 있다.35)

인물을 평가한다는 것은 선택자의 주관과 기준에 따라 달라질 수 있음으로 절대적인 것은 아니다. 그러나 (가), (나), (다)의 저술자 모두가 조선조에 득명한 문장가(전고대방기준)로 타지방 인사임을 감안할 때 객관성이 있으며, (라), (마), (바)는 이 지방민들이 칭송했다는데 비중을 둘 수 있다. 또한 학계에서 이 문헌들을 참고 자료로 응용하고 있다는 것이다.

그러므로 거명된 인사들의 연고지를 들어 도표로서 위상을 가늠해 보기로 한다.

이름(호)	생졸 연대	연고지	유 시	(가)	(나)	(다)	(라)	(마)	(바)	거명회수
박상(눌재)	1474~1530	광주	1,300여 수	O	O					2
박우(육봉)	1476~1547	광주	50수 미만		O					1
최산두(신재)	1483~1536	광양·화순	50수 미만		O		O			2
양팽손(학포)	1488~1545	화순	50수 미만		O					1
송순(기촌)	1493~1583	담양	600여 수		O					1
유성춘(나옹)	1495~1522	해남	50수 미만		O		O			2
윤구(귤정)	1495~1542	해남	50수 미만				O			1
임억령(석천)	1496~1568	해남·담양	3,000여 수	O	O	O		O		4
오겸(지족암)	1496~1582	나주	50수 미만		O					1
나세찬(송재)	1498~1551	나주	50수 미만		O					1
이항(일재)	1499~1576	임실	50여 수		O				O	2
안축(둔암)	1500~1572	보성	50수 미만				O			1
김인후(하서)	1510~1560	장성	1,500여 수	O	O			O	O	4
유희춘(미암)	1513~1577	해남·담양	300여 수		O				O	2
임형수(금호)	1514~1547	나주	200여 수	O	O					2
양응정(송천)	1519~1582	화순·광주	300여 수		O				O	2

---

34) 안방준,『은봉전서』, 한국사상연구소, 1973, 67면.
35) 안방준, 위의 책, 66면.

박순(사암)	1523~1589	나주	500여 수	○	○				2
박광전(죽천)	1526~1597	보성	50수 미만					○	1
기대승(고봉)	1527~1572	광주	700여 수		○	○		○	3
고경명(제봉)	1533~1592	광주	1,300여 수	○		○			2
백광훈(옥봉)	1537~1582	장흥·해남	500여 수	○		○			2
최경창(고죽)	1539~1583	영암	500여 수	○					1
임제(백호)	1549~1587	나주	500여 수	○		○			2

거명 횟수를 보면 개인별로는 석천, 하서가 4회로 가장 많고, 시군은 해남이 5명에 11회, 광주가 5명에 9회, 나주가 5명에 8회이며 8개 시군은 한 두 명에 불과하다. 그러면 나머지 호남의 30여 개 시군은 단 한 명도 배출하지 못하였다는 것이다. 물론 16세기 인물들로 한정했다고 할 수 있으나 그 세대가 우리나라 역사상 학문의 전성기로 인물 역시 집중되어 있으며 그 밖의 고전에서는 이 같은 논평 자체를 보기가 어렵다. 이 가운데 시인을 지적 한 것은 (가)(다)로 모두가 영산강 유역 출신이며, 그 가운데 양란에 해당된 시인은 해남의 석천, 옥봉, 광주의 제봉, 나주의 백호이다. 남겨진 시를 봐도 석천 3,000여 수, 하서 1,500여 수, 눌재, 제봉이 1,300여 수로 단연 석천의 다작이 돋보인다.

특히 해남은, 후세에 이르러 고산 윤선도(1587~1671) 같은 국문학 대가를 배출함으로서 타 지역에 비해 월등함을 자부할 수 있다.

근래에는 어떠한가? 1989년 전남도에서 『전남문학』을 손광은(전남대 교수)편저로 간행한 바 있는데, 현대 문인까지 망라하여 32명을 거론하고 있다. 시군별로 간추려보면 해남 7명, 광주 6명, 나주 4명의 순으로 해남 문인이 제일 많다. 열거하면 임억령, 유미암, 백광훈, 윤선도, 윤이후, 윤두서, 이동주다. 따라서 한시에 임억령, 국문시조에 윤선도를 그 분야에 정상으로 서술하고 있는 것이다.

1993년에는 유홍준(영남대 교수)의 『나의문화유산답사기』가 <베스트셀러>에 올랐는데 책머리에 <남도답사일번지 강진, 해남>이라 제하고

이 고장 문화를 한 차원 추켜세워 우리에게 긍지를 심어준 적이 있다. 한 구절을 빌리면

> 지금 내 머리 속에 감도는 해남의 인물이라면 모두가 예술인이다. 작년에 타계한 여류시인 고정희, 건강한 시의 모범을 보여주고 있는 김준태, 혁명가적 지사적 오롯함의 김남주, 80년대식 감성주의 황지우…… 이들의 고향이 해남이다. 게다가 시인 김지하, 소설가 황석영이 80년대 초 한때는 여기로 낙향하여 그들의 자랑스런 문학적 성과물을 생산해낸 곳이기도 하니 예향을 자부하는 해남이 우리 현대 문학사에서 차지하는 무게는 나같은 비전문가라도 그 근수를 넉넉히 잴 수 있을 것 같다.36)

예술인으로 대부분 근대 시인들을 예시하고 있다. 옛부터 시, 서, 화라 하여 예술은 시로부터 우러나온다 하였으니 해남 역시 시에서 기인하여 예술로 승화해 왔음을 알 수 있다. 돌이켜보면 석천, 옥봉, 고산의 시학이 공제 삼부자의 미술로 이어지고 대둔사의 붐이라 할 수 있는 초의, 다산, 추사, 소치의 교유가 이웃 고을 강진, 진도, 목포까지 번져 이 지역을 중심으로 문예의 문화권을 형성하고 있는 것이다. 이같이 시화를 즐기고 좋아하는 해남인 특유의 정서가 쉽사리 사라지지 않고 오늘날까지 시림(詩林)으로 전승해 오고 있음을 볼 때 해남은 명실상부한 시향이라 아니 할 수 없다.

2. 石川이 海南에 끼친 影響

지역 사회의 성쇠는 후세 교육에 있다. 학통에 의지했던 교육제도 하에서는 얼마만큼 문하(門下)의 폭이 넓었는가에 따라 공헌을 평가받는데

---

36) 유홍준, 『나의문화유산답사기』, 창작과비평사, 1993, 64면.

기준이 된다.

　석천 역시 이름이 널리 알려진 사대부답게 머무른 곳마다 제자를 길 렀으나 본격적으로 서재를 마련하고 강학한 곳은 이곳 마포별업(마산면, 장촌, 서당골)이었다. 재기(齋記)가 없어 언제 어떻게 마련하였는가는 알 수 없으나 1549년경 석천의 <억마포별업>이란 시가 있으며 『제봉집』에 고경명이 15세(1547)때 석천 문하를 출입하였다 하였으니 그 이전부터 서재가 있었음을 알 수 있다. 지금은 석천의 유택이 있는 명봉산 계곡 서당골에 옛터만 남아 있고 서당골, 문암제(文菴齊)와 송설당(松雪堂)이 란 이름만 전해오고 있을 뿐이다. 여하간 석천이 내내 문도들을 양성한 곳이다.

　문도들의 면모를 살펴보면 먼저 광주의 박순 종형제, 고경명, 양응정을 둘 수 있다.

　사암 박순은 석천의 사부인 박우의 아들로 당쟁이 치열했던 선조조에서 14년간 재상을 지냈다. 박순은 종형 박민중(눌재의 아들)과 같이 석천의 문하에 출입하였다. 민중에 대한 일화가 박동량의 <기재잡기>에 전한다.

　　어느 날 민중이 과거를 보러 가게 되어 석천을 광주에 있는 자기 집으로 맞이하여 성대한 술자리를 베풀고 예절을 차림이 매우 공손하였다. 술자리가 반쯤 되었을 무렵 민중이 일어나며 석천에게 청하기를 "금번에 선생님께서 시관으로 가실 것인데 어떤 제목을 내시렵니까?" 하므로 석천이 의아하게 여기면서 "요즈음 선비들의 글 솜씨를 보면 자네보다 나은 사람이 없으니 이번의 장원은 자네가 아니면 누가 하겠는가? 나이 젊은 뜻 있는 선비도 오히려 그런 것을 묻는가?" 하였다. 민중이 말하기를 "제가 이 무릎을 선생님 이외에는 평생 꿇지 않으려고 생각합니다. 만일 과거가 뜻대로 되지 않으면 무슨 면목으로 세상에 나가 그것 때문에 구구한 요청을 할 것입니까?" 하였으나 석천이 위로하여 격려했을 뿐 끝내 말하지 않고 가 버렸었는데, 과연 장원급제하였다가 나이 스물여섯에 일찍 죽었다. 문장 하는 선비들의 이기기 좋아함이 대개 이러하였다.37)

이같이 양가의 세습적 사제지정은 세인들에게 널리 알려져 있었다. 또한 박순이 심의겸에게 의탁하려 했다는 탄핵을 받고 있을 때 중봉 조헌은 박순을 구원하려는 <병술봉사>에서

　　　숙부 박상은 선인을 힘써 보호하고 종신토록 배척을 받았으며 그 사우인 서경덕, 임억령, 정지운은 다 활에 다친 새가 굽은 나무를 보고도 피할 줄 알았던 격의 사람들이었습니다. 강직한 기질은 가풍으로 전해지고 강개에 찬 뜻은 확립된 지가 이미 오래입니다.38)

이로서 석천의 절의는 제자인 박순에게까지 보탬이 되었던 것이다. 그러므로 석천과 박순의 많은 대수가 전해오며 박순이 경직으로 있을 때는 멀리 고향에서 은둔하고 있는 석천에게 선친 육봉의 묘갈명을 받기도 하였다.

제봉 고경명은 불안한 환로로 동래 부사로 그쳤으나 시문에 널리 알려졌으며 임란 당시 의병장으로 삼부자가 모두 순절함으로서 호남인 가운데 가장 많은 포숭을 받아왔다.

석천이 별세하자 50운이란 장편의 만사를 지어 자취를 낱낱이 기록하였는데 한 절을 보면

　　　憶托龍門今數起　용문에 의탁한 지 얼마나 되었느냐
　　　謬增駑價自成童　성동(成童)때부터 많은 사랑 받았었지
　　　　　　　　　　　<挽石川先生七言排律五十韻>39)

---

37) 박동량, 「기재잡기」, 『대동야승』 8책 51권, 민족문화문고간행회, 1974, 132면.
38) 박순, 『사암집』, 충주박씨문간공파문중간행본, 1979, 480면.
39) 고경명, 앞의 책, 177면.

"성동"은 15세를 가리킨 것으로 그 때부터 석천의 문하에 출입하여 과거를 보러 상경할 때까지 사사하였음을 밝히고 있다. 이같이 오랫동안 석천을 추종한 사제지연이 있기에 평생을 통해 언제 어디서나 석천시를 볼 때마다 구구절절 감회에 젖은 차운을 남기고 있으니 제자 가운데 가장 많은 17편 92수를 전하고 있다. 예를 들면 "시에서 누가 석천처럼 기이할까? 아! 아름답다. 석천의 시 곤산의 옥보다 더 아름답지." 등이 있다. 뿐만 아니라 석천의 시 짓는 모습을 꿈에서 보고 그를 장편의 서문으로 기록하였음을 볼 때 남달리 석천시에 경도(傾倒)되었다고 봐야한다.

송천 양응정은 향시, 중시에 장원한 수재였다. 성균관 대사성에 올랐으나 오래 머물지 않고 귀향한 후 강학에 힘썼다. 문하에서 정철, 백광훈, 최경창, 박광전, 최경회 등을 배출하여 호남학의 일익을 장식했다.

양응정은 1550년 겨울에 마산서재로 석천을 찾아왔다. 이때의 일화가 윤광계가 쓴 <석천집서>에 실려 있다.

『송천집』에는 이를 <당성수창시(棠城酬唱時)>라 이름하여 61수 (석천시 28수, 송천시 33수)를 전하고 있는데 이 가운데 한수를 보면

十年憔悴未揚眉　십년간을 시달려 웃을 날 없었더니
獎激誰期得若斯　이 좋은 일 있을줄을 뉘라서 알았을까
燈下玉觴春盎盎　등불 밑 옥 술잔에 술은 흘러 넘치는데
聽詩直到唱雞時　시 얘기 듣다보니 새벽닭이 울었구려
                       <呈石川>[40]

생원시에 장원한지 10년이 되도록 석갈하지 못한 심정을 토로하고 이제 석천의 가르침에 만족해 하고 있다. 이때부터 1년 후 등과했다.

또한 <송천집 언행록>에는 송천이 백광훈에게 말하기를 "임석천의 문장과 기절, 그리고 이 청년의 간묵과 고상함은 지금 세상에는 짝할만한

---

40) 양응정, 『국역송천집』, 장산재, 1988, 143면.

이가 없고 오직 정철만이 근사하다 할 것이다."라 하여 석천과 청년을 문인들에게 사표로 교도했던 것이다.

이와 같이 멀리서부터 석천 문하를 찾았다면 하물며 인근의 후학들이 찾지 않을 수 없었을 것이다. 그러나 문인록이 전하지 못하여 가늠해 보기가 어렵다. 다만『석천집』에 나타난 종유시 또는 격려시 등을 참고하여 사사의 연이 있었는가를 고찰해 볼뿐이다.

기봉 백광홍, 광훈 형제는 장흥 출신이었으나 옥천과의 연고로 석천문하를 출입하였다. 형 광홍(1522~1556)은 등과 후 평안도 평사로 있었으나 35세의 젊은 나이로 조사했다. 일찍이 시에 능하여 호남파 시인들과 교유가 활발했으며 국문가사<관서별곡>을 읊어 송강의 <관동별곡>에 영향을 주기도 하였다. 석천은 광홍이 평사로 떠날 때 송별시를 지어 격려 했는가 하면 광홍은 석천에게 경차 또는 봉증한 시가 무려 30여 수에 이르는데 "문장자허굴송단(文章自許屈宋壇)"이라 하여 석천과 자신의 관계를 초나라 굴원과 송옥의 사제지간에 비유하고 있다.

동생 광훈은 석천과 척의(종매의 손서)가 있었다. 진사로서 응과하지 않고 제야시인이었으나 삼당시인 또는 8문장으로 유명하다. 이수광은 『지봉유설』에서

> "시는 반드시 전공을 한 뒤에야 잘 할 수 있다."라 전재하고 "근세의 일을 말한다면 이용재, 김모재, 신기재, 정호음, 임석천, 노소재 같은 이들로 어떤 이는 오래도록 귀양살이를 했고 어떤 이는 오래도록 한가히 물러나 있었다. 백광훈, 이달, 차천로는 모두 한고(寒苦)한데서 나왔다."[41]

이상 거론한 시호들은 모두가 그 세대에 정상으로 평가받고 있기 때

---

41) 이수광,『지봉유설』하권, 을지문화사, 1974, 214면.

문에 백광훈 역시 뛰어난 시인임을 알 수 있다.

　백광훈은 강진 백련사에 있으면서 창평 성산에 있는 인재에게 보낸 칠언고시에서 <강남사종 오석천, 문체풍류 금적선(江南詞宗吾石川, 文體風流今謫仙)>이라 하여 그때부터 석천을 호남의 사종으로 칭송하였던 것이다.42)

　석천이 별세하자 백광훈이 만사에서 <承餘論> 및 <托晚生>이라 하고 사은의 정을 애도하고 있다.43)

　취죽헌 박백응, 중응 형제는 석천의 생질로서 일찍부터 수업한 바 있다. 형 백응은 진사로서 효성과 학문으로 진안 현감을 지냈으며 동생 중응은 시에 능했다. 석천은 강진에 있으면서 누이와 생질들에게 시 한 수씩을 부쳤는데 일부를 보면

　　　　遠憶烏松裡　멀리 검은 소나무 안동네를 생각하니
　　　　遙憐寡妹存　홀로 사는 누이가 가여워라
　　　　寬心唯二子　너그러운 마음은 오직 두 아들에게 쏟고
　　　　慰寂是諸孫　고적함을 달래주는 건 손자들이지
　　　　　　　　　　　　　　　　　　　　(누이동생에게)

　　　　歸心雖自切　돌아갈 마음이야 비록 간절하지만
　　　　樂事不堪論　즐거운 일도 논할 수는 없네
　　　　門戶須諸姪　문호를 여러 조카들에게 맡겼으니
　　　　詩書仔細溫　시서를 자세히 익히시게나
　　　　　　　　　　　　　　　　　　　　(생질들에게)
　　　　　　　　　　　　　　　<思歸三章寄伯凝仲凝雨姪>44)

---

42) 白光勳,『玉峯詩集』下,『韓國文集叢刊』47, 138면.
43) 白光勳, 위의 책, 178면.
44) 임억령, 앞의 책, 122면.

하나 밖에 없는 누이동생이 홀로 된 것을 애정 어린 심정으로 위안하고 있으며 두 생질에게는 시서에 힘쓸 것을 격려하고 있다. 또한 언젠가 박중응에게 시 두수를 보낸 바 있는데 "조카의 시가 신기루와도 같다"라 하여 중응의 시를 보고 그 진척을 극찬하고 있다.

청년 이후백(1520~1578)은 도승지, 이조판서, 양관 대제학 등 요직을 두루 거쳐 환로가 화려했다. 경남 함양 출신으로 16세 때 조모를 봉양코자 강진 병영에 머무른 적이 있고 24세에는 성전에 정착하게 되었는데 이때 석천의 문하에 출입하였다. 한 예로 석천이 청년의 국문시조 <소상팔경(瀟相八景)>을 보고 <번 이후백 소상야우지곡>이라 하여 한시 9수로 번한하였는데 원작 그대로 한역한 것이 아니라 시어와 시정을 달리 하고 있다. 이에 김신중 교수는 「석천과 소상팔경가에 대하여」란 논문에서

> 석천은 이 작품 제작을 통해 이후백이 <소상팔경>에서 당시 사림층이 지향하던 절제의 정신과 상충되는 호기를 노골적으로 표출시키고 있는데 대한 불만을 은연중에 드러내면서 참된 노래의 모범을 보이고자 하였던 것은 아니었을까 여겨진다.[45]

이같이 보는 견해는 일리가 있다. 이때 석천과 청련은 일세의 년차가 있었음으로 격려를 겸한 교시(教示)로 봐야 한다. 또한 우암 송시열이 찬한 <청련행장>에는 "임억령과 유희춘이 서로 만나 말하기를 그(이후백)의 순효는 하늘이 낸 사람입니다. 예전 효자라 하더라도 더 할 수 없을 것이다."라 하였다. 이와 같이 석천의 찬사가 청련에게는 생애의 미담으로 전해지기도 하였다.

임발령은 사마에 오른 후 추천으로 안주목사에 이르렀다. 임진란 때 종묘서령으로 묘주를 모시고 왕을 의주까지 호종했다. 그 후 운양사로서

---

45) 김신중, 『석천임억령의문학과사상』, 광주광역시, 1996, 185면.

군량수송의 공으로 1604년 예양군에 추봉됐다. 석천과는 종 외손자로서 정언식과 같이 수업한 후 응시하였는데 그때 두 제자를 보내면서 합격을 기원하고 있는 시다.

    建筆似禿篇 건강한 붓도 모지라진 빗자루와 같지만
    興發隨風掃 흥치가 남에 바람을 따라 휘저어 본다.
    無邊滄海環 갓 없이 푸른 바다가 둘러 있고
    不盡靑山繞 끝없는 푸른 산도 둘러섰다.
    二妙赴秋闈 두 묘년이 추위(시험장)에 나아가니
    大鳴如雙鳥 두 마리 새 마냥 크게 울지어다
    長翮挿汝身 긴 날개를 그대들 네 몸에 달았으니
    雲程不難到 운정(벼슬길)에 이르기 어렵지 않으리
           <醉中走筆送鄭彥湜任發英赴試>[46]

정언홍, 언식 형제는 해남 5현이라 불려온 금남, 귤정, 석천, 미암, 고산 등을 이 고장에 정착케 한 호족 초계 정씨의 해남파 종손이다. 미암바위 아래 곡구당(谷口堂)에 살면서 석천 만년까지 오랫동안 수업한 후 1567년 나란히 등과 함으로써 얼마 남지 않은 스승의 생전에 값진 선물을 안겨준 제자다. 이 같은 결실에는 낙제의 쓰라림도 있었으니 그때 석천이 위안하고 다짐한 시가 있다.

    吾將薦金盤 내가 장차 금 쟁반에 올려서
    獻與鹽海俎 열매와 함께 드리리다
    但使本根在 다만 뿌리만 그대로 있다면
    暫棄安足吁 잠시 버려짐을 어찌 탄식하리요
         <雙鄭落第還鄕咏庭前碧桃送遠>[47]

---

46) 임억령, 『국역석천집』, 전라남도, 1996, 487면.
47) 임억령, 위의 책, 478면.

동생 정언식은 석천의 종손서가 되었다. 석천이 별세하자 유집 간행을 결심하고 호상이었던 수사 소흡이 제주 목사로 전임되자 훈도로 따라가 4년 후 1572년에 『석천선생시집』 4책 7권을 목각으로 간행한 것이다. 이는 조정의 지원과 목사의 절대적인 배려라 할 수 있으나 석갈한 지 얼마 되지 않은 관료로서 경직을 버리고 제주까지 가서 단기간 내에 대역을 완수하였다함은 사은은 물론 선비다운 집념을 높이 평가하지 않을 수 없다. 현재 고려대 만송문고에 소장돼 있으며 호남 출신 문집 가운데 석천이 간행한『눌재집』과 같이 최고(最古)의 문집으로 각광받고 있으니 그 공적이 더욱 빛난다.

윤홍중, 의중 형제는 귤정 윤구의 아들로 고산 윤선도의 조부(홍중은 양조부, 의중은 친조부)가 된다. 형제 모두 등과한 후 형은 영광군수에 머물렀으나 동생은 형조판서에까지 이르렀다. 석천과는 제자이기 전에 척의간으로 양가의 내력을 짚어본다.

석천은 조부 진안 현감 임수(秀)가 이 곳 초계정씨 정문명의 사위가 되어 해남과 인연이 되고 귤정 역시 아버지 어초은 윤효정이 정문명의 손서가 됨으로써 해남에 정착케 된 것이다. 그렇다면 귤정의 외조부와 석천의 조모는 친 남매간으로 귤정과 석천은 내외제종형제가 된다. 뿐만 아니라 한마을 해리에서 일년 차로 태어나 자랐으니 죽마로 교유가 이루어진 것이다.

석천은 경직에 있으면서 고향에서 영진할 뜻을 버리고 음영자적하고 있는 귤정에게 위로의 시를 거듭 보냈는데 한 수를 보면

野馬何貪豆　들녘 말은 어찌 콩을 탐내는고
秋鷹未解絛　가을 매는 끈에서 풀리지 못했도다.
鄕園頻入夢　고향이 자꾸만 꿈에 들어오니
折盡碧蟠桃　푸른 반도를 모두 꺾었네
　　　　　　　　　　<病起無憀錄奉橘亭先生>[48]

귤정을 말에 본인은 매에 비유하고 있다. 이 밖에도 귤정의 만사에서 "내가 쇠했는데 누구와 말하리요"라 하고 말벗을 잃은 아쉬움에 서러워했다.

석천은 홍중, 의중 형제에게 남다른 애정이 있었음을 유시를 통해 알 수 있다. 홍중이 영변의 평사로 갈 때나, 의중이 선조의 명을 받고 제주로 떠날 때 송별시로 9수 및 21운의 장편시를 읊어 위로했는데 "우리 문도(門徒)에 훌륭한 인재 있으니, 기개는 백년의 동연배를 넘어서리"라 하고 또 "지자는 맑고 정결한 사람이니 세속먼지에 물들게 할 수 없다."라 하면서 스승에 척숙(戚叔)다운 찬사와 염려를 하고 있다.

한편『석천집』에는 귤정의 동생 윤공, 윤행 등에게도 제, 또는 종제라 부른 친숙한 교유시 여러 수가 있으며 이 같은 연관으로 윤행의 손자 귤옥 윤광계는 <석천집서>를 썼다. 서두에 이르기를

> 근래에 시로서 이름을 날리는 사람이 한 둘이 아니다. 그러나 그 시격이 분방웅양(奔放雄洋)하여 장강대하(長江大河)처럼 주야로 도도히 흘러도 다하지 않는 분은 오직 석천선생 한 분뿐이다.49)

귤옥은 가문 가운데 가장 많은 시 600여 수를 전할만큼 격조 높은 시를 많이 읊었다. 등과 후 공조좌랑에 이르렀으나 시론(時論)으로 일찍이 귀향하여 후학들에게 시문을 전수한 바 있다.

이 같은 학시 연원에서 고산 윤선도가 배출된 것이다. 고산은 시조에서 독보적인 존재로 인정받고 있다. 이는 한시로 식자의 척도를 증험했던 당시의 문학 풍토에서 국문으로 가창화했다는데 높이 평가하지 않을 수 없다. 그러나 고산 역시 본격 문학인 한시를 바탕으로 생성되었음을 감안할 때 양조부(兩祖父)를 통한 석천시학의 학맥이라 할 수

---

48) 임억령, 앞의 책, 91면.
49) 임억령, 위의 책, 57면.

있다.

　이밖에도 민구, 정운, 이희익, 나율, 신희남, 안호, 문명, 김형복, 이사립 등 이 지방 명문자제들 대부분이 석천 문하에 출입하였음을 알 수 있다. 그렇다면 이 고장 해남시학은 석천으로부터 발흥하여 후학들에게 계승되었다고 볼 수 있을 것이다.

　뿐만 아니다. 석천은 객지에 머무를 때는 사향(思鄕)의 시를 많이 남기고 재향시(在鄕時)에는 이 곳 승경을 무대로 수백 수를 창작하였으니 석천 시계에서 주된 산실은 명봉산 송설당으로 종유자들의 수창과 더불어 어느 지역에 못지않은 시단이 형성되었던 것이다.50)

IV. 맺음말

　석천은 뛰어난 시인으로 절의를 겸비한 사대부였음을 알 수 있다. 교유인사를 살펴보면 성수침, 정사룡, 이황, 김인후, 휴정 등 각계각층을 막라한 국중 명사들과 친교 하였으며 문도로는 이이, 최립, 이산해, 기대승, 김성원, 고경명, 정철, 송익필, 양응정, 박순, 이후백, 최경창, 윤홍중 형제, 박백응 형제, 백광홍 형제, 정언홍 형제, 임발령, 정운 등 30여 명으로 모두가 일세를 풍미했던 선비들이다.

　문학으로는 목릉성세를 주름 잡았던 팔문장, 삼당시인 대부분이 문하생으로 석천을 가리켜 시선, 적선, 해상선, 선학, 삼당시인, 호남의 사종 등으로 경칭하고 당시 시계에 제 일인자로 숭앙하고 있으니 조선조 문

---

50) 石川의 사숙이었던 창평의 서하당과 해남의 송설당의 뒷 산록이 같은 명봉산(鳴鳳山)인 것이다. 혼돈이 되어 내력을 추적해 봤다. 제일 먼저 발간한 창평지(1815) 장원봉조에 "일명명봉산"이라 기재되었고 이곳 송설 당은 石川 유택과 같이 있는데 최초의 선산임씨족보(1766)에서 石川 묘표를 명봉산으로 표시하고 있음을 볼때 옛부터 명봉산으로 호칭해 왔음을 확인할 수 있다. 그렇다면 원거리에 있는 두 산이 동명이라면 우연의 일치라기 보다는 石川이 정착한 후 명명한 것이 아닌가 한다.

학사에서 석천의 위상을 가늠해 볼 수 있다.

　석천은 한시뿐만 아니라, 국문 시가에서 쌍벽을 이루었던 송강, 고산에게 영향을 주었으니 국문학 발전에 큰 성과라 할 수 있다.

　자고로 해남은 문한의 고을로 널리 알려졌으며, 특히 시 문화의 정서가 지금까지 연해 오고 있으니 타 지역에서는 찾아 볼 수 없는 특징을 영유하고 있는 것이다. 이 같은 명분으로 이어져 미비했던 선현들의 문화유산을 발굴, 복원, 보존한다면 해남군의 위상은 한층 더 높아질 것이다. 그리고 요즈음 자치단체의 치적 목표로 내세우고 있는 관광 산업화에 큰 도움을 줄 것이다.

2002년 학술세미나 · 해남역사인물집중탐구

1. 일시 : 2002년 12월 11일
2. 주최 : 해남문화원
　　후원 : 해남군, 해남신문사, 해진신문, 해남뉴스
3. 장소 : 해남문화예술회관
4. 주제 발표 : 林 南 炯
5. 『海南文壇』 한국문인협회해남지부발간
　　2004년 제20집(특집으로 등재)

2장
石川 林億齡의 星山詩壇과 亭閣

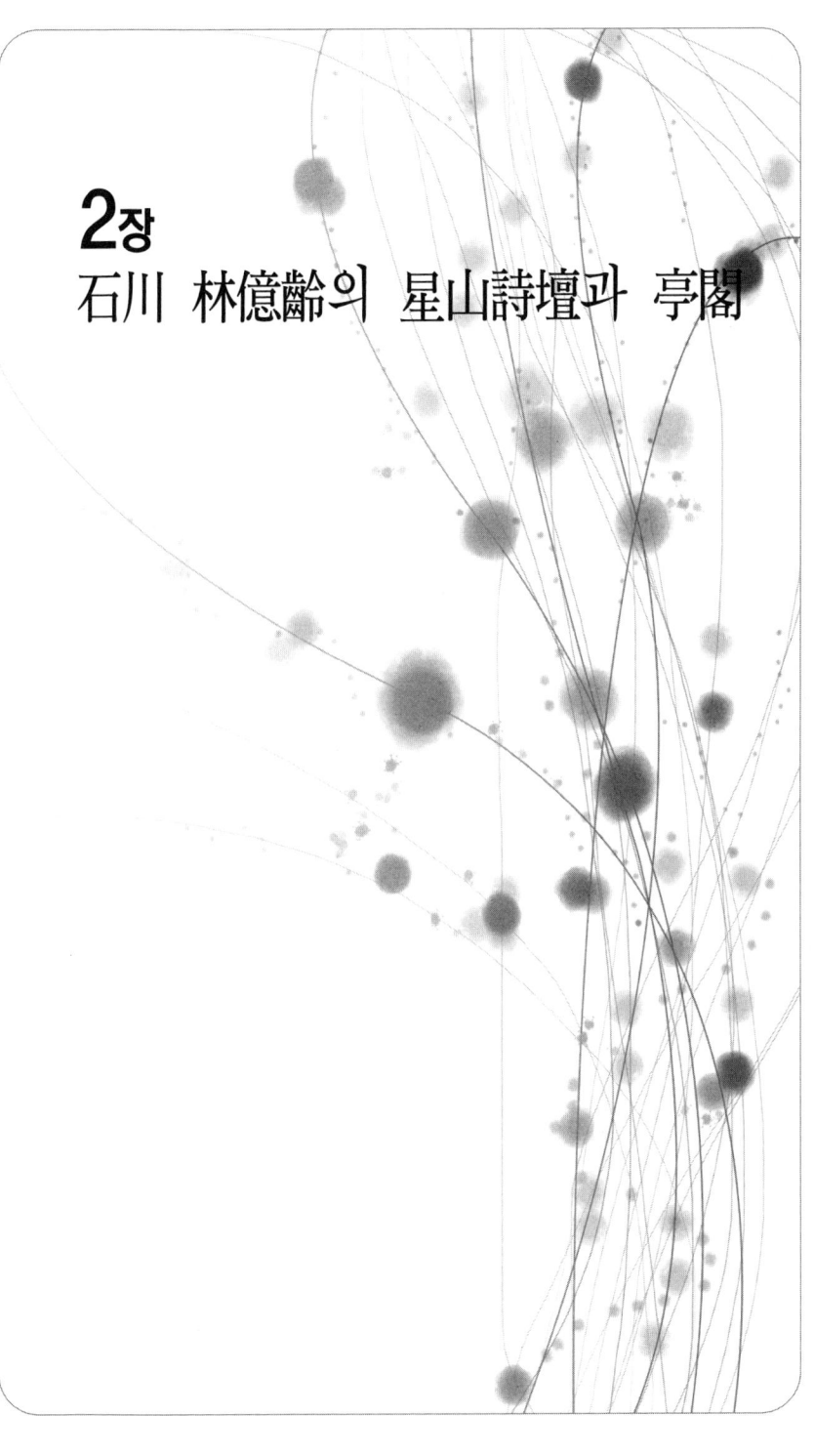

2장 石川 林億齡의 星山詩壇과 亭閣

I. 머리말

성산이란 지명은 각지에 산재되어 있으나 사계에서 성산은 담양 남면 지곡리 명봉산록에 있는 식영정과 서하당의 경내를 지목하게 된다. 호남의 사종 石川이 짓고 살았던 당과 정자로 이곳에서 <식영정 20영>과 <서하당 8영>을 비롯하여 400여 수의 주옥같은 시를 창작해 문학사에서 목릉성세(穆陵盛世)를 이룩한 양응정, 기대승, 김성원, 고경명, 백광훈, 송익필, 이이, 정철 등의 제자를 배출하였으며 정사룡, 성수침, 송순, 이황, 김인후, 박순 등과 같은 많은 국중명사들과 교우 수창함으로서 무등산 원효계곡에 계산풍류를 일으켰던 것이다.

특히 정철은 전원가사의 으뜸이라 할 수 있는 성산별곡을 위시하여 많은 시가를 읊었으니 송강문학의 산실이라 할 수 있다. 이와 같이 石川이 성산에 정착함으로 인하여 무등산에 시가문화권이 형성되었으며 식영정은 그 모태가 되고 石川은 시조(始祖)로 칭송받고 있다.[1] 문학이란 기초예술로 무등산 시가문화권의 정서가 오늘날 광주 예향의 원류가 되

---

1) 남성숙, 「가사문화권의 시조 임억령」, 『호남인물100』, 금호문화, 1996, 56면.

고 아시아 문화전당을 유치하는데 역사적인 배경이 되었다.

성산에는 식영정과 서하당 외에 石川을 주벽으로 향사 해 온 성산사가 있고 부용당, 장서각, 관리사 등의 건물이 산재 되어 있다. 이 가운데 산마루에 우뚝 솟아 있는 식영정은 수백년 묵은 고송에 쌓이고 멀리 무등산 정상의 서석대가 바라보이며 처마 밑 광주호에 화반같이 떠 있는 듯한 경관이 관광객들의 마음을 설레게 한다. 그러므로 식영정 일원이 국가문화재 명승 제57호로 지정되어 보존 관리 되고 있는 것이다. 따라서 성산은 성산별곡의 작가, 연대, 찬미대상 등 해설 논쟁으로 선행 논문이 많다. 필자 역시 논쟁의 일원으로 활동 해 온지 30여 년이 지났다. 이제 왜곡된 부분이 정립 되리라 믿고 본고에 임하고자 한다.

Ⅱ. 石川과 星山과의 因緣

石川은 해남출신으로 14세 때 광주에 사는 외숙 박곤(광옥의 부)의 주선으로 박상의 문하에 입문 하였는데 그때 김윤제와 동문수학 하게 된다. 그 후 김윤제는 교리를 거쳐 나주목사를 지낸 바 있는 이 고을의 실력가였다. 식영정의 건너 마을에 있는 환벽당의 주인으로 모든 주변 인물들과 연관되어 있다. 근교에 있는 소쇄원 양산보는 매제가 되고 김성원은 한마을에 사는 당질이 되며 고경명은 종생질 여서가 된다.

특히 김윤제는 정철을 이곳과 인연을 맺게 하고 손서를 삼은 것이다. 石川 역시 이곳을 출입하게 된 동기는 김윤제와의 친분이라 할 수 있다. 따라서 石川은 양산보와 교유하게 되고 그로 인하여 그의 4종매 되는 양씨와 부부의 연분을 맺은 것이다. 그로부터 石川은 성산에 송강별서(松江別墅)를 짓고 양씨부인을 살게 하였다. 그때는 을사사화가(1545) 일어나기 전이다.

을사사화가 일어나자 石川은 관직을 버리고 해남으로 낙향 한 후 마포(지금의 마산면) 명봉산록의 송설당에 사숙을 열고 그간 환로로 못다한 후진 교육에 전념하였다. 또한 石川은 강진 백련사 근처 군영촌 와룡에도 우거한 바 있는데 그때 서사시로 주목받고 있는 <송대장군가> 및 <백련사동백가> 등 많은 작품을 창작한 바 있다. 그렇게 문정왕후의 수렴청정기간 7년을 재야에 있으면서 마포별업, 와룡 별장, 송강별서를 왕래하며 소일 한 것이다.

1549년에는 백련사 와룡에 있으면서 송강별서를 그리워하는 시를 지었는데 장차 그곳에 가 살 것을 기약하고 있는 것이다.2) 그러므로 石川이 동부승지로 재출사하여 강원도 관찰사를 역임한 후 담양부사를 자원한 것은 송강별서에 살고 있는 가솔들을 의식한 자의(自意)였음을 알 수 있다. 때문에 담양부사로서 환로를 마감하고 성산동의 수석경관을 사랑하여 자연운치와 맥을 같이 하고자 양씨부인이 살고 있는 송강별서에 정착 한 후 서하당이라 편액하고 계변시사(詩社)를 일으킨 것이다.

다음 해(1560년) 봄이 오자 건너 마을에 사는 김성원이 수학 차 서하당을 찾았고 잇따라 정철 등 제자들이 입문함으로서 성산에 학당이 이루어졌으니, 石川은 서하당 옆 산록에 식영정을 복축하고 제자와 시객을 맞이하였다. 石川은 성산의 자연과 유유자적한 지 4년이 되면서 노장답지 않은 시흥으로 큰 종적을 남기고 귀향했다.

그간 서하당 양씨 부인 소생의 딸 둘이 있었는데 큰딸은 고맹영(고경명의 부친)에게 작은 딸은 김성원에게 출가시켰다. 제자로서 사위가 된 김성원의 권유로 장주의 <식영론>과 자신의 인생관을 설파한 <식영정기>를 작성한 후 김성원에게 성산동 일원의 관리를 부탁하고 내년 봄에 돌아올 것을 약속한 송별시를 남기고 해남 본가로 떠났다.3) 그 후 石川은 성산동을 왕래하며 몇 년을 지내다가 별세하고 이때부터 김성원은 石

---

2) 임억령, 『石川集』, 여강출판사, 1989, 136면. 이하, 『석천집』 인용의 경우 '임억령, 앞의 책, 페이지.'의 형식을 따름.
3) 임억령, 위의 책, 269면.

川의 후광을 업고 서하당, 식영정의 주인으로 활동하게 된 것이다.

Ⅲ. 石川과 星山詩壇

16세기 문학은 중종의 화평시에 중흥을 이루었고 명종, 선조 때는 사화와 당쟁의 격동기를 맞이하였지만, 그 여파로 환로에서 귀거래 한 은일처사들은 정자를 지어 자신들의 불우한 처지를 시문으로 달랬다. 이 시기는 강호문학의 시단을 형성하고 성당풍(盛唐風)에 고취(鼓吹)되어 삼당파 시인, 8문장가, 2재 등이 배출됨으로서 문학사에 전성기라 할 수 있는 목릉성세(穆陵盛世)를 이루었다.

그때 石川은 두 번의 귀거래가 있었는데 첫 번째는 을사사화로 어쩔 수 없이 물러났으나 유자로서의 정치이념인 경국제민을 현실정치에서 실현해보지 못한 아쉬움이 있었기에 문정왕후의 수렴청정이 끝나고 명종의 친정이 시작되자 이황을 비롯한 구신들과 함께 동부승지로 재출사했다. 이후, 강원도 관찰사를 거쳐 담양부사를 자원하여 2년의 임기를 마치고 연임할 수 있었으나, 스스로 물러나 오래전부터 구상했던 두 번째 귀거래를 성산의 서하당으로 할 수 있었던 것이다.

石川의 두 번째 귀거래는 첫 번째 귀거래와는 달리 정치현실을 완전히 탈피하고 강호에서 자연을 벗 삼아 음풍농월하면서 전 생애의 문학을 정리하고자 한 것이다. 그럼 石川 시문학이 고전 시화류 및 주변 인물들로부터 어떠한 평가를 받아 왔으며 성산시단에 어떠한 영향을 주었는가 그 위상을 점검해 보기로 한다.

1. 石川의 詩評과 詩想

심수경(沈守慶)은 「견한잡록(遣閑雜錄)」에서 "그의 시는 준일하고 청

신하며 맑고 새로운데 일찍이 세상에 이름이 났다"라 하였다.4)

신흠(申欽)은 「청창연담(晴窓軟談)」에서 "석천 임억령은 시인이다. 신기하고 거센 기운이 있어서 우뚝히 뛰어나 시속을 따라 오르내리지 않았다. 시는 청년 이태백을 배워서 대가를 이루었다"라 하였다.5)

임경(任璟)은 「현호쇄담(玄湖鎖談)」에서 임석주가 "일찍이 신라, 고려시대부터 조선시대에 이르기까지 우리나라 시인들에 대하여 품제한 것이 있는데 그 평은 이렇다. 석천 임억령은 산성에 비가 몰아치는 듯 하고 가지에 바람 부니 매미가 울듯하다"라 하였다.6)

허균(許筠)은 「성수시화(惺叟詩話)」에서 "임억령은 사람됨이 고매하였는데 그의 시 또한 그 사람됨과 같았다. 낙산사에서 읊은 시는 용이 오르고 비가 내리는 형상이어서 글의 형세가 날아 움직이듯 하였다. 그 장려함이 기이한 경치와 거의 맞설만 하였다"라 하였다.7)

남용익(南龍翼)은 「호곡시화(壺谷詩話)」에서 "오언율시중에서 가장 좋은 것은 이형의 <청산금야월>, 기준의 <새국초상하>, 임억령의 <강촉축루주>, 임제의 <이참태권객>, 이정귀의 <입미목능촌> 등이다"라 하고 또한 뛰어난 시인들을 평하면서 石川의 시를 '비동(飛動)'이라 하였다.8)

이중열(李仲悅)은 「을사전문록(乙巳傳聞錄)」에서 "학식은 방향이 있고 마음이 강직하며 영기가 발월하고 문장이 호방하였다"라 하였다.9)

정사룡(鄭士龍)은 「송대수안관동(送大樹按關東)」에서 "임억령은 시사에서 편을 나눠 다섯 차례나 벌린 시쟁에서 종횡으로 붙어 오는 제호(諸豪)들을 연거푸 복종시키며 두각을 드러냈다. 이것은 임억령이 고심하며 시를 짓는 강서시풍이 아니라 자연스런 감정에 따라 즉흥적으로 읊어대

---

4) 홍만종, 『시화총림』, 아세아문화사, 1973, 126면.
5) 조종업, 『한국시화총편』 권2, 태학사, 1996, 393면.
6) 홍만종, 『역주시화총림』, 까치, 1993, 339면.
7) 홍만종, 위의 책, 137면.
8) 홍만종, 위의 책, 225, 229면.
9) 이중열, 「을사전문록」, 『국역대동야승』 권12, 민족문화추진회, 1982, 101면.

는 당풍이었기에 가능했다" 평소 남을 허여한 적이 없었다던 정사룡도 임억령의 시제를 찬미하였다.10)

이황(李滉)은 「희임대수견방논시(喜林大樹見訪論詩)」에서 "시를 배워 두보(杜甫)와 이백(李白)을 따르고 도를 배워 장자(莊子)와 열자(列子)를 사모한다네"라 하여 石川의 시격과 시상을 지적하고 있다.11)

김인후(金麟厚)는 「석천제수창(石川第酬唱)」에서 "갈 곳이 있어 문을 나섰던 건데 빗나가 하양동에 들어 왔구려. 시선이 이 사이에 깃들어 있어 한 골짜기 한가한 구름을 꼈네"라 하며 성산을 하양동이라 하고 石川을 시선이라 하였다.12)

양응정(梁應鼎)은 「동지일정석천(冬至日呈石川)」에서 "문한은 동서한을 짓밟아 버리고 시격은 성만당(盛晚唐)을 임의로 구사 하였네"라 하고 당시에 심취하고 있음을 밝히고 있다.13)

고경명(高敬命)은 「용전운서석천제화옹시후(用前韻書石川題畵鷹詩後)」에서 "내가 본래 石川을 좋아한 것은 문장이 세속에 뛰어났기 때문이다. 시 짓기는 여사로 여겼지만 억센 필력은 누구도 당할 이 없었다오" 또한 「의제서호정(擬題西湖亭)」에서는 "시 짓는 제주 石川보다 나을 이 없다" 하여 石川을 사계에 제 일인자로 추숭하고 있다.14)

이이(李珥)는 「석천견기운(石川見寄韻)」에서 "준일하고 청신하다는 것은 지금 공에게 하나이라오. 흥이 나면 종이 백장을 써 치우고 잠간새 시는 권질을 이룬다오"라 하여 두보가 이백의 시를 준일과 청신하다고 하였는데 율곡이 石川의 시를 이백의 시풍과 같이 보고 빠른 작시에 감탄하고 있다.15)

---

10) 정사룡, 『호은잡고』 권4, 『한국문집총간』 25권, 136면.
11) 이황, 「별집」 권1, 『퇴계선생문집』, 269면.
12) 임억령, 앞의 책, 323면.
13) 임억령, 위의 책, 339면.
14) 임억령, 위의 책, 334면.
15) 임억령, 위의 책, 326면.

이산해(李山海)는 「기성록(箕城錄)」에서 "임석천의 영동 제영중에 '장풍일만리 편월고금추'의 구절이 있는데 절로 적선의 품골이 아니면 어찌 이러한 시구를 얻을 수 있었겠는가 탄식한 나머지 인하여 절구 한수를 이루었다"라 하고 기구에서 "석천은 당시 문단을 전단했다"라 하여 당시 최고의 시인으로 경도(傾倒)하고 있다.16)

윤광계(尹光啓)는 「석천선생집서(石川先生集序)」에서 시격이 분방웅양(奔放雄洋)하여 장강대하(長江大河)처럼 주야로 도도히 흘러도 다하지 않는 분은 오직 석천선생 한분뿐이다"라 하였다.17)

김수항(金壽恒)은 「석천행적기략(石川行蹟紀略)」에서 "쓰시는 문장은 굉방준일(宏放俊逸)하며 더욱이 시에 뛰어나시어 붓을 잡으면 일필휘지(一筆揮之)로써 내시니 일시인들이 다투어 전통 하였다"라 하였다.18)

박세채(朴世采)는 「석천선생묘표(石川先生墓表)」에서 "그 문장은 웅사(雄辭)하고 호일(豪逸)하시니 대처 남하경 장자와 청년 이백을 본 받아 모든 사람들의 입에 회자(膾炙)로 전해 오고 있으니 그 심오한 말은 쉽게 엿볼 수 없다"라 하였다.19)

이밖에도 박순, 백광훈, 정철 등이 적선, 진선, 해상선, 선학으로 石川을 선(仙)에 비유한 시를 많이 볼 수 있다. 石川 시학의 논평을 요약해 보면 준일, 청신, 낭만성, 호방성, 당시풍, 시선, 적선으로 평가 하였는데 모두가 이백의 시를 지칭하는 술어이다. 그렇다면 石川은 스스로 이백을 추종하였는가?

　　　　我愛青蓮客　나는 청년객을 사랑하여
　　　　飄然抱大才　표현이 큰 재능 품었는데
　　　　奇璜嗟鏟彩　기황이 탄식하여 무늬를 감추듯

---

16) 이산해, 「기성록」, 『아계유고』 권2, 『한국문집총간』 47, 470면.
17) 임억령, 앞의 책, 53면.
18) 임억령, 위의 책, 302면.
19) 임억령, 위의 책, 305면.

靜女困無媒　정녀는 안쓰럽게도 매파가 없네

酒仰表鯨吸　술은 큰 고래가 마시는 것 같고
詩如巨刀裁　시는 큰 갈로 마름질 한 것 같네
千秋餘寶唾　천추에 아름다운 구절이 남아
讀罷有餘哀　읽기를 마치니 애잔한 마음 솟네
<李白>20)

<이백>이라 제한 시에서 이백을 사랑하여 시인이 되고 호방한 힘이 있어 따르고자 했다는 것이다. 또한 石川의 시상에 대해 집약한다면 불기(不羈)와 절조(節操)라 할 수 있다. 매사에 억매이지 않는 자유로운 기질과 정치현실의 불의와 타협하지 않는 품성이라 할 것이다. 이러한 기질과 품성이 유자적 가치관 속에서 어떻게 표출되었는가? 현실정치 지향의 갈등으로 비화되고 이러한 고뇌를 장자적 취향의 시로서 해소 해 나간 것이다.

石川은 <우제(偶題)>에서

眼因思道合　눈은 도를 생각하느라 감겨지고
頭爲厭時低　머리는 시절이 사나워 떨구노라
自得莊周學　장자의 학을 얻은 이후로
榮枯一指齊　영화와 쇠락 하나로 가지런히 보이는구나21)

이 같은 장자적 색채는 성산으로 치사한 石川의 식영이란 개념으로 집약된다. 石川은 「식영정기」에서 조물과 합치되는 달인의 경지에서 안락하겠다 하고 절대적 자유의 형상이라고 설파 한 바 있다. 이러한 石川의 시상적 진위는 성산을 조명한 시관에서 찾아 볼 수 있다.

---

20) 임억령, 앞의 책, 281면.
21) 임억령, 위의 책, 238면.

2. 星山 詩壇의 形成

石川의 시명이 사계의 정상이었다면 머무른 곳에 시단이 형성됨은 당연한 결과라 할 수 있다. 이를 뒷받침해 주는 김성원의 시가 있다.
"제봉이 꿈속에서 石川선생의 '지활삼천계진부(地闊三天界盡烰)'의 운에 차운한 것을 보여 주기에 그 운에 차운하다"라 제하고

      會共詩壇運酒籌 일찍이 시단을 함께 하며 산가지를 돌렸었지
      佳山麗水作菟裘 아름다운 산 화려한 물 은거지로 삼으셨네
      誰知英爽從湖叟 누가 알았을까 영상(英爽)함이 호남의 늙은이로
                        부터 시작 될 줄을
      想見仙姿侍玉族 상상해보니 신선의 자태로 옥황상제를 모셨다네
      花發碧桃春不老 꽃이 핀 벽도 봄에도 시들지 않고
      天開素月彩空浮 하늘이 흰 달을 내자 고운빛 하늘에 떠다니네
      丁寧霽老通幽夢 정녕코 재봉 늙은이는 그윽한 꿈속에서 통했으나
      門下餘生盡白頭 또 다른 문하생은 흰머리 다 세는구려
                                   <霽峯夢次石川先生地闊三千界盡浮之韻示之因次其韻>[22]

石川이 성산시단을 형성하였다는 첫 구절과 이백의 당시풍을 처음 만나 볼 수 있게 하였다는 3구가 우리의 관심사다. 이어 신선이 된 石川을 꿈속에서나마 만나 본 제봉을 부러워 할 정도로 사모하고 있다.

지금까지 성산시단을 논의한 선행연구를 살펴보면 대부분 石川 연구에서 부분적으로 논평한 것이며 본격적으로 성산시단을 위주로 한 논문은 이재석의 「성산정각을 매개로한 문학적 교환과 그 역사적 의미」가 있고 저서로는 권혁명의 『석천 임억령과 식영정 시단』이 있다.

전자는 石川과 김성원, 고경명, 정철의 사제지간을 성산 4선으로 등단

---

[22] 金成遠, 『棲霞堂遺稿』 上, 국립중앙도서관 소장본, 22면.

시키고 이들이 읊은 <식영정 20영>과 <서하당 8영>을 논제로 해설하고 그 표현 및 경향을 다음과 같이 논평하고 있다.

 "이들의 시가 서경시이기 때문에 공통적으로 회화적 표현이 중심을 이루고 있으며 당시(唐詩)의 영향을 받아 특히 이백의 시풍을 배워 모두가 청신하고 준일한 핍당(逼唐)의 시풍을 지니고 있다. 따라서 회화적 표현, 당시에 대한 묘사적 표현, 시상의 호방성 및 풍류성, 이미지의 명증성(明證性) 등을 그 특색으로 하고 있다. 이를 개인별로 논하면, 石川은 대상에 대해 비교적 사실성과 객관성을 지닌 관조적인 입장을 취하고 있으며 서경의 실사적 묘사에 서정을 결합하는 표현이 뛰어나고 당시에 대한 모사성이 강하다. 또한 백옥봉의 '강남사종오석천 문채풍류금적선(江南詞宗吾石川 文采風流今謫仙)'이라는 지적처럼 준일하고 청신한 이백의 기풍을 지니고 있다. 서하당은 비교적 겸손하고 소박하며 수신적인 유가적 입장과 조용한 분위기를 나타내고 있다. 제봉은 관조적 입장에서 순수한 서경묘사에 치중하고 있으며 송강은 이백의 호기와 선취를 취하여 주관적 요소가 강하며 제재에 구득됨이 적고 타인에 비해 시상이 호방하며 선풍이 강하다"23)

 이상 논술에서 '성산 4선'을 하나의 숙어로 사용하고 있으나 이는 재고해봐야 한다. 당시 수창하면서 우리가 모두 四仙이라고 자칭하였다 하였으나 필자는 납득하기 어렵다. 왜냐하면 30~40의 년차가 있는 노스승을 모시고 다같이 四仙이라 하고 일명 사선정이라고 하였다는 것은 스승에 대한 예우가 아니므로 추적해 본 결과 확증을 찾아 볼 수 없었다. 다만 후예들이 추숭하기 위한 칭호라 할 수 있다.

 후자는 전자에 비해 최근작으로 <성산별곡>을 비롯한 성산의 학술 논쟁에 대하여 나름대로 정립하고 당시 성산시단의 분위기를 심도 있게 다루었으니 큰 성과라 할 수 있다. 石川과 양응정, 김성원, 고경명, 정철

---

23) 이재석, 「성산정각을 매개로 한 문학적 교환과 그 역사적 의미」, 고려대 석사학위논문, 1989, 89면.

의 문학적 교유 양상을 논하고 石川을 위시한 양응정, 김성원, 정철의 시 세계를 분석하고 있다. 특히 石川의 문풍에 대하여 다음과 같이 요약하고 있다.

"16세기 호남의 문풍은 호남지역의 독특한 풍류문화와 결합하여 영남이나 기호지방과는 달리 성리학적 엄숙주의에서 한발 비켜서서 경술보다는 사화에 경도되었다 할 수 있다. 따라서 호남의 문사들은 시사를 만들고 문학적 교유에 힘써 문재를 갖추게 되었으며 이를 바탕으로 16세기 이후부터 중앙정계에 진출하여 문재를 발휘하게 된다. 이 시기 호남에서 특히 주목해야 할 인물은 임억령이라 할 수 있다. 임억령은 당대나 후대의 평자들에게 조선의 문단을 전단하고 호남의 사종이며 남방 최고의 시인이라는 평가를 받아 문학적 성취를 객관적으로 인정받았을 뿐만 아니라 이백과 두보, 맹호연 등 성당풍을 구사한 것으로 알려져 조선중기 당풍의 형성 배경을 이해하는 데 주목되기 때문이다. 임억령의 당풍은 개인적 취향에 머무른 당대 문사들의 그것과는 달리 당시에 대한 구체적인 인식을 토대로 당풍을 수용하고 구사했다고 할 수 있다. 그 예로 임억령과 양응정의 당성(當城)에서의 수창을 들 수 있다. 임억령은 '황산곡시 1000번'을 읽고 자신을 찾아온 양응정을 시로서 압도한 뒤 양응정의 강서 시풍적 시작법의 문제점을 지적하고 당시풍적 특성으로 요약될 수 있는 시작법을 제시하였는바, 성정의 자연스런 유출, 흥취, 위주, 음악성, 독창성, 즉흥성, 회화성, 진솔, 평이, 함축 등이었다. 백광훈은 이러한 임억령에 대해 호남시인들 중 최고의 위치에 있다는 의미로 호남사종이라 하였는데 그것은 임억령이 당풍의 진원지인 호남에서 가장 호남적인 시, 즉 당풍을 구사하고 있었기 때문이었다."[24]

두 편의 논술에서 거론한 인물은 石川을 비롯하여 양응정, 김성원, 고경명, 정철 등 사제지교에 불과하다. 물론 그들이 石川의 측근자들로 성

---

24) 권혁명, 『석천 임억령과 식영정 시단』, 월인, 2010, 45면.

산시단의 형성에 주축이 된 것은 사실이다. 그러나 성산시단이 무등산 시가문화권의 모체라면, 가숙에 국한하기 보다는 성산시단에 참여한 인사들 가운데 石川과 대수한 적이 있으면 들추어 살펴보고 성산시단의 규모와 위상을 가늠해 보고자 한다.

송순은 石川과 박상 문하의 동문으로 근교에서 면앙정(俛仰亭)과 식영정을 왕래하면서 서로가 상대 정자의 운에 차운은 물론, 제영에 이르기까지 100여 수가 넘는 서경시로 무등산 승경을 찬미하고 있다. 한 수씩을 보면

   山自蒼然在 서석산은 저절로 파랗게 서 있는데
   朝朝雲出模 아침마다 솟아나는 저 구름
   吾閑如不至 한가롭지 못한 이내 몸이
   何以見渠情 어떻게 저 구름 바로 볼고 (송순)
              <息影亭20詠(瑞石閑雲)>[25]

   瘦骨巋然橫 파리한 뼈대가 우뚝 서 있으니
   石之次玉者 돌이지만 아름다운 구슬 이로다
   日蒸精氣升 따뜻한 햇볕에 정기 솟아오르는데
   非是晴嵐也 밝은 날씨에 아지랑이가 아닌가 (石川)
              <俛仰亭30詠(瑞石晴嵐)>[26]

송순은 무등산 서석대의 한가한 구름을 소재로 하고 당시 노령으로 나주목사에 재임하고 있었기에 한가롭지 못한 자신을 자책하고 있는 듯하다. 石川은 무등산 서석대의 맑은 아지랑이를 소재로 하고 자연의 아름다움을 가식 없이 그대로 평담하게 읊고 있다.

김인후는 호남의 시인 중에 石川 다음으로 많은 시를 유집에 전하고

---

25) 송순, 『국역 면앙집』 상권, 담양문화원, 1995, 227면.
26) 임억령, 앞의 책, 267면.

2장 石川 林億齡의 星山詩壇과 亭閣

있다. 石川이 성산에 귀의하자 제일 먼저 김인후가 찾아와서 '석천제수창'이라 제하고 많은 대수가 이루어졌다.

霜風吹古松　찬바람 묵은 솔에 불어 들오니
萬壑皆龍吟　만 골짜기 모두다 용 울음소리
人間方入夢　인간은 지금 한창 꿈에 들으니
其誰知此音　어느 뉘 이 소리를 알아들을고
我與河西子　나는 우리 하서자와 나란히 앉아
把酒彈孤琴　술을 들고 거문고를 둥둥 타노라 (石川 원운)
　　　　　　　　　　　　　　　　　<與金河西酬唱>27)

酬酢淺深杯　깊고 얕은 술잔이 오고 간다면
唱和長短吟　길고 짜른 노래를 주고 받누나
此間有眞意　이 사이에 참다운 뜻이 있어라
誰人知大音　어느사람 대음(大音)을 알아 들을고
仰面發一笑　얼굴 쳐들고 한번 허 허 웃으며
靜聽松風琴　솔바람 거문고를 고요히 듣네 (하서 차운)
　　　　　　　　　　　　　　　　　<石川第酬唱>28)

石川의 집 서하당에서 겨울밤 눈 내리는 무등산의 설경을 바라보며 밤새도록 시흥을 돋구었다. 3, 4구에서는 石川의 방입몽(方入夢)과 김인후의 유진의(有眞意)의 대음(大音)을 뉘라서 알아 들을고 하였으니 양인은 을사사화 때 다 같이 벼슬을 버린 분들로 당시 안유(安裕)와 더불어 호남삼고(湖南三高)로 불려졌기 때문에 당신들만이 간직한 절조를 표현한 것이라 할 수 있다.

기대승은 사사차 石川을 찾아 다녔으며 그로부터 일년만에 등과 하였

---

27) 임억령, 앞의 책, 283면.
28) 임억령, 위의 책, 324면.

으니 石川의 가르침이 도움이 되었음은 명백하다. 石川은 "명언(기대승의 字)이 달빛을 밟으면서 지었다는 시를 보여준 데 대하여 답을 하다"라 제 하고

        明月有佳色　밝은 달은 아름다운 빛을 품었는데
        新詩如錦紋　새로 지은 시는 비단 무늬 같아라
        君歸與誰對　그대는 돌아가 누구와 더불어 대하리요
        永入白鷗群　영원히 백구의 무리속에 들어가거나
                                                            <答明彦步月見寄>[29]

기대승이 지은 시를 石川이 보고 비단 무늬와 같다고 시평하고 오래도록 조정에 있을 것을 격려하고 있다. 기대승이 식영정 운에 차운한 시 일부를 보면

        昔拜石川老　옛날에 석천노옹 찾아뵙고
        徘徊松下亭　소나무 밑 정자에서 배회 했노라
        人間猶脫徒　인간 세계는 헌신적인 양 벗어 던지고
        天上自騎星　하늘 위에선 스스로 별을 따리라
                                                                <次息影亭韻>[30]

식영정에서 石川을 모셨던 옛날을 회상하고 훌륭한 사람은 죽어도 영혼이 흩어지지 않는다며 칭송하고 있는 것이다.

이밖에 전장에서 거론하지 않은 인사로 박충원, 소세양, 임붕, 윤공, 김언거, 박광옥, 조여심, 정명호, 유인서, 홍생반, 나사순, 나사경, 송해빈, 나표, 김윤효, 김윤제 형제, 양자순, 양자징 형제 등이 참여한 대규모의

---

29) 임억령, 앞의 책, 236면.
30) 임억령, 위의 책, 359면.

성산시단이 형성되었다.

그로부터 성산동의 풍류는 흥성한 정신적 기조를 갖추게 되었고 石川은 자연과 조화를 이루며 자아의 자유로운 의경(意境)을 평담(平淡)한 시풍으로 그려내며 만년을 마무리 했던 것이다. 시의 형식을 살펴 봐도 이 시기 지은 시 총 147제 393여 수 중에 42여 수를 제외하고 나머지는 모두 절구로 구성되어 있으며,[31] 제영역시 <식영정 20영>, <서하당 17영(서하당 8영 포함)>, <면앙정 30영>을 연하여 5언절구로만 읊은 것이다.

石川은 이전부터 시격을 중시하고 기교를 부리며 수식을 일삼는 송시풍 칠언시(七言詩) 보다는 성정을 위주로 풍류적인 자유로움을 중시하는 당시풍 오언시(五言詩)를 선호하였다. 따라서 石川은 소동파를 추종했던 강서파의 송풍을 제일 먼저 탈피하고 이백과 두보의 당풍을 좇아 일찍이 삼당시인으로 호칭되었으며 성산시단을 경영하면서 당시적 특질을 담은 시관을 보일뿐만 아니라 문인들에게 당풍을 전수 했던 것이다. 그를 도시해 보면

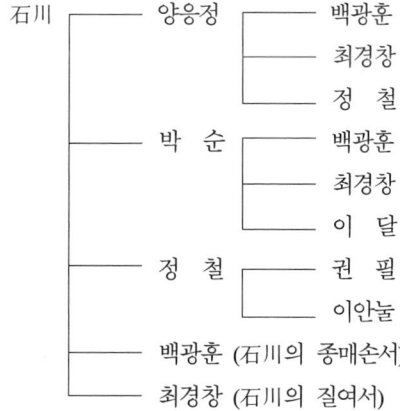

---

31) 권혁명, 앞의 책, 45면.

이같이 石川의 학통에서 삼당파 시인들이 배출되었으니 문학사에 호남파 시인이란 장을 이루었고 전국의 시학계를 주도 했던 것이다.

한편 성산시단에서 정철의 송강가사를 논의하지 않을 수 없다. <성산별곡>을 위시한 <사미인곡>, <속미인곡>, <장진주사>의 장가와 단가 27편으로 송강 가사 대부분이 이곳 성산에서 창작되었기 때문이다. 그러한 연고로 성산 앞에 한국가사문학관을 건립하고 송순, 정철, 임억령, 양산보, 김인후, 김성원, 고경명 등의 유물을 전시하고 있으며, 각종 가사문학의 행사를 주도하고 있다.

그런데 石川은 전해온 국문가사가 한편도 없다. 다만 걸작품으로 일컬어지고 있는 '송대장군가', '백련사동백가' 등 가(歌)를 붙인 한시 몇 편이 있을 뿐이다. 그러나 石川과 정철은 다같이 성산에서 활동한 사제지간으로 石川 생존시 石川의 <식영정 20영>을 정철이 <성산별곡>으로 가창화 했을 뿐 아니라, 石川을 주제로 읊은 단가도 몇수 있음을 감안할 때 石川 역시 가사에 무관심한 것은 아닌 듯하다. 따라서 성산시단에서 가장 주목받고 있는 <식영정 20영>과 <성산별곡>을 대비해 보고자 한다.

3. 石川의 〈息影亭二十詠〉과 〈星山別曲〉 對比

<식영정 20영>과 <성산별곡>의 대비는 기존 연구에서 많이 찾아볼 수 있다. <성산별곡>이 <식영정 20영>의 제목을 그대로 수용하고 있음으로 환골탈태, 가사화, 가창화 등으로 평가하며 정론화되어 있다. 그런데 한결같이 정철이 차운하였던 <식영정 20영>과 <성산별곡>을 대비하고 있는 것이다. 이는 石川이 <식영정 20영>을 창작하고, 그 운에 정철이 차운한 후 <성산별곡>을 지었다고 보기 때문이다.

그러나 필자는 石川의 <식영정 20영>을 보고 정철이 <성산별곡>을 먼저 읊고 그 후에 <식영정 20영>을 차운하였다고 보고 있다. 그 이유는

첫째 石川이 <식영정 20영>을 1563년에 지었는데, 그때 김성원, 고경명, 정철 등이 다 같이 차운하였다고 보지만 고경명과 정철은 출사하고 없었기 때문에 설득력이 없다.

둘째 고경명은 石川을 주제로 지은 시가 100여 수에 이르지만 石川의 대수가 없으며 정철 역시 石川 생존 시에는 石川을 주제로 지은 한시가 단 한수도 없다. 따라서 <식영정 20영> 차운도 고경명은 42세에 지었고[32] 정철 역시 <식영정 20영>의 '선유동'에서 백두문화사(白頭門下士)라 하였으니 50세 전후로 봐야한다.

셋째 <성산별곡>의 연대에 있어 논의가 많으나 石川을 찬미하였다면 1568년 이전으로 봐야한다. 이는 1678년에 작성된 김수항의 「석천행정기략」에 명시되어 있다.[33]

이해를 돕기 위해 石川과 정철의 성산동 활동을 살펴 보면 石川이 담양부사를 사임하고 성산에 귀거래한 해가 1559년 가을이다. 이듬해(1560년)에 정철이 石川 문하생이 되고 1561년에 진사시에 1등으로 합격하고, 1562년에 문과에 수석합격 할 만큼 해마다 승승장구 하였으니 성산학숙은 정철의 출사에 기반을 다져준 곳으로 손색이 없다. 때문에 정철의 자호 역시 성산 앞을 흐르는 송강으로 불렀던 것이다.

다음해(1563)에 石川은 <식영정 20영>을 지어 놓고 해남 본가로 떠났으나 자주 왕래 하였는데 그때 정철이 성산에 들려 石川 작 <식영정 20영>을 보고 <성산별곡>을 지어 스승 石川에게 찬미로 보은 한 것이다. 그러므로 石川의 <식영정 20영>은 정철의 <성산별곡>의 모본이 되었으니 두 작품에서 石川의 시상을 정철이 얼마만큼 투영 하였는가를 분석해 보고자 한다.

---

32) 박은숙, 『고경명 시 연구』, 집문당, 1999, 109면.
33) 임억령, 앞의 책, 302면.

石川 〈息影亭二十詠〉과 松江 〈星山別曲〉의 對比表

구분			식영정 20영	성산별곡
서사				1행 엇던 디날손이 星山(셩산)의 머믈며셔 2행 棲霞堂(서하당) 息影亭(식영정) 主人(쥬인)아 내 말 듯소 3행 人生(인생) 世間(세간)의 됴흔 일 하건마는 4행 엇디훈 강산을 가디록 나이 녀겨 5행 寂寞(젹막) 山中(산중)의 들고 아니 나시는고
			1영 瑞石閑雲 (서석한운) 溶溶嶺上雲 (용용영상운) 纔出而還斂 (재출이환렴) 無事孰如雲 (무사숙여운) 相看兩不厭 (상간양불염)	6행 松根(송근)을 다시 쓸고 竹床(죽상)의 자리 보아 7행 져근덧 올라 안자 엇고 다시 보니 8행 天邊(천변)의 뗏는 구룸 瑞石(서석)을 집을 사마 9행 나는 듯 드는 양이 主人(쥬인)과 엇더훈고
			2영 蒼溪白波 (창계백파) 古峽斜陽裏 (고협사양리) 蒼龍噴水銀 (창용분수은) 囊中如可拾 (낭중여가습) 欲寄熱中人 (욕기열중인)	10행 滄溪(창계) 흰 물결이 亭子(정자) 알픠 둘러시니 11행 天孫雲錦(천손운금)을 뉘라셔 버혀 내여 12행 닛는 둧 펴티는 둧 헌스토 헌스 홀샤 13행 山中(산중)의 책력(冊曆) 업서 四時(사시)를 모르더니 14행 눈 아래 헤틴 景(경)이 철철이 절노 나니 15행 듯거니 보거니 일마다 仙間(선간)이라
본사			4영 陽坡種瓜 (양파종과) 有陰皆可息 (유음개가식) 何地不宜苽 (하지불의고) 細雨荷鋤立 (세우하서립) 蕭蕭沾綠蓑 (소소참록사)	16행 梅窓(매창) 아젹 벼틔 香氣(향기)예 잠을 끼니 17행 仙翁(선옹)의 희욜 일이 곳 업도 아니호다 18행 울밋 양지陽地(양지) 편의 외씨롤 뻐허 두고 19행 믹거니 도도거니 빗김의 달화 내니 20행 靑門故事(청문고사)롤 이제도 잇다 홀다
	春		17영 桃花徑 (도화경) 石徑雲埋小 (석경운매소) 桃花雨剪齊 (도화우전제) 更添今日寂 (경첨금일적) 正似昔人迷 (정사석인미) 18영 芳草洲 (방초주) 晴沙明似雪 (청사명사설) 細草軟勝綿 (세초연승면) 中有白頭翁 (중유백두수) 閑隨黃犢眠 (한수황독면)	21행 망혜(芒鞋)롤 뵈야 신고 竹杖(죽장)을 홋더니 22행 桃花(도화) 픤 시내길히 芳草洲(방초주)의 니어셰라 23행 닷 봇근 明鏡中(명경중) 절노 그린 石屛風(석병풍) 24행 그림애롤 버들 사마 西河(서하)로 홈믜 가니 25행 桃源(도원)은 어드매오 무릉(武陵)이 여긔로다
	夏		3영 水檻觀魚 (수합관어) 吾方憑水檻 (오방빙수함)	26행 南風(남풍)이 건듯 부러 綠陰(녹음)을 헤텨 내니 27행 節(절) 아는 꾀꼬리는 어드러셔 오돗던고

		鷺亦立沙灘 (로역립사란) 白髮雖相似 (백발수상사) 吾閑鷺不閑 (오한로불한)	28행 義皇(희황)벼개 우희 풋줌을 얼풋 찌니 29행 空中(공중) 저즌 欄干(난간) 믈 우희 써 잇고야 30행 麻衣(마의)룰 니믜 추고 葛巾(갈건)을 기우 쓰고 31행 구브락 비기락 보는 거시 고기로다
		19영 芙蓉塘 (부용당) 白露凝仙掌 (백로응선장) 淸風動麝臍 (청풍동사제) 微時可以削 (미시가이삭) 妙語有濂溪 (묘어루렴계)	32행 ᄒᆞᆯ밤 비 믜운 紅白蓮(홍백련)이 섯거 픠니 33행 ᄇᆞ람이 업서셔 萬山(만산)이 향긔로다 34행 濂溪(염계)를 마조 보와 太極(태극)을 뭇ᄌᆞ눈 듯 35행 太乙眞人(태을진인)이 玉字(옥자)를 헤혓는 듯
		15영 鸕鶿巖 (노자암) 蒼石水中央 (창석수중앙) 夕陽明滅處 (석양명멸처) 鸕鶿驚路人 (노자경로인) 飛向靈湫去 (비향령추거) 16영 紫薇灘 (자미탄) 誰把中書物 (수파중서물) 今於山澗栽 (금어산간재) 仙粧明水底 (선장명수저) 魚鳥亦驚猜 (어조역경시)	36행 노자암 건너보며 紫微灘(자미탄) 겨틔 두고
		10영 石亭納凉 (석정납량) 礙目松爲蓋 (애일송위개) 搘頤石作床 (지이석작상) 蕭然出塵世 (소연출진세) 六月裌衣涼 (육월겹이양)	37행 長松(장송)을 遮日(차일) 사마 石逕(석경)의 안자 ᄒᆞ니 38행 人間(인간) 六月(유월)이 여긔는 三秋(삼추)로다
		14영 白沙睡鴨 (백사수압) 溪邊沙皎皎 (계변사교교) 沙上鴨娟娟 (사상압연연) 海客忘機久 (해객망기구) 松間相對眠 (송간상대면)	39행 淸江(청강) 졋는 올히 白沙(백사)의 올마 안자 40행 白鷗(백구)를 벗을 삼고 줌 낄 줄 모르나니 41행 無心(무심)코 閑暇(한가)ᄒᆞ미 主人(주인)과 엇더ᄒᆞ니.
秋		5영 碧梧涼月 (벽오량월) 秋山吐涼月 (추산토량월) 中夜掛庭梧 (중야괘정오) 鳳鳥何時至 (봉조하시지) 吾今命矣夫 (오금명의부)	42행 오동 서리둘이 四更(사경)의 도다 오니 43행 千巖萬壑(천암만학)이 나진들 그러홀가 44행 湖洲(호주) 水晶宮(수정궁)을 뉘라셔 옴겨 온고 45행 銀河(은하)를 쯰여 건너 廣寒殿(광한전)의 올랏는 듯
		7영 釣臺雙松 (조대쌍송) 雨洗石無垢 (우세석무구) 霜侵松有鱗 (상침송유린) 此翁唯取適 (차옹유취적)	46행 ᄶᅡᆨ마존 늘근 솔란 釣臺(조대)예 셰여 두고 47행 그 아래 빅롤 ᄯᅴ워 갈 대로 더뎌 두니 48행 紅蓼花(홍료화) 白蘋洲(백빈주) 어느 ᄉᆞ이 디나관더

	不是釣周人 (불시조주인) 9영 松潭泛舟 (송담범주) 明月蒼松下 (명월창송하) 孤舟繫釣磯 (고주계조기) 沙頭雙白鷺 (사두쌍백로) 爭拂酒筵飛 (쟁불주연비) 8영 環碧靈湫 (환벽영추) 澄湫平少浪 (징추평사랑) 飛閣望如船 (비각망여선) 明月吹長笛 (명월취장적) 潛蛟不得眠 (잠교불득면)	49행 環碧堂(환벽당) 龍(용)의 소히 빗머리예 다하셰라
	12영 平郊牧笛 (평교목적) 牧童倒騎牛 (목동도기우) 平郊細雨裏 (평교세우리) 行人問酒家 (행인문주가) 短笛山村指 (단적산촌지) 11영 鶴洞暮煙 (학동모연) 孤煙生野店 (고연생야점) 漠漠帶山腰 (막막대산요) 遙想松間鶴 (요상송간학) 驚飛不下巢 (경비불하소)	50행 淸江(청강) 綠草邊(녹초변)의 쇼 머기는 아히들이 51행 夕陽(석양)의 어위 계위 短笛(단적)을 빗기 부니 52행 믈 아래 줌긴 龍(용)의 잠 씨야 니러날 듯 53행 닉끠예 나온 鶴(학)이 제 기츨 더뎌 두고 半空(반공)의 소소 뜰 듯
		54행 蘇仙(소선) 赤壁(적벽)은 秋七月(추칠월)이 됴타 호디 55행 八月十五夜(팔월십오야)를 모다 엇디 과ᄒᆞ눈고 56행 纖雲(섬운)이 四捲(사권)ᄒᆞ고 믈결이 채 잔 적의 57행 하놀의 도든 돌이 솔 우희 걸려거든 58행 잡다가 빠딘 줄이 謫仙(적선)이 헌ᄉᆞᄒᆞᆯ샤
冬	6영 蒼松晴雪 (창송청설) 萬徑人皆絶 (만경인개절) 蒼松蓋盡傾 (창송개진경) 無風時落片 (무풍시락편) 孤鶴夢初驚 (고학몽초경) 13영 短橋歸僧 (단교귀승) 深峽橫沙路 (심협횡사로) 孤村照夕曛 (고촌조석훈) 一笻潭底影 (일공담저영) 雙眼嶺頭雲 (쌍안영두운)	59행 空山(공산)의 싸힌 닙흘 朔風(삭풍)이 거두 부러 60행 쩨구름 거ᄂᆞ리고 눈조차 모라오니 61행 天公(천공)이 호ᄉᆞ로이 玉(옥)으로 고즐 지어 62행 萬樹千林(만수천림)을 ᄭᅮ며곰 낼셰이고 63행 앏 여흘 ᄀᆞ리 어러 獨木橋(독목교) 빗겻ᄂᆞ듸 64행 막대 멘 늘근 즁이 어ᄂᆞ 뎔로 간닷말고 65행 山翁(산옹)의 이 부귀(富貴)를 ᄂᆞᆷ드려 헌ᄉᆞ 마오 66행 璟瑤屈(경요굴) 銀世界(은세계)를 ᄎᆞᄌᆞ리 이실셰라
결사		67행 山中(산중)의 벗이 업서 漢紀(한기)를 빠하 두고

		68행 萬古人物(만고인물)을 거스리 헤여ᄒᆞ니
		69행 聖賢(성현)도 만커니와 豪傑(호걸)도 하도 할샤
		70행 하ᄂᆞᆯ 삼기실 제 곳 無心(무심) 홀가마ᄂᆞ
		71행 엇디ᄒᆞᆫ 時運(시운)이 일락 배락 ᄒᆞ얏ᄂᆞᆫ고
		72행 모롤 일도 하거니와 애돌옴도 그지업다
		73행 箕山(기산)의 늘근 고블 귀ᄂᆞᆫ 엇디 싯돗던고
		74행 박소리 핀계ᄒᆞ고 조장이 ᄀᆞ장 놉다
		75행 人心(인심)이 ᄂᆞᆺ ᄀᆞᆺᄐᆞ야 보도록 새롭거늘
		76행 世事(세사)ᄂᆞᆫ 구롬이라 머흐도 머흘시고
		77행 엊그제 비존 술이 어도록 니건ᄂᆞ니
		78행 잡거니 밀거니 슬ᄏᆞ장 거후로니
		79행 ᄆᆞ음의 미친 시롬 져그나 ᄒᆞ리ᄂᆞ다
		80행 거믄고 시욹 언저 風入松(풍입송) 이야고야
20영 仙遊洞 (선유동)	蒼溪小洞天 (창계소동천) 明月淸風裏 (명월청풍리) 時下羽衣翁 (시하우의옹) 不知何道士 (불지하도사)	81행 손인동 主人(주인)인동 다 니저 ᄇᆞ려셔라 82행 長空(장공)의 ᄯᅥᆺ논 鶴(학)이 이 골의 眞仙(진선)이라 83행 瑤臺月下(요대월하)의 힝혀 아니 만나신가 84행 손이셔 主人(주인)ᄃᆞ려 닐오디 그디 귄가 ᄒᆞ노라

1) 序詞

정철은 <성산별곡> 1행부터 5행까지 사설을 붙여 주객을 분명히 하고 있으며 스스로 관직을 마다하고 성산으로 歸隱한 주인(石川)의 처신을 미화하고 있다.

<식영정 1영>(이하 영으로 표시)과 <성산별곡 6~9행>(이하 행으로 표시)의 서석은 광주 무등산의 옛 이름으로 산마루에 들고 나는 구름을 보고 石川은 운유(雲遊)를 자신의 풍류와 비교해 즐기고 있으며, 정철은 식영정의 풍경을 드나드는 주인과 비유하고 있다.

2영과 10, 11, 12행의 창계는 성산 앞을 흐르는 송강의 대칭으로 그 가운데 石川의 수은과 정철의 청송운금은 다 같이 송강의 흰 물결을 곱고 아름다운 비단으로 동일시하고 있다. 또한 정철은 13, 14, 15행에서 무위의 성산에는 책력이 없어도 전개되는 경치가 계절을 알려주니 여기가 바로 신선이 사는 선경으로 찬미하고 있다.

2) 本詞

가) 春

4영에서 石川은 양지쪽에 오이를 심어놓고 도롱이를 쓰고 호미로 가꾸고 있으며 이를 본 정철은 16~20행에서 진나라 소평이 동남문 밖에 오이를 심고 살았다는 청문고사를 용사하여 산옹(石川)의 풍모와 춘한을 노래했다.

17, 18영에서 복숭아 꽃 핀 길을 청사와 세초를 밟으며 한가하게 거니는 백두수는 石川 자신이며 이에 정철은 21~25행에서 도화경 방초주의 제래를 빌어 선계의 승경을 소요하고 있는 石川을 보고 무릉도원 가는 길로 연상하고 있다.

나) 夏

3영에서 石川은 창계(송강)의 난간에 서서 먹이를 찾고 있는 해오라기에 물욕 없는 자신을 비유하고 관어락(觀魚樂)에 젖어 있으며, 정철은 26~31행에서 해오라기 대신 꾀꼬리를 등장시키고 石川을 옛날 복희씨 때 사람으로 비유하고 난간에 기대어 삼베옷에 두건을 쓰고 고기의 유영을 지켜보고 있는 石川의 풍류를 노래하고 있다.

19영과 32~35행은 다 같이 연꽃 향기에 취하고 주염계의 애연설과 태극설을 설파하고 있다. 부연 한다면 石川은 <식영정 20영>과 동시에 <식영정기>를 지은바 있는데 말미에 石川이란 자호 대신 하의도인(荷衣道人)이란 별호를 썼으니 연꽃을 남달리 좋아 하였음을 알 수 있다.

15, 16영은 송강 가운데 자리하고 있는 바위와 강변에 백일홍을 지칭하고 있으니 직접적인 경물관찰을 표현한 안처심생(眼處心生)이라 할 수 있다. 정철 역시 36행에서 별다른 사설 없이 제재의 풍경을 조망한 것으로 마무리 하고 있다.

10영과 37, 38행은 다 같이 소나무 밑의 돌을 평상삼고 삼복의 6월 더위도 아랑곳없이 서슬한 성산은 속세를 벗어난 시인과 경이 하나 되어 읊은 천의무봉(天衣無縫)이라 할 수 있다.

14영과 39, 40, 41행에서 石川은 예쁜 오리의 이미지에 자신을 투영하여 천지화육(天地化育)의 경지에 들고자 하고, 정철은 청강의 오리가 백사의 백구를 벗 삼아 졸고 있는 모양이 자연스럽고 무심하고 한가한 주인의 생활과 잘 조화됨을 묘사하고 있다.

다) 秋

5영에 오동은 가을을 알리고 양월은 맑고 밝은 달을 상징한 것이다. 봉황은 태평성세를 이룰 임금으로 여기고 石川은 천명을 다해 기다리고 있다. 정철은 42, 43, 44행에서 오동나무 사이로 한밤중 달이 밝게 비추고 있는 성산을 호수 수정궁과 관련시키고 있으며 45행에서는 石川이 봉황을 기다리는 것을 호기만만한 상상으로 추앙하고 있다.

7, 8, 9영은 환벽당 아래 송강변에 소(沼)가 있는데 이곳에서 낚시하고 뱃노래 한 풍경을 담고 있다. 石川의 무구와 유린의 대비가 흥미롭다. 낚시터를 찾은 사람의 왕래가 잦아 때가 없고 쌍송이 오랫동안 서리에 시달려 껍질이 두꺼워 늙었다는 표현이다. 정철은 46~49행에서 石川의 송유린을 빌려 쌍송을 늙은 솔로 표현하고 낚시터에 배가 붉은 귀꽃과 흰 마른꽃이 핀 물가를 지나가는 풍경을 노래하고 있다.

11, 12영은 소박한 농촌 풍경을 묘사한 한 폭의 그림이다. 소를 거꾸로 타고 가는 피리 부는 목동의 평화로운 거동과 여점에서 흘러나온 한 줄기 연기에 놀란 학이 둥지에서 내려오지 않음을 그리고 있다. 학이란 십장생중의 하나로 고고한 학자를 상징함으로 연파(煙波)같은 정계를 마다하고 성산에 귀은한 자신을 연상하고 있는 것이다.

정철은 50~53행에서 풀이 우거진 맑은 강가에 소 먹이는 아이들의 피리소리에 용이 잠을 깨고 연기에 나온 학이 제 깃을 벌리고 공중에 솟아 오를듯 하고 있다는 것이다. 또한 정철은 54~58행에서 8월 보름달 밤에 배를 타고 강물을 따라 배가는 대로 유유히 떠나가며 성산의 추경을 관상하고 있는 石川의 풍류를 옛 소동파가 적벽 강물에서 놀던 그 풍류에 비유하고 술에 취해 달 잡으려다가 못에 빠져 신선이 되었다는 이백을 연상하고 있는 것이다.

라) 冬

6영에서 떨어지는 눈 덩이에 졸던 학이 놀랐다 하였으나 눈이 오는 차가운 날에 둥지에서 졸고 있을 학이 어디에 있겠는가? 이 또한 11영에 학과 같이 石川 자신에 비유하고 있다. 정철은 59~62행에서 성산의 아름다운 설경을 조물주가 옥으로 만들어 만 가지 나무와 천 가지 수풀을 아름답게 꾸몄다고 미화하고 있다.

12영에서 石川은 깊은 산골의 외로운 마을에서 지팡이에 의지하여 다리를 건너 백운심처(白雲深處)로 가는 노승의 한적한 모습을 그리고 있고, 이에 정철은 63~66행에서 막대를 맨 늙은 중이 외나무다리를 혼자 건너가는 풍경은 고적한 산중에 쓸쓸한 광경이라 하고, 산옹의 부귀를 떠들지 말라고 함은 성산의 풍부한 아름다움을 부귀로 삼고 유유자적하고 있는 石川이 진세에 잡음을 듣기 싫어할 것이니 소문내지 말라는 것이다.

3) 結詞

20영에서 石川은 신선이 노는 마을이라 제하고 성산동의 자신을 우의옹 또는 도사라 하고 신선과 동일시했다는 점에서 石川의 자유로운 정신경계를 극도로 보여 준다고 할 수 있다. 정철은 67~80행에서 사설로 인생의 흥망이 무상함을 노래하며 혼탁한 조정을 물리치고 자연과 소유하고 있는 石川을 요임금의 추천을 물리치고 기산에 은거한 허유(許由)의 절조에 비유하고 있다. 또한 81, 82, 83행에서 창공에 떠 있는 학이 이골의 진선(선유동의 石川)이라 찬미하고 있는 것이다.

이와 같이 <식영정 20영>은 石川이 성산의 자연 경관을 원경에서 근경으로 그려내고 승경을 위주로 계절 따라 변하는 풍경 20경을 골라 압운한 5언절구의 한시다. 주관적인 사상으로 石川 자신을 해오라기, 오리, 학 등 천상의 새에 비유하고 있다.

<성산별곡>은 정철이 石川의 <식영정 20영>의 제목을 원천으로 한 발상이나 기법 또는 내용을 그대로 수용하고 서사, 본사, 결사의 형식을 갖추어 노래한 국문 가사이다. 화자가 객관적인 입장에서 石川의 풍류를 고사에 나오는 소평, 도연명, 주돈이(염계), 소동파, 이태백, 허유 등의 명사를 늘어 비유하고 시종일관 石川을 찬미하는데 게을리 하지 않고 있다.

부연한다면 <성산별곡>은 제자 정철이 스승 石川을 찬양하기 위한 <식영정 20영>의 답가(答歌)라 할 수 있다.

Ⅳ. 石川과 星山亭閣

성산정각은 원래 식영정과 서하당을 지칭한 것이다. 이 정각이 논의의 대상이 된 것은 정철가사 중 장가의 창시라 할 수 있는 <성산별곡>의 해설에 논지가 되기 때문이다.

1. 星山亭閣의 主人에 대한 論難

<성산별곡>의 첫 머리에 "어떤 디날손이 성산의 머물면서 서하당, 식영정 주인아 내말 듣소"라 하고 주인을 이골의 진선이라 호칭하며 승경과 더불어 우유자적하고 사는 모습을 보고 구구절절 찬미하고 있다. 그런데 그 주인을 石川, 김성원, 정철을 두고 각각 다른 견해로 해명하고 있으니 성산정각에 대하여 관심이 집중되고 있다.

김사엽은 1958년에 『서하당유고』에 등제되어 있는 「서하당 연보」를 소개하면서 다음과 같이 논술하였다.

"김성원 36세 때 식영정, 서하당을 지어 石川에게 시를 배우며 고봉, 제봉, 제현과 도의의 교를 맺어 왕래가 잦았다. 이후 거업을 일삼지 않고

서 임천에 우유하며 서적에 침체하였다. 송강의 <성산별곡>도 이 해 김성원을 위해 작사하였다"34)

<성산별곡>에 대한 증거 문헌이 그때 처음 발표됨으로서 학계에서는 이의 없이 추종하고 고문 교과서에 등재하여 가르쳤다.

따라서 정익섭 역시 "<성산별곡>은 정철이 서하당 김성원을 위해서 지은 가사라 말한다. 김성원은 정철보다 11년 연상의 선배로서 정철이 성산에 와 있을 때 같이 공부하던 동학이다. 더구나 김성원은 식영정, 서하당을 짓고 정철과 같이 독서하며 시가 활동을 즐긴 주인공이기도 했다"35)

임기중은 "김성원은 삼당시인의 일인인 석천 임억령이 을사사화를 예지하고 퇴관 은퇴함을 위해 식영정을 지었고 또 자기의 당우로 서하당을 구축하여 당호로 삼았다. <성산별곡>은 서하당, 식영정을 중심으로 하여 성산의 사선으로 지칭한 임석천, 김서하당, 고제봉, 정송강 등이 조석으로 글공부를 하면서 임천에 놀던 생활 중 특히 김성원을 경도하여 지은 것이다"36)

한결같이 김성원이 식영정과 서하당을 짓고 담양부사에서 치사한 石川을 모셨으며 정철의 <성산별곡>도 김성원을 위하여 지었다는 것이다.

이에 필자가 1983년 '광주일보 향토문화보'에 『石川集』에 등재된 「석천행적기략」을 증거로 제시하고 '성산별곡의 창작동기에 대한 재검토'란 제하에 반론을 제기함으로서 학계의 논쟁을 점화시킨 바 있다.37) 김수항

---

34) 김사엽,「송강가사신고」,『경북대논문집』2집, 1958, 5면.
　　『棲霞堂年譜』
　　庚申[公三十六歲]嘗言, 一小成, 少以榮親矣, 不復應擧, 築棲霞堂于昌平之星山, 爲終老計. 自是優遊林泉沈潛書籍, 不知日之將夕. 以河西石川爲師, 松江高峯霽峯諸賢, 爲道義交, 迭相塤篪往來不絶. 松江尤加敬, 每呼以霞丈, 爲有星山別曲, 行于世. 又嘗構一小亭, 推與石川, 晨夕陪從講討交至, 卽息影亭, 是已百世之下, 聞其風者, 覺凜然起懦也.
35) 정익섭,『개고(改稿) 호남가단연구』, 민문고 1989, 327면.
36) 임기중,『조선조의가사』, 성문각, 1982, 68면.
37) 『광주일보향토문화보』7호, 1983, 12면.
　　『石川行蹟紀略』
　　嘗愛昌平星山洞水石之勝　卜築就居扁其堂曰棲霞亭曰息影　有記文及題詠題詩　及還海南猶往來棲息　松江鄭相公作星山別曲以美之　至今播　諸歌詠……

이 작성한 「석천행적기략」에 "石川이 서하당과 식영정을 복축 취거하였으며, 정철의 <성산별곡>도 石川을 찬미한 것이다"라 하여 전술한 「서하당연보」와는 상반된 내용으로 기술되어 있다.

이를 본 박준규는 「석천행적기략」에 대하여 "김수항도 임석천의 행적을 찬탄한 나머지 임석천이 마치 서하당과 식영정을 복축한 것처럼 소개하는 오류까지 범하였다. 이러한 오류의 문장에 연결되어 제시한 내용이 바로 앞에 든 임석천에 대한 찬미이다"라고 하였다.38)

여기에 부연하지 않을 수 없다. 필자 역시 발표할 당시 김성원의 아호와 서하당의 당호가 같기 때문에 김성원이 서하당을 짓고 산 집으로만 알고 거기에 대한 해명을 명백하게 하지 못했다. 그러나 필자가 심사숙고한 끝에 득의(得意)한 바에 의하면, 서하당은 원래 石川이 1545년 이전에 지어 가솔들을 살린 집이었다. 그로부터 15년 후 石川이 담양부사를 그만두고 서하당에 정착하자 다음해 김성원이 처음으로 찾아와 수학을 청하고 사제지간이 된 후 사위가 된 것이다. 그런데 서하당을 1560년에 김성원이 지었다고 한 것은 당치 않다. 또한 김성원의 아호는 인제(忍齊)였다.39) 石川 사후 서하당과 식영정의 다음 주인이 되자 주변에서 서하당, 식영정 주인으로 불러온 별호인 것이다. 『서하당유고』가 발간됨으로 인하여 특히 학계에서 서하당이 김성원의 아호처럼 되어버린 것이다.

때문에 식영정 역시 김성원이 石川을 위하여 지었다고 하지만, 식영정은 石川 가옥 옆에 부속건물로 지은 정자로, 비록 작업은 김성원이 하였다 하더라도 정자의 창건자는 石川인 것이다.40)

한편 <성산별곡>의 작품 속에 서하당, 식영정 주인을 石川과 김성원이

---

38) 박준규, 「식영정의 창건과 식영정기」, 전남대호남문화연구소 『전남대호남문화』 14집, 1984, 11면.
39) 김성원, <인재잠(忍齋箴)>, 『서하당유고』 하권, 국립중앙도서관소장본, 81면.
    김성원은 자신의 성정이 거칠고 사나워 호를 인재라고 하였음을 <인재잠>에서 밝히고 있다.
40) 임억령, 앞의 책, 302면. "卜築就居, 扁其堂曰, 棲霞, 亭曰, 息影."

아닌 정철로 보는 경우도 있다. 최한선은 찬미의 대상에 대하여 "김성원이나 임억령 그 누구도 아니며 바로 송강 자신의 은유적 표현임을 보였다. 문학작품은 객관적 실존 대상에 대한 자세한 보고서가 아니라는 점을 그 이유로 제시했다. 특히 <성산별곡>의 서사부분과 결사부분에 중점을 두어 고찰한 결과 서하당과 식영정의 주인은 실재한 인물의 지칭이 아님을 알 수 있었다. 또한 사대부의 기본 시작태도인 물아일체의 서정시론에 비추어 볼 때 <성산별곡>의 화자는 서하당, 식영정 주인과 동일인임이 드러났다"라 하였다.41) <성산별곡>의 찬미대상을 송강 자신으로 보았기 때문에 石川과 김성원을 찬미 대상으로 본 「석천행적기략」과 「서하당연보」의 신빙성을 부정적으로 본 것이다. 그러나 이제까지 논쟁의 발단이 「서하당연보」와 「석천행적기략」으로 집약됨으로 어느 문헌이 더 신빙성이 있는가를 검토해 봐야 한다.

「서하당연보」는 정석이 1888년에 작성하여 『서하당유고』를 초간할 때 등재된 것이다.42) 「석천행적기략」은 김수항이 1678년에 石川의 외손 즉 김성원의 후손에게 자료를 제공받아 작성하였음을 밝히고 있으며 그때 발간된 『석천집』에 등재 되어 있다.43) 뿐만 아니라 이와 동시에 김수항이 정철의 손자 정이(鄭泣)에게도 비슷한 내용의 서신과 시를 보낸바 있으니 정이 역시 「석천행적기략」에 동조하였음을 알 수 있다.44) 그러면 「석천행적기략」은 石川의 후손이 아닌 논제의 상대방(김성원, 정철) 손자들이 그때까지 성산 부근에 살고 관리 하면서 김수항에게 자료를 제공하고 동조하였음은 의심할 수 없는 확증이라 할 수 있다. 그렇다면 「석천행적기략」이 작성된 지 210년이 지난 후에는 같은 김성원의 후손에 의해 발간된 「서하당연보」에서 변설해 버린 것으로 볼 수 있다.

---

41) 최한선, 「성산별곡과 송강정철」, 『고시가연구』 5집, 한국고시가연구회, 1998, 677면.
42) 김성원, 「年譜」, 『서하당유고』.
43) 임억령, 앞의 책, 302면.
44) 김수항, 「문곡집」 4권, 『한국문집총간』 133, 90면.

이를 밝히고자 1989년 필자가 편집, 주간한 영인본 『석천집』(여강출판사 발행)을 간행함으로서 학계에 변이가 온 것이다. 그로 인하여 전술한 논문에서 「서하당년보」를 추종했던 정익섭, 임기중은 자기의 학설을 스스로 번복하고 「석천행적기략」을 정설로 발표한 바 있으며 김성기를 비롯한 많은 석학들이 동조한 논문을 발표하였다.

그중 정익섭의 논문을 소개하면

"이번 그 후손에 의해서 완본에 가까운 『石川集』이 영인되어 간행된 것은 여간 반가운 일이 아니다. 그것은 이 문집의 출간으로 인하여 그간 가려져 있던 그의 생애와 인물 사사 및 교우관계, 나아가 그의 시 세계를 조명할 수 있게 되었고 무엇보다도 성산, 면앙정, 양 가단에서의 그의 활약상과 더욱이 <星山別曲>을 위요한 여러 논란들, 예컨대 작자문제, 제작연대 및 찬미의 대상 등등에 대해서도 그 해결의 실마리가 잡혔다고 보기 때문이다"[45]

이같이 필자에 대한 찬사는 차치하더라도 「석천행적기략」을 신뢰하고 동조하여준 것은 천군만마를 얻은 기분이었다. 왜냐하면 정익섭은 호남 학문의 전당이라 할 수 있는 전남대학교 교수로 평생 재직하면서 일찍이 박사학위논문을 '성산가단연구'로 할 만큼 성산에 대한 연구와 애착이 깊었을 뿐 아니라 그 분야에서 권위 있는 학자였기 때문이다.

2. 星山亭閣의 保存

이와 같은 와중에서 성산정각은 어떻게 보존되어 왔는가? 서하당은 石川이 을사사화가 일어날 것을 예지하고 지었다 하였으니 1545년 이전으로 봐야하며,[46] 식영정은 石川이 담양부사를 퇴임한 후 서하당에 살면서 다음해에 지었으니 1560년이 된다.[47] 1568년 해남의 본가에서 石川

---

45) 정익섭, 「성산별곡의 재고」, 『학산조종업박사회갑기념논총』, 1990.
46) 임억령, 앞의 책, 305면.

이 별세하자 성산의 앞마을에 살면서 石川의 제자로 사위가 된 김성원이 물려받아 관리 운영하였다. 그로부터 155년이 지난 1723년에 정철의 현손 정호(鄭澔)가 지은 「식영정 중수기」에 의하면 "식영정은 본래 임석천이 남긴 건물이다"로 시작하여 "정자 북쪽에는 서하당 옛터만 남아있다"하고 石川의 후손과 외손의 세력이 미약하여 보수를 못함으로 족질 정민하가 중수하였음을 밝히고 있으니 그때부터 정철의 후손들이 식영정을 보존해 온 것으로 여겨진다.48)

그간 주인이 거듭 바뀌었지만 창평지(昌平誌)를 비롯하여 모든 문헌에서 石川의 정자임은 변함이 없었다. 그런데 전술 한 바와 같이 「서하당연보」가 발표됨으로서 혼란을 일으킨 것이다. 그 후 성산정각의 내력을 나열해 본다.

1972년 식영정이 전라남도 기념물 제1호 송강유적으로 (1)식영정 (2)환벽당 (3)송강정 (4)소쇄원이 지정되어 관 주도로 보존해 왔다. 동시에 부용당을 복원하고 성산별곡 시비가 건립되었다.

1973년 당국에서 장서각과 관리사를 건립하였다. 그리고 소쇄원이 양산보 후손들의 항의로 전라남도 기념물 제5호로 분리 지정됨으로서 송강유적에서 제외되었다.

1986년 환벽당이 광주광역시 승격으로 이관되어 송강유적에서 제외되었다.

1990년 이제 송강유적으로 (1)식영정 (2)송강정만 남아 있었는데 식영정을 '국가문화재 사적지'로 지정받기 위하여 추진위원회(고문 이가원, 위원장 정익섭)를 조직하고 전국 국문학 교수 24명의 서명을 받아 임용주 교수의 <국가문화재 사적지 신청의 당위성>을 첨부하여 제출하였으나 기각되었다. 기각연유가 석연치 않음으로 회의를 느꼈으나 번복할 수는 없었다.

---

47) 김성원, 「연보」, 『서하당유고』.
48) 임억령, 앞의 책, 320면.

1994년 당국에서 서하당을 복원하였는데 김성원 후손들이 '서하당중건기'라 하여 김성원이 서하당을 지어 활동한 것으로 기술한 편액을 걸어 놓은 것이다. 필자가 담양군에 강력히 항의하였는 바, 문화관광과 박관수과장의 주관으로 김성원 문중(대표 김희진)과 석천 문중(대표 임남형(필자))으로 하여금 공개토론을 개최하였다. 결과는 필자가 제시한 「석천행적기략」을 상대방 토론자가 해명하지 못하고 마무리 되었다. 다음날 과장과 문화재 전문위원이 당시 광주일보 담양주재 기자와 필자의 입회하에 '서하당중건기'를 철거하였다.

2004년 당국에서 성산사(星山祠)를 복원하였다. 성산사는 1795년 창평의 향사우(鄕祠宇)로 건립하고 石川을 주벽으로 모시고 장유, 정홍명, 조흡, 김창흡을 소목(左右)으로 배향하고, 2년 후에는 정민하, 정근을 추향하여 향사해 왔다. 1851년 홍수로 사당이 넘어질 염려가 있어 건너편 환벽당 뒤로 이건하고 이름을 환벽사로 고쳤으며49) 관할이 바뀌어졌음으로 춘향은 광주향교에서 추향은 창평향교에서 향사해 오다가 1868년 대동회철령에 혼입되었는데 근래에 당국의 배려로 원래 있었던 성산사 옛터 부근에 복원하였다.

2009년 식영정 일원이 국가문화재 승경 57호로 승격 지정되었다. 따라서 송강유적에서도 제외된 것이다. 돌이켜 보면 1990년에 제출했던 국가문화재사적지 제청이 기각 된지 20년이 임박해서야 이루어진 것이다.

3. 息影亭의 案內板記

유적의 안내기는 유래를 알리는 것이 필수요건으로 식영정 역시 원래 누구의 정자인가를 먼저 쓰는 것이 상식이다. 그런데 1975년 필자가 식영정을 답사했을 때 큼직한 안내판의 기문에는 石川은 거명조차 하지

---

49) 『호남창평지』, <성산사>, 1961. : 哲宗辛亥移建于光卅石底鐄碧.

않고 정철과 <성산별곡>에 대해서만 소개하고 있었다. 石川 정자로 알고 갔던 필자는 당황하여 그 사유를 알고자 백방으로 살펴봤다. 1972년 전라남도 지방기념물로 지정될 당시 송강유적으로 등록되었기 때문에 '정송강유적보존위원회'에서 세운 것이었다. 그러므로 식영정에 대하여 알지 못한 사람들은 안내기만을 보고 정철의 정자라 함이 십중팔구였다. 아무리 되새겨보아도 식영정이란 표제아래 원 주인을 기명하지 않는 것은 문화재로서 왜곡될 염려가 있어 관리당국에 시정을 건의 하였다. 1980년에 이르러 당국에서 안내판을 개조하였는데 안내기는 다음과 같다.

> 식 영 정
>
> "1560년(명종15년) 김성원(金成遠)이 창건하여 임석천(林石川)에게 증여했던 정자로 고제봉(高霽峰), 김성원, 정철 등의 문호들이 모여 앉아 동운(同韻) 28수를 지었던 곳이며 송강 정철(鄭澈)이 지은 성산별곡(星山別曲)도 이 식영정에 앉아 바라다 보이는 별뫼(星山)를 가사로 지었던 송강문학의 산실이기도 하다"

이상 기문이 만족하지는 않았지만 石川을 거명한 것으로 자위했다. 그간 당국에서 몇 번 변경한 바 있는데 2009년 국가문화재 승격 이전 안내기는 다음과 같다.

> 식 영 정
> 息 影 亭
> 전라남도 기념물 제1호
> 전라남도 담양군 남면 지곡리
>
> 이 정자는 서하당 김성원(棲霞堂 金成遠)이 장인인 석천 임억령(石川 林億齡)을 위해 지은 것이다. 김성원은 이 정자 옆에 자신의 호를 따서 '서하당'이라는 또 다른 정각을 지었다고 하며 최근 복원하였다. 김성원은 송강 정철(松江 鄭澈)의 처외재당숙(妻外再堂叔)으로 송강보다 11년이나 나이가 많으나 환벽당(環璧堂)에서 같이 공부하였다. 이 정자에서 정철(鄭澈), 고경명(高敬命), 백광훈(白光勳), 송익필(宋翼弼) 등과 교우하면서 동운(同韻) 28수를 지었으며, 송강의 성산별곡(星山別曲)도 이 정자에서 바라다 보이는 수려한 자연경관을 주제로 한 것이기 때문에 송강문학의 산실이라 할 수 있다. 정자는 정면 2칸, 측면 2칸의 단층 팔작집(건물의 네 귀퉁이에 모두 추녀를 달아 만든집)으로 온돌방과 대청이 절반씩 차지하고 있다.

당초 안내기는 정철의 정자처럼 써있던 것이 이젠 김성원 위주로 변해 있었으므로 그간 관이 주도한 홍보물이나 보도기관에서 석천의 정자로 표현한 적을 볼 수 없으니 묵과할 수만은 없었다. 국가 문화재로 승격된 차제에 사필귀정의 신념으로 필자가 담양군수에게 '식영정 안내문 지적사항'을 아래와 같이 보냈다.

식영정 안내문 지적사항
(＿＿＿은 원문)
1. "김성원은 이 정자 옆에 자신의 호를 따서 서하당이라는 또 다른 정각을 지었다고 하며 최근 복원하였다" 서하당은 김성원이 지은 정각이 아니라 임억령이 지어 기솔들과 같이 숙식을 한 거처이다. 이에 대한 논쟁이 서하당 복원 뒤에 있었으나, 본군 문화관광과에서 김성원 후손(대표 김희진)과 임억령 후손(대표 임남형) 등을 불러 과장 입회하에 문헌 대조를 겸한 공개 토론을 한 바 있는데 임억령의 서하당으로 귀결되었다. 2. 김성원이 " 이 정자에서 정철, 고경명, 백광훈, 송익필 등과 교우하면서 동운 28수를 지었으며" 이에 동운 28수라 하면 <식영정 20영>과 <서하당 8영>을 지칭한 것으로 임억령의 창작에 송순, 김성원, 고경명, 정철 등이 차운한 바 있다. 그런데 차운하지도 않은 백광훈과 송익필까지 지었다 하고 원운자인 임억령은 거명조차 하지 않고 있다. 3. 이와 같이 왜곡된 부분이 있을 뿐만 아니라 내용이 김성원 위주로 작성되어 원주인이 임억령이 아닌 김성원으로 주객이 전도될 오해가 있을 수 있으니 옛 문헌 등이 명시한 바와 같이 서두에 임억령의 정자임을 밝혀야 한다. 따라서 임억령으로부터 김성원, 고경명, 정철 등이 사사했고 송순, 김인후, 기대승, 이이, 송익필 등 전국 시호들이 출입하면서 계산풍류를 일으켜 무등산 시가 문화권을 형성했던 모체임을 알려야 한다.

담양군수의 회신에서 구체적이고 객관적인 자료 요청이 있었음으로 식영정 안내판 문안(시정안)을 첨부하여 다음과 같은 자료를 보냈다.

세 번 발행했던 「창평지」외 <석천신도비명>, <제봉전서>, <식영정중수기>, <석천행적기략>, <석천선생묘표>, <도원서원사적>, <문곡서>, <송강의시>, <성수시화> 등의 원본을 복사한 자료를 제시하였다. 그 결과 시정된 안내기문이다.

> 담양 식영정(息影亭) 일원
>
> 명승 제57호
> 전라남도 담양군 남면 지곡리
>
> 식영정은 석천 임억령(石川 林億齡)의 정자이다. 조선 명종 15년(1560) 서하당 김성원(棲霞堂 金成遠)이 장인인 석천을 위해 지었다고 한다. 식영정 경내에는 서하당과 석천을 주향으로 모셨던 성산사(星山祠)가 있었는데 그간 없어진 것을 최근에 복원하였다.
> 석천은 이곳에서 「식영정 20영」을 지었는데 김성원, 고경명(高敬命), 정철(鄭澈) 등의 제자들이 차운하였으며, 이들 네 명을 <식영정사선(息影亭四仙)>이라 불렀다. 이런 이유로 식영정을 <사선정(四仙亭)>이라 달리 부르기도 한다. 정철은 이곳 승경을 무대로 성산별곡(星山別曲)을 비롯한 많은 시가를 지어 송강문학의 산실이라 할 수 있다.
> 정자는 정면 2칸, 측면 2칸의 단층 팔작집(건물의 네 귀퉁이에 모두 추녀를 달아 만든집)으로 온돌방과 대청이 절반씩 차지하고 있다.
> 식영정은 1972년 전라남도 기념물 제1호로 지정되었으며, 2009년 9월 국가지정 명승(名勝)으로 승격 지정되었다.

　필자가 제출한 안내판 문안이 대부분 수용됨으로서 오랫동안 수난을 겪었던 성산정각의 주인에 대한 정립이 이루어진 것이며, 따라서 학계의 <성산별곡> 해설에 있어서도 石川을 찬미한 것으로 정설화 된 것이라 할 수 있다.

Ⅳ. 맺음말

　사계의 정상으로 평가 받아온 石川이 성산에 정착함으로서 화양동의 시선으로 예우를 받으며 성산시단을 열어 무등산 시가문화권을 형성하고, 호남의 시학을 탄탄하고 심대하게 뿌리박게 한 단초가 되었다. 石川은 이곳에서 만년을 보내면서 생애와 문학을 정리하고 16세기 조선조 문학을 송풍에서 당풍으로 전환함과 동시에 호남파 시인들이 목능성세를 주도하며 지금까지 호남을 문학의 고장으로 자리매김 하게끔 하는 데는 石川의 역할이 지대하였다고 할 것이다. 특히 성산시단의 대표작이라 할 수 있는 석천의 <식영정 20영>과 정철의 <성산별곡>을 대비해 본 결과 石川의 시상을 정철이 그대로 수용하고 국문으로 가창화한 작품임을 알 수 있다.

石川 사후에는 성산정각의 주인에 대한 논란으로 <성산별곡>의 학설에 변이가 있었으며 그에 수반한 식영정 안내문에 이르기까지 숱한 수난을 겪어왔다. 자초지종을 밝혀보면 石川의 본가가 해남으로 이곳에 후손이 없고 외손인 김성원의 후손과 정철의 후손들이 성산을 중심으로 양쪽에 집단촌을 이루고 살면서 식영정 중수로 인하여 김씨로부터 정씨로 관리가 이관되기까지 하였다. 그러나 그간 성산사(星山祠)를 지어 石川을 주벽으로 향사 해 왔음을 감안할 때 이곳 유림들의 石川에 대한 추모는 극진하였음을 알 수 있다.

그런데 1868년 사우회철령으로 성산사가 철거되고 石川과 성산과의 연고가 희미해지자, 그로부터 20여 년이 지난 1888년에 이르러 와전된 『서하당유고』가 간행됨으로서 石川의 성산유적이 혼동을 일으켰던 것이다. 이를 바로잡기 위하여 필자가 학계에 반론을 제기하고 당국에 시정을 요구한지 30여 년이 지나 정립되고 있음을 볼 수 있다. 학설이란 한 번 와전되면 확증이 제시되어도 번복되기까지는 많은 석학들의 인증이 뒤따라야함으로 오랜 기간이 소요됨을 실감했다. 앞으로 다시는 이런 잡음이 돌출되어 사학이 왜곡되는 사례가 반복되지 않기를 바라는 마음 간절하다.

3장
石川 林億齡의 交遊 人士

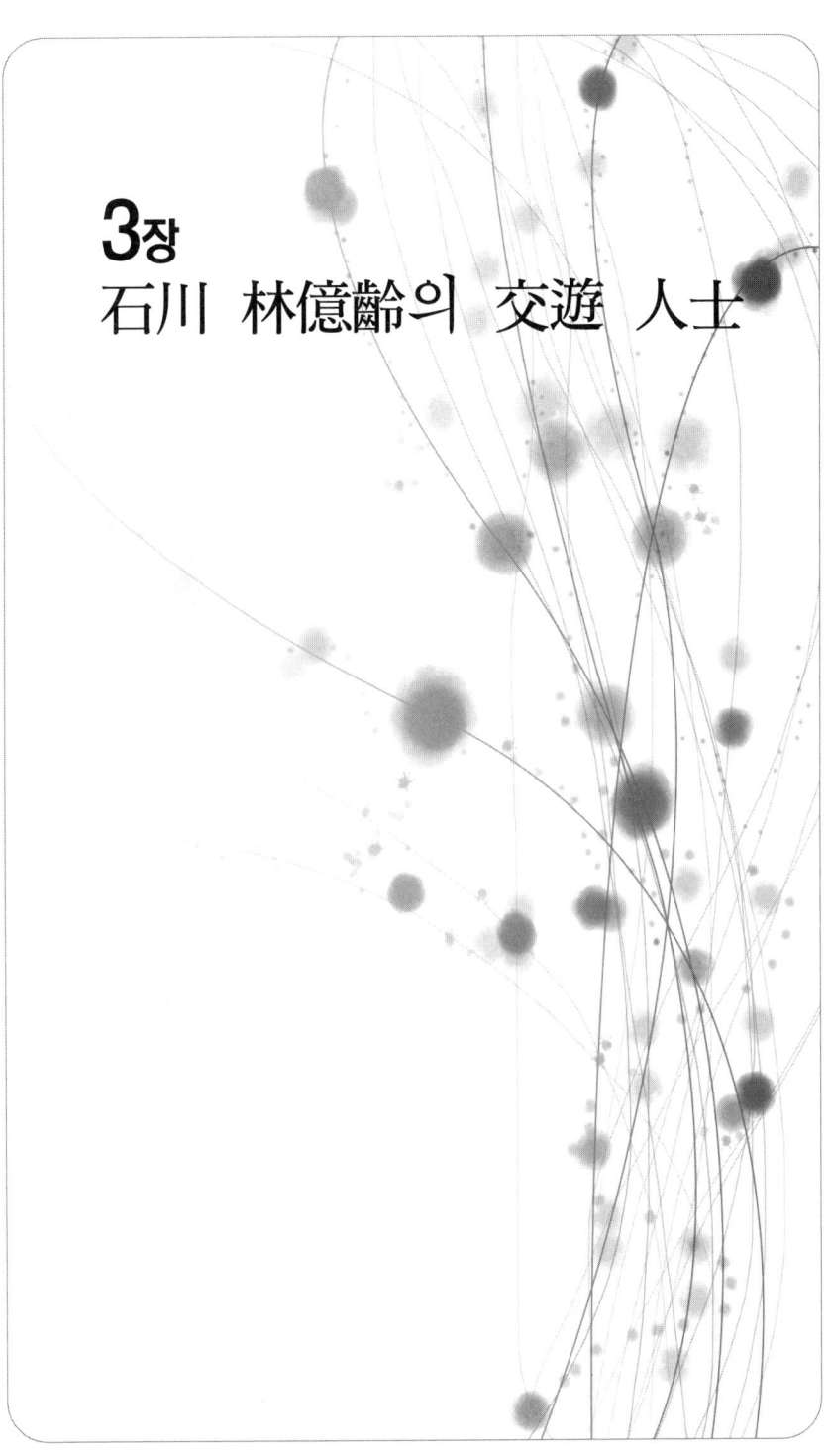

3장 石川 林億齡의 交遊 人士

I. 머리말

교유(交遊)라 하면 일반적으로 사귀어 논다는 뜻으로 연대가 비슷한 벗끼리 왕래하며 교제하는 것으로 통용되어 왔다. 그러나 시구(詩句)에서의 교유는 연령이나 신분을 초월한 인간관계의 정의와 정분의 개념으로 보아야 한다. 노령의 시인이 젊은이들과 어울려 수창하는 사제지교 또는 망년지교가 적지 않음을 볼 수 있다.

특히 선비의 교유는 군자와 소인 가운데 어떠한 인물들과 어떻게 사귀었는가에 따라 그 인격을 증험하게 된다. 이러한 연유로 예로부터 "문은 곧 그 사람"이라 하고 문교(文交)의 신중함을 역설해 왔으며 石川의 문학 역시 사우(師友)의 관계가 작품에 미치는 영향이 지대하였으니 교유 자체를 중시하지 않을 수 없다.

石川은 시학이 융성했든 16세기에 문단을 전단했던 시인으로 당시의 유작으로서는 가장 많은 1,100여 편에 3,000여 수를 전하고 있다. 이에 따르는 교유 인사가 300여 명에 이르고 있으나 교유 관계를 분야별로 분석해 본 적이 없다. 다만 1678년에 간행한 『石川集』 목판본을 1898년에 탁본으로 중간하면서 석천선생집연원종유정시목록(石川先生集淵源從遊呈詩目錄)이라 하여 정시인사를 나열하고 호, 본관, 관직을 기록한 적이 있으나¹⁾ 본집과 대조해 본 결과 소잡하여 대인관계를 파악하기가 어렵다.

그러므로 본고에서는 유집에 기명된 모든 인사들을 들추어 학문적인 접근보다는 개개인의 면면을 살펴보고 石川과의 친밀도가 어떻게 시에 투영되었는가를 검토해 보고자 한다.

II. 스승

위인의 길은 스승의 전도(傳道), 수업(受業), 해혹(解惑)에 의하여 이루어진다는 것이다. 石川이 당시 시문학의 일인자가 되고, 절의로 추앙받았다 함은 훌륭한 스승들의 종적이 그러했고 바른 교도가 있었기에 이를 바탕으로 가능했던 것이다. 石川의 지장록을 통해 볼 때 직접적으로 학문에 영향을 주신 분은 다음과 같다.

1) 林遇利(字: 文兼, 號: 幽齊 1476~1529)

石川의 숙부이다. 金宗直의 제자 錦南 崔溥의 문인으로 尹孝貞(尹衢의 父) 柳桂隣(柳希春의 父)과 더불어 3대 제자로 湖南의 4대 학통을 이루고 있는 것이다. 18세에 진사가 되고 학문이 대진하였으나 1498년 스승 崔溥가 무오사화에 연루되어 사사됨으로 불부거은거(不赴擧隱居)하며 처사로서 생애를 마감했다. 石川은 14세까지의 소년시절을 숙부의 가숙으로 응세의 길을 열었던 것이다.²⁾

---

1) 임억령, 『石川集』, 여강출판사, 1989, 409면. 이하 『石川集』을 인용할 때는 '임억령, 앞의 책, 페이지'의 형식을 따름.
2) 임억령, 「석천연보」, 『石川集』, 여강출판사, 1989, 397면.

2) 朴 祥(字: 昌世, 號: 訥齋 1474~1530)

박상은, 金宗直의 제자였던 백씨 朴禎으로부터 가학을 이어 받은 지조 있는 선비였다. 등과 후 전라도사로 있을 때 燕山君 애첩의 아비 牛夫里를 처단하였고, 中宗반정으로 인하여 구명 받은 일이 고양이의 일화로 전하고 있다. 또한 金淨, 柳沃 등과 함께 폐비신씨 복위소를 올려 훈구파와 사림파의 갈등이 심화되고 그 여파가 기묘사화에까지 이르게 하였으니 불의를 보면 참지 못하는 강직한 품성이라 할 수 있다. 이 같은 시대적 배경으로 인해 관직은 화려하지 못하였으나 문장가로 이름이 높았으며 成俔, 申光漢, 黃廷彧과 함께 徐巨正 이후의 4가로 칭송받은 바 있다.3)

石川은 14세 때 편모 은성박씨의 주선으로 동생 百齡과 같이 朴祥의 문하에서 수업했다. 朴祥은 石川에게 장자를 읽도록 하면서 "너는 반드시 문장이 될 것이다"라 하고 百齡에게는 논어를 읽도록 하면서 "이는 족히 관곽문을 담당하게 될 것이다"라 하였는데4) 朴祥의 이와 같은 예견은 대체로 적중했던 셈이다. 『訥齋集』에는 石川과의 대작한 시가 15편 42수로 朴祥의 교유시 가운데 가장 많다. 이는 朴祥이 누구보다 石川의 시제를 기특하게 여긴 산물이라 할 수 있다. 朴祥이 石川에게 보낸 6수 가운데 한 수다.

六詩石川作　여섯 편의 시를 石川이 지어서
持贈老夫何　늙은이에게 보내 주었으니 어떻게 하겠나
擧世皆予侮　온 세상은 다 나를 모멸하는데
斯人不我遐　이 사람은 나를 멀리하지 않는다.
相期拾瑤草　서로 기약하기를 요초를 줍고
將以折疏麻　장차 소마를 꺾기로 했다.

---

3) 박상,『한국인명대사전』, 신구문화사, 1967, 273면.
4) 박동량,「기재잡기」,『국역대동야승』권51, 민족문화추진회, 1982, 24면.

寤寐長思服　자나 깨나 늘 복종하기를 생각하여
西風發浩嗟　서풍에 큰 탄식 터트린다.

<奉和石川再疊秋恩韻>5)

은사의 정을 멀리하지 않는 제자에게 고마워하며 앞서 가리켰든 고결한 생활신조를 바라는 스승의 사랑이 곁들어 있다. 이 밖에도 朴祥은 <奉和石川韻 容非正韻敢改之>란 시에서 '石川有佳士 投詩助發興'이라 하고 "제대로 되지 않은 데가 있으면 서슴지 말고 고치라"하였으며 "그대에게 훌륭한 선비의 작품이 있으므로 시를 보내 감흥을 돕겠다"고까지 한 것이다.

朴祥은 石川을 하나의 성숙한 시인으로 인정하고 본격적인 수창이 이루어졌다고 볼 수 있다. 그렇다면 石川도 비슷한 편수를 보냈을 것이나 『石川集』에는 朴祥과의 수창시는 단 한편도 없고 朴祥의 사후 작으로 <祭訥齋先生文> <悼訥齋> <書烏林驛> <追次訥齋官北詩韻> <依訥齋韻贈繼師> 등 5편이 있을 뿐이다. 사제지간의 심도를 이해하는데 다소 찬통하지 못한 점이 아쉽다.

다음은 訥齋를 애도하는 石川의 시다.

修文泉路永　글을 쓰러가는 황천의 길 멀고
草記帝鄕遐　기문을 초할 제향 아득하다
好古常憎俗　옛것을 좋아하여 늘 속된 것 미워하였고
居官不顧家　벼슬 살면 집안을 돌보지 아니했다
是非今日定　시비는 오늘에야 정해졌지만
江海向來多　세상에선 여지껏 훌륭하게 여겨 왔었다
樑月年年滿　들보에 비치는 달은 연년이 찰 터이니
悲懷詎有涯　슬픈 가슴 어찌 한정 있겠나

<悼訥齋>6)

---

5) 朴祥, 『譯解訥齋集』, 訥齋思菴文集譯解發刊委員會, 1979, 526면.

전생에 훌륭했던 선생님의 고사에 이제 시비가 가려졌다고 비회하는 제자의 아쉬움이다. 石川은 朴祥 몰 후 17년이 되는 1547년에 『訥齋集』 7권을 판각으로 초간하였는데7) 지금 湖南에서 최고(最古)의 문집으로 각광을 받고 있다.

당시의 여건으로 보아 후예도 아닌 제자가 이 같은 대역을 완수하였다 함은 타문에서는 찾아보기 드문 예로서 사제지정의 척도를 가늠할 수 있다. 그러므로 石川은 金宗直의 학맥을 이어 받은 林遇利와 朴祥의 수제자인 것이다.

3) 朴祐(字: 昌邦, 號: 六峯 1476~1547)

朴祥의 아우이며 朴淳의 아버지이다. 중형 朴祥과 같이 백형 朴禎에게 수학하였으니 일명 동국삼박으로 통한다. 수석으로 진사에 합격하였으며 등과 후 요직을 거쳐 강원도 관찰사 및 도승지에 이르고 中宗실록을 감수한 바 있으나, 한때 金安老의 농간에 맞서 파직된 적도 있다.

뒤늦게 한성좌윤 겸 동지춘추관사가 되고 청고한 절조가 조정에 알려져 임금의 특명으로 가선대부에 배수함과 동시 청백리에 올려졌다. 石川은 <六峯墓碣銘>을 쓰면서 "내가 六峯의 문하에 나아가 가르침을 받은 지는 실로 오래되었다"라 하여 일찍부터 스승으로 모셨음을 밝히고 있다.8) 그 외에도 『石川集』에는 <呈六峯>을 비롯하여 6편이 있는데 차운한 수를 보면

    清詩有味似嘗新 청시가 맛이 있어 새것을 맛 본 듯하니
    長跪燒香諷詠頻 꿇고 앉아 향을 피우며 읊조리기를 자주 한다
    只合一生陪玉几 다만 일생동안 옥궤를 모심이 합당한데

---

6) 朴祥, 『譯解訥齋集』, 訥齋思菴文集譯解發刊委員會, 1979, 696면.
7) 朴祥, 「年譜」, 『譯解訥齋集』, 訥齋思菴文集譯解發刊委員會, 1979, 1036면.
8) 임억령, 앞의 책, 270면.

如何三載擁朱輪	어찌하여 삼년동안 주륜을 끼었던고
陶園蕪沒長思去	도원이 묵어감에 떠나기를 생각하고
潘鬢蹉跎已失春	발빈 변하여 이미 청춘을 잃었다
家在海邊徒四壁	집이 바닷가에 있어 네 벽만 덩그렇게 있으니
世人誰識丈人眞	세상사람 그 누가 이 어른의 진을 알리오

<次六峯韻>9)

왕의 경연에 서야 할 선생이 지방수령에 있음은 당치않으며, 노령에 이른 스승의 가난한 선비의 진면목을 그리고 있는 것이다. 朴祐는 유집이 없고 『訥齋集』에 부집으로 시문 5편이 있는데 石川과의 수창시는 볼 수가 없다. 단 『訥齋集』 서를 쓰면서 石川에 대한 언급이 있으므로 여기에 부친다.

> 林大樹公은 옛것을 좋아하고 엄박 우아한 분으로 유명한 사람의 글을 읽지 않은 것이 없는데 그 중에도 이 문집을 특히 좋아했다. 林公이 마침 錦溪의 군수로 도임해서 기술자를 모집하고 자재를 모아 간행을 계획했다. 나도 전주부윤의 자리를 얻게 되었는데 錦溪와 가까웠다. 근무 외 여가에 訥齋의 시문 약간 권을 수집해서 林公에게 보내고 또, 일을 도와 몇 달 안가서 간행하는 일을 끝냈다.10)

石川의 문장을 칭찬하고 『訥齋集』의 간행 경위를 밝히고 있다.

4) 朴 鯤(字: 變甲, 號: ? ?~1532)

懷齋 朴光玉의 아버지며 石川의 외숙이다. 성균관시예 보성군수 등을 역임하였는데 재임 당시 치적으로 선정비가 전해오는 후덕한 목민관이다. 전주통판으로 있을 때 石川이 찾아가 수학하였다는 기록이 石川연보

---

9) 임억령, 앞의 책, 97면.
10) 박상, 앞의 책, 42면.

계유년(石川 18세) 조에 있으나 교유시가 없어 상론할 수가 없다.11)

朴鯤은 朴祥과 동년이며 동향으로 교유가 있음을 『訥齋集』을 통해 알 수 있다. 石川 형제가 朴祥의 문하에 입문하는데 朴鯤의 알선이 있었음을 추정할 수 있다.

Ⅲ. 제자

시문학은 원래 도학과 달리 학통을 중시하지 않으므로 계보관계가 확고하고 절대적인 것은 아니다. 특히 石川은 유집을 세 번 간행한 바 있으나 초간목판본(제주목관간행 1572)과 필사본(규장각 소장 연대미상)에는 시문 위주로 부록 자체가 없고 1678년에 간행한 목판본에 부록이 있으나 문인록이 없어 문도들을 규정할 수 없다.

다만 제현들의 문집과 『石川集』의 교유시 가운데 수업, 사사, 영향관계가 있는 기록을 참고하여 차출해 본 것이다. 그러므로 구절 자체가 애매할 때에는 개연성이 없지 아니하나 당시 사림층의 교육문화 및 년차 등을 감안하여 확신을 갖고 연정했다.

1) 尹弘中(字: 重任, 號: ? 1518~1572)

尹衢의 장남으로 尹善道의 양조부가 된다. 등과한 후 평사를 거쳐 영광군수를 지낸 바 있다. 1554년경에 尹弘中이 평사로 영변에 갈 때 石川의 송별시(18운)속에 "吾門有奇士 氣越流輩百"이라 하여 尹弘中이 石川의 문도임을 알 수 있다.12) 다음은 尹弘中에 대한 石川의 차운시다.

臺笠麻衣臥草庵   갓에 삼베옷 입고 초암에 누워 있으면서

---
11) 임억령, 앞의 책, 397면.
12) 임억령, 위의 책, 165면.

時邀野老作農談　이따금 야로를 청해 농담을 한다.
栖身水竹禁詩酒　물 대나무 거문고 시 숲속에 몸을 두고서
傲視公侯伯子南　공, 후, 백, 자, 남을 무시한다
自古浮沉天有命　예로부터 뜨고 가라앉음은 천명이 있는 것이니
如今俯仰面無慚　이제 와서 굽어보나 처다보나 부끄러움이 없다
幽居薄暮如圖畵　깊숙한 집이 황혼의 그림과도 같으니
荷葉池光似蔚藍　연잎과 연못 빛이 울람과 같다
<次尹重任韻>13)

弘中의 원운 시를 볼 수 없어 아쉬움이 있으나 石川은 풍류를 벗삼아 살아 온 생애를 후회하지 않으면서 환로에서 물러나 있는 尹弘中을 위안해 주고 있다. 尹弘中의 동생 尹毅中 (字:致遠, 號:駱村 1524~?)은 尹善道의 친조부로서 형을 따라 石川 문하에 출입하였다. 1554년에 尹毅中이 선로(宣勞)의 명을 받고 제주로 떠날 때 石川의 송별시(21운) 가운데 "之子氷玉人 不可塵土染"이라 하여 尹毅中을 지자로 호칭하고 세속 먼지에 물들게 할 수 없다고 스승과 척숙다운 격려가 깃들어 있다.14)

그 후 尹毅中은 평안감사 대사헌 형조판서에 이르렀으나 동인으로서 1589년 鄭汝立의 옥사로 삭출되고 남북으로 분파될 때 남인으로 지목되었으며, 그 여파로 후대에 이르기까지 환로가 평탄하지 못하였다. 때문에 尹善道를 비롯한 尹斗緖, 尹德熙 등이 문예로서 일가를 이룩한 것이다. 또한 尹弘中과 尹毅中 두 형제는 石川과 사제지연에 앞서 같은 초계정씨의 외손으로 인척관계에 있었다. 도표로써 표시해 보면

鄭之明 - 子 貴瑛 - 女 尹孝貞 - 子 衢 - 子 弘中 - 系子 惟幾 - 系子 善道
　　　　　　　　　　　　　　　　　 - 子 毅中 - 子 惟深 - 出系 善道
　　　　　　　　　　　　　　　　　　　　　　　　　 - 出系 惟幾

---

13) 임억령, 『국역석천집』, 전라남도, 1996, 504면.
14) 임억령, 앞의 책, 187면.

```
            - 女 林秀 - 子 遇亭 - 子 億齡 - 子 潊
                                  - 子 濟
                                  - 子 泂
                                  - 子 澾
```

尹衢의 외조부와 石川의 조모가 남매간으로 尹弘中 형제와 石川은 내외 재종숙질이 된다. 이와 같은 양가의 척분으로 石川의 시학은 가학으로 입신양명한 尹善道의 시가에까지 영향을 주지 않았을까 추정해 볼 수도 있다.

2) 梁應鼎(字: 公燮, 號: 松川 1519~1581)

생원시에 장원하고 문과를 거쳐 중시에서 또 장원을 한 재능이 뛰어난 관료였다. 성균관 대사성까지 올랐으나 오래 머물지 않고 귀향한 후 강학에 전념하였는데 그 문하에 목릉성세(穆陵盛世)를 주름잡은 삼당시인 白光勳과 崔慶昌, 가사문학의 일인자로 일컬은 鄭澈을 비롯하여 湖南 五賢의 한사람 朴光前, 임란시 의병장으로 진주성삼장사 崔慶會 등 훌륭한 제자들이 배출되었다.

石川과 梁應鼎의 만남은 梁應鼎이 어렸을 때인 듯하다. 1530년경 梁應鼎의 부친 梁彭孫의 강학소 학구당을 石川이 방문한 교유시가 있으며15) 또한 梁應鼎의 신도비문에는 石川이 梁應鼎에게 "후일 반드시 영달할 것이다"라고 격려했다는 것이다.16) 이어 1540년에는 梁應鼎이 생원시에 장원할 때 石川은 시관으로 梁應鼎의 문재(文才)를 칭찬하며 대면하였고 이후 사제의 관계가 맺어진 것이라 하겠다.

梁應鼎은 1550년 겨울에 石川이 강학하고 있는 棠城 松雪堂(지금의 海南 馬山 長村)을 찾아갔다. 이때 수창한 시 61수(梁應鼎 시 33수, 石

---

15) 임억령, 앞의 책, 74면.
16) 양응정, <신도비명>, 『국역송천집』, 장산재, 1988, 326면.

川 시 28수)를 『松川集』에 「棠城酬昌詩」라 하여 전하고 있으며17) 『石川集』에는 石川 시만 31편 43수가 산재되어 있는데 이 중에 <棠城酬昌詩> 28수도 포함되어 있다. 이 가운데 石川이 <長篇呼韻贈梁生員公燮>이란 제하에 94운을 연하여 읊었는데 梁應鼎 역시 <仰次>로 화답하였다. 한 구절씩을 보면

    每誦子之詩 언제나 그대 시를 외우고 나면
    如得金與紱 금이나 인끈을 얻은 듯하여
    引吭欲和之 목청을 빼어 화답을 하려해도
    氷霜凍枯筆 찬서리에 붓이 얼어붙어 버린다네
                   (石川원운)18)

    但恨邾莒流 다만 한스러운건 이 하잘것없는 위인으로
    師文年未亡 훌륭한 스승을 오랜 동안 못 뫼시고서
    告歸苦容易 중간에 하직을 고해야 하니
    微旨敢操筆 선생의 깊은 뜻을 어찌 감히 붓으로 쓰오리까
                  (梁應鼎차운)19)

 石川은 梁應鼎의 시를 극찬했고 梁應鼎은 石川의 문하에 오래 머물지 못함을 아쉬워하고 있다. 그렇다면 棠城酬昌은 사제지간의 교유(敎諭)로 봐야 한다. 尹光啓는 「石川集」 序에서

  鄭斯文 彦湜이 선생 문하에서 모시고 종사한지 오래라 그때 일들을 자세히 말하는데 梁松川이 급제하기 전에 선생과 재주를 견주어 볼 양으로 黃山谷시 천편을 외우고 와서 선생을 뵈었다. 선생은 웃으며 대접하시고 古器詩 일편을 지어 주었다. 지금도 시를 읽어보면

---

17) 양응정, 앞의 책, 134면.
18) 임억령, 앞의 책, 147면.
19) 임억령, 『국역석천집』, 전라남도, 1996, 174면.

고기는 찢고 주물러서 고상하고 호사한 기상을 보는 사람으로 하여금 고무를 금치 못하게 되었다. 松川이 촛불을 돋우고 밤새 읊조려서 화운 한수를 지어 올렸더니 선생은 웃으시며 말씀하시기를 "만일 大樹歌를 지어 주었더라면 이운이 아니더라도 좋지 않았겠나" 하셨다. 松川이 탄복하고 돌아왔다 한다. 무릇 松川도 진실로 1세의 시호였다. 그러나 선생은 한층 더 나아가셨으니 거룩하지 않으리요. 앞서 말한 고기는 솥을 말함인데 鼎字는 松川의 이름자였고 大樹는 선생의 자이다. 이같이 수작하시는 중에 松川은 미처 알지 못하였으니 지금도 그 의사를 추상에 보면 사람들 천만층위에 초탈하였다 하겠다.[20]

梁應鼎이 石川과 재주를 견주어 볼 양으로 찾아 왔으나 대수한 후 탄복하고 돌아갔다는 것이다. 石川은 대사간을 역임하고 시명이 전국에 널리 알려져 있었으며 梁應鼎은 석갈하기 전으로 장유의 차가 있음을 부인할 수 없다. 따라서 능주에서 海南까지 石川의 문하를 찾아갔다는 그 자체가 사제지연의 전제가 없이는 수창이 이루어질 수 없는 것이다.

때문에 石川은 수창에서 "蒼天豈盧生 聖主求見才 今日把贈君 一擧匈奴摧"라 하여[21] 보검을 줄테니 몹쓸 것들을 꺾어 버리라고 한 것은 빨리 등과하여 세상을 바로 잡아야 한다는 격려인 것이다. 이에 梁應鼎은 "承薰望何奪 齊戒頭載慚"이라 하여[22] 선생의 훈도를 받기로 마음 가다듬었다는 것이다.

梁應鼎은 장원으로 생원이 된지 10년이 넘도록 석갈하지 못했는데 당성에서 수창한 후 2년이 못되어 등과하였으니 石川의 교시가 힘이 되었으리라 여겨진다. 또한 梁應鼎이 棠城에 머물러 있을 때 동지(冬至)를 맞아 石川에게 증정한 시와 石川의 차운시다.

---

20) 임억령, 앞의 책, 53면.
21) 임억령, 위의 책, 146면.
22) 양응정, 앞의 책, 165면.

舊日盛之百玉堂　　전일에는 백옥당에 계시더니
林園退逸事篇章　　길원으로 물러와서 시문에 종사하네
文瀾漎蹴東西漢　　문란은 동서한을 짓밟아 버리고
詩陣橫驅盛晚唐　　시격은 성만당을 임의로 구사하였소
席上容來談野致　　석상에 손이 오면 제야취미 말하고
案頭風入展奇方　　책상머리 바람이니 기의한 재주 폈다오
淹留未厭陪松雪　　오래 머물러 스승으로 모시기 싫지않으니
天地中宵動一陽　　천지는 밤중이라 일양이 시동하리

(梁應鼎)23)

梁公詩壘陳堂堂　　양공의 시를 보면 진세가 당당하여
隱苦深林虎豹章　　은연 중 깊은 숲에 호표가 있는 기상이네
靑眼憐君今阮籍　　어여뿐 그대 청안 지금의 완적이요
白顚嗟我已馮唐　　슬프다 나의 백발 예전의 풍당이네
風前細酌床頭酒　　바람 앞에서 슬며시 옹두주를 받고
袖裏深藏肘後方　　소매 속에 깊숙이 주후방을 간직하였다네
遙想明朝衝兩雪　　내일 아침 눈속을 헤치며 가게 되면
路人皆指孟襄陽　　행인들이 모두 맹양양이 간다 하리

(石川)24)

　사제의 정담이라 하겠으나 우리의 관심사는 梁應鼎이 石川의 시격을 가리켜 성·만당의 시를 마음대로 구사하였다는 지적과, 梁應鼎이 이를 수업함으로써 중국의 성당시인을 대표하는 孟浩然(襄陽)이 또 하나 생겨 간다는 石川의 칭찬이 주목되는 것이다. 왜냐하면 石川에게 사사하였던 朴淳, 梁應鼎 등의 문하에서 白光勳, 崔慶昌, 李達과 같은 삼당시인이 계속 배출되었기 때문이다.
　이는 우리나라 시풍이 송시로부터 당시로 전환되는 과정에서 石川은

---

23) 양응정, 앞의 책, 155면.
24) 임억령, 위의 책, 282면.

선구자 역할을 하였으니 학계에서 비중 있게 다루어져야 한다. 梁應鼎은 石川과의 관계도 지속적으로 유지하였음을 볼 수 있다. 『石川集』에는 당성수창시 외에 <送梁平事> 등 여러 편의 시가 있는데 그 가운데 <招公燮>에서는 石川이 강원도관찰사에서 물러나 서울에 있을 때 "梁應鼎이 찾아오면 함께 강호로 돌아가겠다"라 하여 사제지간의 정을 진하게 드러내고 있으며 梁應鼎 역시 「言行錄」에서 白光勳에게 말하기를 "林石川의 문장과 기절을 지금 세상에는 짝할 만한 이가 없고 오직 鄭澈만이 근사하다 할 것이다"라 하여[25] 石川의 업적을 문인들에게 교시하였던 것이다. 그렇다면 石川은 梁應鼎의 소시 때 격려로부터 생원시 시관의 인연을 거쳐 당성수창 후 등과에 이르기까지 초석이 되었음을 알 수 있다.

3) 李後白(字: 季眞, 號: 靑蓮 1520~1578)

근신인 도승지를 비롯하여 대사헌 이조판서 양관대제학 등 요직을 역임했다. 石川과의 조우는 석갈하기 전으로 젊은 시절이었다. 李後白은 경남 함양 출신이었으나 16세에 조모를 모시기 위해 강진 병영에 머무른 적이 있고 24세에 강진 성전에 정착하게 되었다.

그 무렵 石川은 을사사화로 강진촌사에 몇 년간 우거하고 있었으니 이 때 李後白이 내방하고 사사하였다고 봐야 한다. 한 예로 石川이 李後白의 국문시조 <瀟湘八景>을 보고 <翻李後白瀟湘夜雨之曲>이라 하여 번안한 한시 9수가 있는데 『石川集』의 편차로 봐 李後白 25~29세 사이로 볼 수 있다. 瀟湘夜雨 시 한 수씩을 보면

   蒼吾山 聖事魂이
   구름조차 瀟湘의 나려
   夜半의 홀러드러 竹間雨 피온 뜻은

---

25) 양응정, 앞의 책, 318면.

二妃 千年淚浪을 시서 볼까 하노라
(李後白 국문시조)26)

蒼吾聖帝魂   창오산 성제의 넋이
夜半兩紛紛   한 밤중에 부슬부슬 비로 내리네
竹裏蕭蕭意   대 풀에 소슬히 뿌리는 뜻은
要將洗淚痕   바라건대 얼룩진 눈물자욱 씻어 내고자
(石川 번안시)27)

이상 두 편의 시는 원작을 그대로 한역한 것이 아니라 시어와 시정을 달리하고 있으니 교시로 보아야 한다. 이에 전남대 金信中 교수는 <石川과 瀟湘八景歌에 대하여>라는 표제로 논문을 발표한 바 있다.28)

한편 石川의 번안이 있음으로서 그간 학계에 논란이 있었던 시조 <瀟湘八景>의 작가 문제에 대해 李後白으로 정립할 수 있는 결정적인 증거가 될 수 있다.

『青蓮集』에는 石川의 <贈月出山 僧慧遠> 시의 원운과 李後白의 차운시가 유묵과 같이 등재되어 돋보인다. 따라서 宋時烈이 찬한 <青蓮行狀>에는 林億齡과 柳希春이 서로 만나 말하기를 "그(李後白)의 순효는 하늘이 낸 사람이니 예전 효자라 하더라도 더 할 수 없을 것이다"라 하고 스스로 책에 이 사실을 기록하였다는 것이다.29) 이와 같이 石川의 찬사는 李後白에게는 격려와 미담으로 전해지고 있다.

4) 朴 淳(宇: 和淑, 號: 思庵 1524~1589)
朴祐의 아들이다. 장원급제한 후 14년 동안이나 영상을 지낸 장수 명

---

26) 이후백, 『國譯青蓮集』, 국역청련집간행위원회, 1992, 170면.
27) 임억령, 앞의 책, 137면.
28) 김신중, 「석천임억령의 문학과사상」, 광주광역시, 1996, 185면.
29) 이후백, 「행장」, 『국역청년집』, 국역청련집간행위원회, 1992, 218면.

재상으로 널리 알려져 있으며, 宣祖 초년에는 양관 대제학을 명하였는데 李滉이 자기 밑에 제학으로 머물러 있는 것은 상하가 전도된 일이라 하여 李滉에게 이수할 것을 청하고 시행하게 하였으니 朴淳의 인성을 알게 하는 미담이라 할 수 있다.

朴淳은 언젠가 石川의 문하에 출입한 적이 있다. 石川이 사인으로 있는 朴淳에게 보낸 시 네수 가운데 두수다.

野鶴栖成市　들의 학 같은 그대가 도시에 깃들었으니
應知骨益癯　아마도 뼈는 더욱 여위었겠지
懷君達永夜　밤새도록 그대를 그리워하며 잠 못드는 밤
竹屋雨蕭蕭　대 숲 창가에는 빗소리만 쓸쓸하네

雲伯山亭下　운백인 그대가 산정 아래 있을 때
王孫弄玉琴　그대는 간혹 옥금을 연주하곤 했었네
前蹤應已沒　전날의 자취는 아마도 이제는 없으리니
也被綠苔侵　푸른 이끼가 덮지 않는 곳이 없으니까
　　　　　　　　　　　　　　　　<寄朴和叔>30)

石川의 자주(自註)에서 "憶昔"이라 하였으니 朴淳이 옛날 어렸을 때 문하에 찾아왔던 모습을 생각하며 사제지정을 읊은 시다. 이 외에도 『石川集』에 5편 28수가 있고 『思庵集』에 3편 4수가 있는데 다음은 朴淳의 시다.

鳳凰山下洛江流　봉황산 아래 낙강 흐르는데
仙鶴朝眞古屋秋　선학타고 진제 만나러 간 고옥의 가을
公去未逢曾面目　영공께서 가면 앞서의 면목은 못 만나고
蒼藤喬木夕陽愁　푸른등 높은 나무에 석양이 시름 겨울 것이오
　　　　　　　　　　　　　　　　<送林石川赴長興>31)

---

30) 임억령, 앞의 책, 243면.

朴淳은 石川이 장흥 수령으로 가는 것을 전송하며 訥齋의 옛집을 지나고 성묘할 것으로 여겨 향수에 찬 도교적인 표현이라 할 수 있다. 石川은 朴淳의 선친 朴祐의 갈명을 찬하였는데 그 서에서 이르기를

> 朴淳이 급히 편지를 써서 나에게 부탁하기를 "모월 모일 선친의 묘 앞에 세울 비석에 각서하려 하는데 비문은 지금까지 이루어지지 아니 하였소"라 하면서 실은 나를 기다렸기 때문이라 하였다.32)

당시 근신인 승지에 있었던 朴淳은 학식으로 널리 알려진 李滉, 李珥, 成渾 등과 교유가 빈번하였고 정치적으로도 이기가 투합된 사이였다. 그런데 선친에게 가장 중차대한 갈명을 멀리 귀향하고 있는 石川에게 청탁한 것은 평소 石川의 문장을 알고 있기 때문이며, 양가의 두터운 정분을 알 수 있는 대표적인 사례라 아니할 수 없다.

한때 朴淳이 沈義謙에게 의탁하려 했다는 탄핵을 받았는데 趙憲은 朴淳을 구원하려는 <丙戌封事>에서 이르기를

> "숙부 朴祥은 선인을 힘써 보호하고 종신토록 배척을 받았으며 그 사우(師友)인 徐敬德, 林億齡, 鄭之雲은 다 활에 다친 새가 굽은 나무를 보고도 피할줄 알았던 격의 사람들이었습니다. 강직한 기질은 가풍으로 전해지고 강개에 찬 뜻은 확립된 지가 이미 오래입니다."33)

이와 같이 石川은 朴淳에게 보탬이 되는 스승으로 세간에 널리 알려졌던 것이다. 뿐만 아니라 朴淳과 종형제로 朴祥의 아들 敏中이 朴淳과 같이 石川에게 수업한 적이 있는데 石川이 사마시 시관(試官)으로 있을 때 敏中이 장원한 일화가 朴東亮「寄齋雜記」에 등재되어 있음을 볼

---

31) 박순『譯解思庵集』, 訥齋思菴文集 譯解發刊委員會, 1979, 73면.
32) 임억령, 앞의 책, 270면.
33) 조헌, <병술봉사>, 『사암집』, 충주박씨문간공파문중, 1979, 480면.

때34) 양가의 사제지연을 다시 한 번 확인할 수 있다.

5) 金成遠(宇: 剛叔 號: 忍齋 1525~1597)

생원에 오르고 은일로 동북현감을 지낸 바 있다. 石川은 담양부사의 임기를 마치고 양씨부인이 살고 있는 성산의 서하당에 정착하게 되었는데 얼마 후 건너 마을에 사는 金成遠이 학업을 물으러 찾아왔다. 이때 石川이 지어 준 시 6수 가운데 두수이다.

    草屋方客膝 초가집은 겨우 무릎을 돌릴만 하지만
    松風可洗顔 소나무 바람은 얼굴을 씻어 준다오
    已欣村俗朴 이미 촌의 순박한 풍속을 기뻐했더니
    更貴玉人端 다시 옥같이 단정한 귀한 사람이 있구려

    靑山數間屋 청산에다 두어 칸 집을 짓고
    隔巷一瓢顔 안자처럼 비난하게 산다네
    衰老雖無蓄 늙은 몸이 비록 저축한 것은 없으나
    深思扣兩端 깊이 생각한 것은 양단을 다 말하는 것이라네
                             <贈剛叔>35)

석천은 순박하고 단정한 金成遠의 첫 인상을 보고 누추한 집에 아는 것도 없는 나에게 찾아 왔으니 생각 끝에 강학을 허락한다는 것이다. 星山이 石川의 퇴식지(退息地)로 널리 알려지자 金麟厚를 위시한 시객의 왕래가 빈번했으니 사대부로서 이들을 맞이할 정자가 필요했다.

때문에 石川은 거처인 서화당 옆에 식영정을 창건하였는데 이때 金成遠이 근처에 사는 제자로서 정성껏 도왔음을 石川이 쓴「息影亭記」에서 알 수 있다.36) 이 같은 사제지간의 인연 뿐 아니라 언젠가 이곳에서 자

---
34) 졸고,「석천 임억령과 해남」,『해남문단』, 2004 참조.
35) 임억령, 앞의 책, 240면.

란 石川의 여식을 金成遠에게 출가시켜 옹서지간이 된 것이다.37) 몇 년 후 石川은 본가가 있는 海南으로 귀향하면서 金成遠에게 읊어준 송별시 두 수 가운데 한 수다.

   愛水重憑檻 산수를 좋아하여 난간에 거듭 올라보고
   憐松更步庭 소나무 사랑하여 뜰에서 다시 서성이네
   明春吾欲再 돌아오는 봄에 또한 만나고저 하니
   爲我理巖扃 나를 위해 이 암경이나 다스려다오
                <奉次剛叔送別之韻>38)

암경은 성산을 지칭한 것으로 정들었던 성산을 돌아보며 내년 봄에 다시 올 것을 약속하고 성산의 관리를 金成遠에게 부탁한 것이다. 이에 金成遠의 답시가 있다.

   水北蒼崖裏 수북쪽 푸른 언덕 속에
   蕭然一草亭 살살한 초가 정자로다
   風箱大夫樹 풍상 속에 대부 나무요
   雲霧小微星 운무 속에 소미 별일세

   剪棘蘭生岏 가시덤불 벤 언덕에 난초 솟아나고
   栽梧鳳下庭 오동을 심을 들에 봉황이 내려왔네
   羽衣留不得 우의를 머물게 하여도 붙들 수 없으니
   秋雨戶表扃 긴 창문밖에 가을비만 내리는구나
           <息影亭得近體一律奉上荷衣先生兼寓別懷>39)

---

36) 임억령, 앞의 책, 263면.
37) 『선산임씨족보』 권1, 선산임씨문중, 1766.
38) 임억령, 위의 책, 269면.
39) 김성원, 『樓霞堂遺稿』 上, 국립중앙도서관소장본, 32면.

石川을 대부로 본인은 소미로 대비하면서, 이 정자의 주인은 봉황 같은 石川이 적격인데 머물게 할 수가 없으니 石川의 청을 거절할 수 없다는 것이다. 이때부터 金成遠은 石川이 귀향할 때마다 성산의 주인이 되고 시인묵객들을 맞이하여 石川의 전철을 이어온 것이다. 石川 사후에는 성산의 모든 것을 물려받고 출입 인사들로부터 서하당 주인, 식영정 주인 등으로 호칭을 받으며 교유한 것이다. 그로 인하여 忍齋라는 본래의 호가 있었음에도 불구하고 서하당이란 별호까지 얻게 된 것이다.
  그 후 金成遠은 이 같은 石川과의 인연으로 성산을 찾는 인사들과 수창하면서도, 石川을 찬미하고 흠모하였음을 그의 시에서 볼 수 있다. 뿐만 아니라 金成遠의 자손까지도 유지를 받들어 石川의 행적기략(行蹟記略)을 金壽恒에게 받아 『石川集』을 목판으로 간행할 때 등재하는 등 石川 현창에 전념하였다.40)

6) 朴伯凝(字: 混元, 號: 翠竹軒 1525~1587)

  石川의 생질로 동생 仲凝과 같이 石川 문하생이었다. 진사로서 효행과 학행으로 천거되어 사헌부 감찰을 거쳐 진원현감을 지낸 바 있다. 『石川集』에는 伯凝에게 1편 1수, 仲凝에게 3편 6수가 있는데 홀로된 누이를 모시고 사는 생질들에게 애정으로 격려하고 있음을 볼 수 있다.
  이 같은 石川과의 관계를 명분으로 伯凝을 해남 海村書院에 추향하였는데 이해를 돕기 위하여 서원의 내력을 살펴 보기로 한다. 해촌서원은 원래 해남 수원사(首院祠)로 石川을 독향으로 모셨던 石川祠였다.41) 그 후 崔溥와 柳希春을 추향하여 三賢祠가 되었다가 또 尹衢와 尹善道를 추향하여 五賢祠라 하였는데 1868년 대동훼철령으로 철거되어 그 자리에 단을 모시고 향사해 오다가 1922년 복원시에 朴伯凝을 추향하고 海村祠라 하였다.

---

40) 임억령, 앞의 책, 303면.
41) 「學校考」11, 『증보문헌비고』, 「서원」21, 『전고대방』.

근래에 이르러 石川洞(지금의 구교리)에 있던 사우를 해남읍 해리에 있는 금강산 아래로 이건하고 해촌서원이라 칭하고 있다.

7) 奇大升(字: 明彦, 號: 高峰 1527~1572)

기묘 8현중 한 분인 奇遵의 조카로서 절의의 가통을 이어 받았다. 장원급제한 후 대사간에 이르렀으나 벼슬보다는 학문에 열중하여 성리학을 탐구하고 李滉과 8년간에 걸쳐 四七논변을 벌인 것으로 유명하다.

일찍이 金得臣은 湖南에서 문장에는 林億齡, 高敬命, 林悌, 白光勳이 있으나 경학에는 奇大升 한 사람이 있었다고 하였으니 奇大升은 그 분야에 있어 湖南에서 독보적인 존재로 숭앙받고 있는 것이다. 그렇다고 당시 지식인의 필수요건이었든 문장을 소홀히 한 것은 아니다. 奇大升도 700여 수에 달하는 주옥같은 시문을 전하고 있으며 시명이 있는 湖南파 시인들에 비해 뒤지지 않는 시인이었으나, 도학에 가려 평가받지 못하였다고 봐야한다. 같은 맥락으로 볼 때 石川 역시 시로써 정상에 있었으나, 을사사화 때는 20여 년 몸 담았던 관직을 저버리고 자진 귀향하였으며 「원종공신녹권」을 불태워 버린 절의 있는 선비였다. 때문에 石川과 奇大升은 절의와 문장에 있어 의기가 일치한 사이로 볼 수 있다.

石川이 담양부사에 부임하자 奇大升이 병중에서 石川先生을 그리며 아울러 나의 뜻을 기술한다는 제하에 7언율시 4수를 보내왔다. 그 중 첫 수와 石川의 답시를 보면

人間小大辨難周	인간의 크고 작음은 두루 분간 어려우니
鵬鷃從來好遠遊	붕새 뱁새 본디부터 멀리 놀기 좋아하네
我保微毛依棘藪	나는 가는 털 간직하고 가시덤불 의지하는데
公揮奇翼俯齊州	영공은 큰 날개 펄럭이고 재주를 굽어보네
塵中漫覺譙僬倅	티끌 속에 초라한 깃털 물씬 물씬 깨닫는데
天外應多怳惚愁	하늘 끝에 황홀한 시름 그야 물론 많으리라

堪問逍遙眞箇的　소효함의 참 뜻을 외람되게 묻자하니
此心端不向他求　이 마음 끝내 딴 곳에서 구하지 않으리다
　　　　　　　　　　(奇大升)<病中有懷 石川先生幷述鄙意>42)

萬嶺參差一水周　만첩 준엽은 울툭 불툭 한줄기 강물이 둘렀는데
病身於此作天遊　병든 몸을 여기서 관리되어 지낸다네
春來夢卽歸三徑　봄이 오면 꿈은 곧장 고향전원으로 돌아가고
醉後神猶出九州　술 취한 뒤에 정신은 오히려 구주를 벗어나네
多謝至人尋此老　훌륭한 분이 이 늙은이를 찾아 주기도 하고
又投佳句問窮愁　또 멋진 시를 보내와 끝없는 수심을 달래줌 감사드리네
沈吟使我頭風快　고요히 읽어보매 나로 하여금 머리를 상쾌하게 하니
肘後良方更不求　편작의 주후비방을 다시 구하지 않으리
　　　　　　　　　　(石川)<次奇明彦韻>43)

　이때 石川은 62세의 노령으로 강원도관찰사를 거쳐 환로를 마무리 하고저 담양부사로 내려 왔으며 奇大升은 31세로서 석갈하기 1년 전으로 누구에게 의지하고 싶은 초조한 심정이었다.
　시제(詩題)에서 "有懷石川先生"이라 하여 그 전부터 조우(遭遇)가 이루어졌음을 알 수 있고 결구(結句)에서는 소요의 참 뜻을 물으러 先生을 끝까지 따르겠다는 것은 중국에까지 시명이 알려진 石川에게 사사를 받고 싶다는 표현이다. 이에 石川은 奇大升의 추종이 이 늙은이에게는 어느 비방보다 위안이 된다며 사사를 승낙하고 있는 것이다. 그 후 奇大升은 담양관아 또는 성산 등의 石川의 거소를 왕래하며 수강하였는데 그로부터 1년 후 등과하였으니 石川의 교훈이 효과가 있었음을 알 수

---

42) 기대승, 『國譯高峯集』, 민족문화추진회, 1989, 57면.
43) 임억령, 앞의 책, 220면.

있다.

『石川集』에 6편 24수 『高峰集』에 5편 21구의 적지 않는 시가 수록되어 있는데 그 가운데 奇大升은 "競競戰戰乘明訓"이라 하여44) 전전긍긍 훈계를 전해 주었다 하고 石川은 "朋自遠來思問道"라 하여45) 그대가 먼 곳으로부터 와서 도를 물어 본다고 하였으니 石川은 奇大升에게 시문은 물론 학문까지도 강론이 있었음을 확인할 수 있다. 그렇다면 奇大升에게 학문의 영향을 주었다는 金麟厚, 李恒, 鄭之雲, 李滉 등과의 상면에 앞서 石川과의 강론이 있었다는 사실을 간과할 수 없는 것이다. 따라서 石川의 기건한 시풍과 奇大升의 주기설은 다 같이 기를 추구한 것으로, 湖南의 사상적 풍향이나 문풍으로 연관 지어 볼 수도 있어 앞으로 깊은 검토가 이루어져야 한다.

8) 高敬命(字: 而順, 號: 霽峯 1533~1592)

신년문과에 장원하고 순탄한 경직생활을 보냈으나, 李樑의 전횡사건이 일어나자 정치적으로 금고 되어 19년간을 고향에서 보냈다. 그 후 영광군수로 재출사 하였는데 동래부사 재임당시 또다시 대관의 탄핵을 받고 환향한 것이다. 다음 해 임란이 일어나자 의병대장으로 금산전투에서 순직하였으니 충신으로 포숭을 받고 있다. 그러나 高敬命은 경직시대 明宗의 은우를 입을 만큼 일찍부터 득명했던 시인이었다. 高敬命은 石川이 별세하자 7언율시 50운의 만시를 지었는데 몇 절을 보면

　　　　　憶托龍門今數紀　용문에 의탁한지 얼마나 되었느냐
　　　　　謬增駑價自成童　성동 때부터 많은 사랑 받았었지
　　　　　消融滓穢移人速　못생긴 이놈을 가르칠만 하다고
　　　　　獎進孤寒待物洪　여러 가지 방향으로 타일러 주었지만

---

44) 기대승, 「속집」 권1, 『고봉선생문집』, 『한국문집총간』 40, 57면.
45) 임억령, 앞의 책, 236면.

市璞自慙藏腊鼠　재주가 너무나 둔한 탓으로
化金無術點頑銅　금옥같은 그릇을 못 만들었네
方淹旅困愁燃桂　그래도 발신하려고 서울로 왔을 때
誰意知音賞爨桐　가끔 모시고서 물어 보았죠
秋月城頭陪玉塵　어느 땐가 가을철의 달 밝은 밤에
弼雲峯下對爐烘　필운봉 밑에 앉아 술을 마셨다.
　　　　　　　　　　<挽石川先生七言排律五十韻>46)

　高敬命은 열다섯 살 때부터 石川의 문하에 출입하였고 과거응시차 서울에 갔을 때도 필운봉 밑에서 만나 수업한 사실을 기술하고 있어 石川을 오래도록 모시고 수업한 제자임을 분명히 하고 있다. 石川이 서거하기 직전에 창작된 시에서는 "시에서 누가 石川처럼 기이할까"라 하고47) 노년에 이르러서도 "내가 본래 石川옹을 좋아한 것은 문장이 세속에 뛰어났기 때문이다"라 하여48) 생애를 통해 石川시를 볼 때마다 감회에 젖어 회상하고 있으니 전술한 만시 50운 외에 무려 16편 42수로 제자 가운데 가장 많은 시를 『霽峯集』에 전하고 있다. 다음은 식영정 차운이다.

吾思石川叟　나는 가끔 石川수 생각할 때
千仞立亭亭　고결한 그의 모습 눈에 보이는 듯하다
物外淸田鶴　구름 위에 높이 나르는 학과 같고
江南處士星　강남에 처사성과도 흡사했지
仰窺憑處檻　옛날에 거처하던 마루와 뜰에
空撫步餘庭　웃음과 기침소리 들리는 듯하네
英爽應難盡　깨끗한 그 정신 그치지 않고
蓬茱白玉扃　백옥루 위에서 조용히 계실거야
　　　　　　　　　　<次息影亭韻>49)

---

46) 고경명, 『國譯霽峯全書』 상, 한국정신문화연구원, 1980, 179면.
47) 고경명, 위의 책, 174면. "扵詩誰似石川奇".
48) 고경명, 위의 책, 199면. "我愛石川翁 文章雄九縣".

石川을 청전학과 처사성에 비유하고 백옥루 위 신선에 형상화하고 있다. 또한 高敬命은 기몽(記夢)에서

> 石川이 강원감사로 갔을 때 湖陰노인과 주고받은 글이 매우 많았다. 그 중에<峰高八萬山皆骨 水闊三千界盡浮>라는 구절이 있는데 왕우승의 <早期大明宮>이란 시제의 운을 쓴 것이다. 일찍이 그 기상이 초매하여 운에 구애하지 않은 것을 사랑하고 여러 번 모방하고자 하였으나 되지 않았다. 하루는 성산에 놀다가 양 先生이 대좌하여 글짓기에 몰두하여 붓을 휘둘러 경각 사이에 백여 편을 이루는 것을 보았다. 그리고 나서 나로 하여금 한 장을 화답하게 하였으니 곧 부(浮)자운이었다. 꿈을 깨어서 기억하니 그 반을 잃어버렸으므로 보태어 완성하였다. 내 생각에 두 先生의 영령이 하늘에 있어 표윤우개로 십주 삼도에 놀고 있을 것으로 보아 있지 않는 곳이 없고, 가지 않는 곳이 없을 것이다. 하물며 성산은 石川이 평일에 우거하고 노닐던 땅이니 반드시 여기에 권연할 것이 분명하다. 구름 기운을 타고 늙은 鄭湖陰을 끌어서 서하관에 임하는 것을 어찌 의심하랴.50)

高敬命은 성산에서 石川과 鄭士龍이 시 짓는 모습을 꿈꾸고 꿈속에서 지은 시에 붙인 서이다. 石川을 얼마나 연모하였기에 꿈을 꾸고 작시에 있어서도 운에 구애받지 않는 호방하고 기건한 石川의 시풍에 매우 경도(傾倒)되었음을 알 수 있다.

9) 宋翼弼(字: 雲長, 號: 龜峰 1534~1599)

서출로 벼슬하지 못했으나 李珥, 成渾 등과 교유하고 성리학과 예학에 뛰어났다. 시문에 능하여 8문장의 한사람으로 득명했다. 특히 문하에서 金長生, 金集, 鄭弘溟 등을 배출하여 예학의 대가로 성장시키고 한

---

49) 고경명,『국역제봉전서』상, 한국정문화연구원, 1980, 240면.
50) 고경명, 위의 책, 496면.

미한 가정 출신으로 문경(文敬)이란 시호를 받을 만큼 선비들로부터 예우를 받아왔다. 石川이 성산에 퇴유하고 金成遠과 鄭澈 등을 가르치고 있을 때 宋翼弼이 찾아와 봉견하고 사사하며 증정한 시에 이르기를

  相國詩篇元不俗 상국의 시편은 원래가 속되지 않으니
  狂生身世本無關 광생의 신세에는 본래 관계가 없어
  醉後欲歸山月落 취한 뒤에 돌아가고 싶으나 달이 지고
  白雲來濕羽衣寒 흰 구름이 와서 우의를 적시니 차기도 해라
                                                                                             <林石川席上呼韻>[51]

상국은 石川이며, 광생은 자신을 이르는 것으로 속세를 초탈한 石川 시에 심취되어 오래도록 머물면서 사사하고 싶다는 표현이다. 다음은 石川의 원운시와 宋翼弼의 차운시다.

  憶昔毗盧頂上登 옛날 비로봉 정상에 올랐던 것 생각하고
  歸來雪屋一靑燈 돌아오니 설옥에 등불이 펄하네
  叩門何處神仙骨 문을 두드리면서 어디가 신선 골이라 하니
  瀟灑人皆出壑氷 쇠쇠한 사람이 얼음 구렁에서 나왔다.
                                             (石川원운)[52]

  山川決決路登登 산천은 결결하고 길은 등등한데
  半夜無人月作燈 한밤중에 달로 등을 만들 사람이 없네
  缺缺洞雲初罷雪 決決동 구름이 눈이 아니 내린다.
  游仙三四踏成氷 노는 신선 3, 4명이 결빙된 얼음을 밟고 있네.
                                           (구봉차운)[53]

---

51) 송익필, 『龜峯集』 卷1, 「한국문집총간」 42, 379면.
52) 송익필, 위의 책, 379면.
53) 송익필, 위의 책, 379면.

서로가 밝은 빙과 신선에 비유하고 있으며 <決決洞雲>은 <星山洞雲>으로 봐야한다. 이밖에도 <詠樓霞寓客> <霞堂四欠> 등 鄭澈, 高敬命과 같이 성산에서의 합작을 볼 수 있다.

10) 李 珥(字: 叔獻, 號: 栗谷 1536~1584)

소과 대과에 모두 장원하여 구도 장원공이라 칭하였다. 양관대제학을 거쳐 우참찬에 이르렀고 유학계에 李滉과 쌍벽을 이루고 기호학파를 형성한 대유학자다. 石川과 李珥간에는 다음과 같은 일화가 전한다. 李珥는 石川이 강원도관찰사로 부임하자 사사를 받고자 관아로 石川을 찾아 갔는데 가는 도중 주막에서 건달에게 행패를 당하고 그 사실을 石川에게 고하니 石川은 그 건달을 체포토록 명하였다. 즉시 연행되어 온 건달을 보고는 아무런 제재없이 방면한 것이다, 이를 본 李珥가 이상히 여겨 그 뜻을 물으니 石川이 답하기를 "그 건달의 화색을 보니 얼마 살지 못할 것 같아 방면한 것이다"라 하였다. 과연 그 건달은 귀가한 후 사망하였다. 李珥가 이 사실을 알고 石川을 더욱 존경하였다는 것이다. 李珥가 石川을 뵙고 차운한 시다.

```
石川古遺士    石川은 옛 은사다
風雨生揮筆    휘두르는 붓 끝에 풍우가 일어난다
俊逸與淸新    준일하고 청신하다는 말은
公今合爲一    지금 영공에게 하나로 합치되오
興來百紙盡    흥이 나면 종이 백장을 써 치우고
倏忽成卷帙    잠깐 새 시는 권질을 이룬다오
小子才可愧    소자같은 재주 부끄럽기만 하여
不能窺堂室    마루와 방을 엿보지도 못한다오
一席得親炙    한 자리에 가르침을 받으니
何幸同時出    동시대에 난 것이 얼마나 다행하고
生平不屈膝    평생에 무릎을 꿇어본 적 없건만
```

今日爲公屈   오늘에야 영공 앞에 굽히나이다
<次石川韻>54)

　李珥가 石川 시의 풍격에 언급하여, 준일과 청신을 함께 갖추었다고 본 것은 杜甫가 李白의 시풍을 준일과 청신을 구비한 것으로 말하였는데, 李珥가 石川 시에서 李白의 풍격을 발견한 것이다.55) 李珥는 李滉과 35세의 년차가 있을 뿐 아니라 사제의 연이 있었다. 그러나 李滉의 생존 시에는 소자로 표현한 적이 없고 별세한 후에 제문에서 소자라 할 만큼 어려서부터 자존심이 강하였다는 것이다. 그런데 石川과는 대면 시 소자라 하고 평생 처음으로 무릎을 꿇었다고 하였으니 石川의 가르침과 시제에 감복하였다고 볼 수 있다. 石川 역시 李珥와 같이 읊은 부(賦) <秋天> <秋江圖> <金剛九龍淵> 등이 있는데 <金剛九龍淵> 한 수를 보면

魯國難容橫海鱗   노나라에서 큰 인물을 받아들이기 어려워
千層石竇泂然珍   천층 동굴에 오묘한 보물인 것을
向來絶頂無人士   전부터 빼어난 인재 없으랴만
未見其淵況見身   그 못도 못 보거늘 하물며 그 몸이랴
<金剛九龍淵>56)

　石川이 장래가 촉망한 李珥의 재능에 대하여 높이 평가하고 있는 것이다. 훗날 石川의 만년제자 鄭彦湜이 海南으로 환향할 때 李珥가 石川에게 부쳐준 시와 石川의 답시다.

先生勇退臥菟裘   先生님 용퇴하여 도구에 은거하니

---

54) 李珥, <次林石川韻>, 『栗谷全書』 卷1, 『韓國文集叢刊』 44, 16면.
55) 임형택, <解題>, 『石川集』, 여강출판사, 1989, 21면.
56) 임억령, 앞의 책, 199면.

箕得閑居樂事優　　한가로운 생활에 즐거움도 많으시리
茶鼎火殘松籟靜　　차 탕관 연기 끝에 솔바람 고요하고
竹輿幸愁橘林幽　　대나무 교자 지나가는 곳에 귤 숲이 그윽하다
雲隨苫岳尋眞屐　　구름은 둔악에 진경 찾는 나막신 뒤 따르고
月送魚江訪客舟　　달은 어천에 방문객의 배를 전송 하네
丘水遣懷多小作　　산수에 시름 달래신 작품 중에
一篇能寄遠人不　　한편 쯤 이런 사람에게 보내 주었으면
　　　　　　　　　　(栗谷원운)<寄呈石川>57)

萬丈虹光五色裘　　무지개빛이 만발하여 털옷에 비추니
文章誰似謫仙優　　문장이 누가 적선의 넉넉함과 같겠는가
秋高鸞鶴精神爽　　높은 가을에 난초와 학의 정신이 상쾌하고
海濶蛟龍窟宅幽　　넓은 바다에 교용의 불택이 깊숙하다.
多謝故人因客諗　　많은 친구들이 손님으로 인해서 생각을 사양하고
只無瑤玉與君舟　　구슬 같은 그대와 같이 탈 배가 없다.
深思携上崑崙頂　　내가 곤륜산 정상에 한번 올라가려 하는데
爲問諸公後我不　　그대들이 나를 따를 것인가 묻고 싶다.
　　　　　　　　　　(石川차운)<鄭上舍彦湜自京謝
　　　　　　　　　來抽李崔兩公寄詩之於其還步其韻以謝>58)

　李珥가 오랫동안 뵙지 못한 石川의 생활을 그리워하며 시 한편을 청하고 石川은 답시하였는데 <李崔>라 함은 李珥와 崔岦을 지칭한 것이다.

　崔岦(宇: 立之, 號: 簡易 1539~1612)은 李珥의 문인으로 식년문과 및 이문정시(吏文庭試)에 장원한 후 내외직을 거쳐 형조참판에 이르렀다. 시문에 능하여 車天輅, 韓濩와 같이 송도삼절이라 일컬었다. 崔岦 역시 李珥를 따라 石川을 추종 사사 하였는데 石川에게 보낸 차운시 한편이

---

57) 이이, 『栗谷全書』 卷1, 『한국문집총간』 44, 16면.
58) 임억령, 앞의 책, 269면.

있어 붙어 본다.

厭向紅塵弊盡裘	벼슬을 마다하고 떨어진 갓옷 입었더니
知公末路意優優	만년에도 넉넉하신 임의 뜻 알겠구려
憂示利物諸賢在	시대를 걱정함은 제현들이 할 일인데
釣月耕雲一徑幽	달구경 구름구경하며 조용히 지내시네
賤子空懷塵外夢	천한 몸 공연히 신선의 꿈 품었건만
長途難理霽中舟	머나먼 장도라서 노를 젓기 어렵구나
寒齋破笠吟詩面	차가운 집에서 파립쓰고 싯귀를 읊었으니
肯爲當年相憶不	즐거웠던 그 시절 기억이나 하실는지

<次韻(崔岦)>[59]

11) 鄭 澈(宇: 季涵, 號: 松江 1536~1593)

장원급제한 후 좌의정까지 올랐으며 한때 서인의 영수로서 정계를 휩쓴 정치가였다. 그러나 막상 후학들로부터 추앙받고 있는 것은 가사문학사에 독보적인 존재로 부각된 시인이라는 것이다. 鄭澈은 아버지가 을사사화에 연루되어 창평에 까지 내려오게 됐고 김윤제의 주선으로 성산 기슭의 松江에서 학문을 익히고 있었으니 그때 서하당의 주인 石川과 사제간의 인연을 맺게 된다

일찍이 申欽은 鄭澈의 전(傳)을 기술하면서 <在湖南 金河西 林石川 (名億齡 爲人高邁, 官監司 享昌平縣鄕祠) 奇高峰 皆其私淑從師者也> 라 하여 鄭澈이 湖南에 있을 때 河西, 石川, 高峰에게 사숙종사 하였다 하고 石川의 주(註)에서 위인이 고매하여 창평향사에 제사하였다 함은 石川을 享祀했던 星山祠를 지칭한 것이다.

石川은 星山문하에 입문한지 일년 만에 진사시에 수석합격하고 다음해에 장원급제한 鄭澈이 대견하여 입조할 때 지어준 송별시 6수 가운데

---

59) 임억령, 앞의 책, 345면.

한 수다.

> 白髮霜連草　백발은 풀에 서리 내린듯 하지만
> 丹心石望夫　임금을 생각함은 망부석 같다네
> 君今又千里　그대가 이제 또 천리를 간다니
> 吾道益羈孤　오도가 더욱 외롭고 쓸쓸하네
> <別季泳>60)

그 후 石川은 별세할 때까지 4년간을 海南과 星山을 왕래하며 서식하였는데, 그간 鄭澈이 星山을 들렸을 때 전과 같이 유유자적하고 있는 石川을 찬미하기 위하여 石川의 <식영정 20영>을 모태로 하여 <星山別曲>을 읊은 것이다.

鄭澈은 石川의 <식영정 20영> 마지막 구절 <仙遊洞>을 차운하면서

> 何年海上仙　그 어느 해에 해상선이
> 樓此雲山裏　구름서린 이 산속에 깃들었던고
> 怊悵撫遺蹤　유적을 어루만지며 슬퍼하노라
> 白頭門下士　머리하얀 문하의 선비가
> <仙遊洞>61)

해상선은 바닷가 海南의 신선 石川을 지칭한 것이며 문하의 선비는 鄭澈 자신이다. 돌아가신 스승을 회상하며 노숙해 가는 자신의 무상함을 느끼고 있다. 또한 서하당과 식영정에서 읊은 시 한수씩을 보면

> 仙家靑玉案　신선의 집이라 청옥안이 있고
> 案土白雲篇　그 안상 위에는 배옥편이 있다

---

60) 임억령, 앞의 책, 242면. '吾道'는 '星山學堂'을 지칭한 것이다.
61) 鄭澈, 『國譯 松江集』, 제일문화사, 1988, 269면.

盥手焚香讀　손 씻고 향 피우고 글을 읽는다
松隱竹影前　솔 그늘 대 그림자 어울린 곳에
<棲霞堂八詠:書架>62)

何年石川老　어느 해던고 石川 노옹이
具眼起高亭　산세를 잘 보아 식영정을 세웠네
乍息人間影　잠깐 멈추었을 님의 그림자
飜爲天上星　갑자기 천사의 별이 되셨구려
迎風行竹徑　바람을 쏘이면서 대나무 사이 길을 걸었고
看月立松庭　솟는 달 보려고 송정에 서 있었지
俗跡無由到　소인들의 발자취 찾아들지 않을까 봐
雲關不許局　구름속 이 정자 문을 닫지 않했어
<次息影亭>63)

　서하당은 石川의 숙소로 鄭澈이 공부했던 서당이며, 식영정은 휴식공간으로 石川이 승경을 잘 골라 세운 정자인 것이다. 이와 같이 『松江集』에는 石川에게 증정한 시가 한시 4편 30수가 있으며 국문가사로는 장가 1편과 단가 5편이 있고 『石川集』에는 <別季涵> 6수가 있다.
　星山은 鄭澈의 젊은 꿈을 키워주고 출세의 기반이 되었음으로 평생을 통하여 여가가 있을 때마다 찾았던 안식처였다. 따라서 星山 앞을 흐르는 松江은 鄭澈의 자호가 되고 <星山別曲>을 위시한 가사 20여 편의 산실이기도 하다. 때문에 鄭澈은 星山의 주인이며 시문학의 스승인 石川에게는 유독 진선 해상선 선가 등의 지칭으로 숭앙하였음을 『松江集』을 통해 알 수 있다.

12) 白光勳(字: 彰卿, 號: 玉峯 1537～1582)
　향시에서 진사에 올랐으나 문과에 응하지 않고 벼슬을 참봉으로 마무

---
62) 鄭澈, 『國譯 松江集』, 제일문화사, 1988, 29면.
63) 『棲霞堂遺稿』, 翻辭, 5장.

리했던 재야시인의 한 분이다. 당시(唐詩)에 능하여 삼당시인 또는 8문장으로 통하고 있으며 중국에까지 시명이 알려져 중국인 주지번이 최남단에 위치한 海南 옥천까지 찾아와 옥봉서실이라 이름 짓고 현판을 손수 걸어 주었다는 일화가 전해지고 있다.

白光勳은 石川과 근교에 살면서 인척(石川의 종매의 손서) 관계에 있었으니 교훈을 받고자 자주 문하에 출입하였음을 알 수 있다. 1553년 겨울에 石川은

   五老峯爲筆 오로봉으로 붓을 만들어
   金鑾展上揮 금란전에서 휘둘렀네
   蒼蠅生一箇 푸른 파리 하나 나타나
   捉月上天飛 달을 잡으려 하늘을 날아 오르네
        <白光勳作李白宮嬪呵筆詩來示讀畢慨然濾翰>64)

白光勳이 얼어붙은 李白의 붓을 궁빈이 녹여 주었던 내용으로 시를 지어 石川에게 보여줌으로 분개해서 쓴 시다. 이 때 白光勳은 17세의 어린 나이였기에 종유시라기 보다는 스승의 입장이 아니면 나무랄 수 없는 훈계시라고 볼 수 있다. 그러나 후일에는 "白壁無雙士 光輝照十乘"이라 하면서 칭찬을 아끼지 않았다. 白光勳 역시 강진 백련사에 있으면서 옛날 先生(石川)을 모시고 鄭澈과 같이 배우며 어울렸던 회포를 장문으로 기록하여 星山의 金成遠에게 보냈는데 그 속에 "江南詞宗吾石川 文彩風流今謫仙"이라65) 하였으니 유집에는 『石川集』에 6편 7수 『玉峯集』에 4편 4수가 등재되었는데 이 중에 한편을 붙여본다.

   威鳳眞祥世 참으로 세상에 아름다운 봉황새였기에

---

64) 임억령, 앞의 책, 163면.
65) 白光勳, <金陵記懷, 贈棲霞主人>, 『玉峯詩集』 下, 『韓國文集叢刊』 47, 138면.

三朝出入榮	세 조정 드나들며 영화를 누리셨네
自知君子貴	군자가 해야 할일 스스로 알았기에
從見大人亨	따라서 대인다운 형통함을 보이셨네
亹亹承餘論	남기신 말씀 이으려고 열심히 노력하여
休休托晚生	만년의 삶을 즐겁게 이탁했고
永懷高臥日	높이 누워 돌아가신 날 영원히 그리며
那復小車行	언제나 소거타고 다시 찾아 가오리까

<挽石川先生>66)

훌륭했던 스승을 애도하고 특히 "承餘論" 및 "托晚生"이라 하여 石川의 문하에서 수업하였음을 밝히고 있다. 白光勳의 伯兄 白光弘(字:大祐, 號:岐峰 1522~1556)은 등과 후 평안도 평사를 지내고 35歲의 젊은 나이로 조사했다. 시에 능하여 국문가사와 <관서별곡>을 읊어 애송케 하였으며 비록 짧은 생애였으나 湖南파 시인들과 많은 교유가 있었음을 볼 때 일찍부터 사계에 등단하였다고 볼 수 있다.

『石川集』에는 <送白平事赴西幕>이라 하여 무관외직으로 가는 白光弘에게 위안과 격려의 송별시 한편이 있는가 하면『岐峰集』에는 <敬次石川梅竹堂韻> <次靈川韻送石川> 등 2편 7수가 있고 그 밖에 <奉送石川接節關東>이란 7언절구 22수의 장편시가 있다. 강원도 관찰사로 떠나는 石川에게 올린 송별시로 구구절절 先生이라 칭하며 경앙하고 있는데 그 속에 "文章自許屈宋壇"이라 하여67) 石川과 자신의 관계를 초(楚)나라 굴원(屈原)과 송옥(宋玉)의 사제지간에 비유하고 있다. 때문에 丁益燮은 白光弘의 가사비에 石川에게 사사한 사실을 새겨 놓은 것이다.

13) 李山海(字: 汝受, 號: 鵝溪 1538~1609)

관료로서 가장 선망해 하는 대제학과 영의정을 역임하였으나 동서의

---

66) 백광훈,『玉峯集』,『한국문집총간』47, 124면.
67) 백광홍,『기봉집』권2, 전국시가비건립동호회, 1987.

당쟁이 가장 치열했던 宣祖朝에 동인으로 대북의 영수였으며 서인인 朴淳, 鄭澈 등과는 정적이였으니 근세에까지도 그에 대한 평론은 여러 가지다.

목릉성세(穆陵盛世) 때 8문장의 한사람으로 시명이 높았으며 許筠은 성수시화에서 "요즈음 관곽에서는 李山海를 으뜸으로 친다. 그는 어려서부터 당시를 배웠는데 만년에 평해로 귀양가 비로소 극치에 이르렀다"[68]라 하였으니 李山海가 젊었을 때 강원감사로 있는 石川을 찾아가 사사한 것을 지적한 것이 아닌가 한다. 그때 지어준 石川의 시를 보면

  筆似龍蛇尾鬣模 글씨는 용과 뱀의 꼬리와 수염 꿈틀거림 같고
  詩如江海向東傾 시는 강과 바다가 동쪽으로 기울어진 것 같네
  蕭然相對忘言處 쓸쓸히 서로 만나 말을 잊을 즈음에야
  紅杏時兼白髮明 붉은 살구꽃 필 무렵 흰 머리털만 화사하네
                <李山海來訪>[69]

글씨와 시를 극찬하고 격려한 것이다. 이어 <龍虎圖> 한편을 李山海와 같이 읊었는데 종장에 이르기를 "君看劉與項 戰骨今皆朽"이라 하고[70] 싸움이란 허무한 것으로 충고하고 있으니 그때부터 정쟁의 기질이 있지 않았는가 추측해 볼 수도 있다. 그러나 이는 石川의 예감일 뿐 朴淳, 鄭澈이 모두 石川의 문하생임을 감안할 때 李山海까지 문하에 출입을 허락하였다면 시기로 보아 石川 생존 시에는 동서당쟁과 아무런 상관이 없었음을 알 수 있다.

李山海는 石川 시를 보고 경도되어 다음과 같은 시를 『鵝溪集』에 전하고 있다. "林石川이 영동에서 읊은 시 중에 <長風一萬里 片月古今秋>의 구절이 있는데 적선이 아니고서야 어찌 이 같은 감탄할 시를 지

---

68) 허균, 「성수시화」, 『역주시화총림』 하, 까치, 1993, 146면.
69) 임억령, 앞의 책, 205면.
70) 임억령, 위의 책, 205면.

3장 石川 林億齡의 交遊 人士

을 수 있겠는가? 그러므로 한 절을 이루었다"라 제하고

　　石川當日擅騷場　石川이 당세에 문단을 전단했고
　　玉節東遊寶唾香　동백으로 왔으니 주옥같이 향기롭다
　　仙鶴一歸蓬島廻　선학이 금강산을 돌아간 곳에
　　海天如水月蒼茫　해천이 물과 같고 달은 창망하도다
　　<林石川嶺東題咏中有長風一萬里片月古今秋之句自非謫仙風骨何
　　　　　　　　以得此咏歎之餘仍成一絶>71)

이때 石川은 금강산을 일주하고 그 시를 모아 「동해록」이라 이름하여 전하고 있는데 이를 지칭한 것이다. 石川이 영동백으로 있을 때는 李山海 뿐만 아니라 李珥도 찾아와 가르침을 받았으니 石川의 시명이 널리 알려져 있었기 때문에 신동이란 젊은이들이 모여 들었다고 볼 수 있다. 『玉峯集』을 보면 白光勳이 이르기를

　　石老聯牋詠　석노의 장편시를 읊을 적엔
　　淸風五月樓　오월달 다락위에 청풍이 감도네
　　仍看學士筆　거듭 이학사의 필적을 살펴보니
　　一別隔年愁　한번 이별은 격세의 수심 뿐이로다
　　　　　　　　　　　　　　　　<贈祖聞師>72)

"石老"는 石川이며 "學士"는 李山海를 지칭한 것으로 양인의 시서를 보고 찬사하였으니 사제간의 합작이 있었음을 알 수 있다.

14) 鄭彦湜(字: 淸源, 號: 谷口 1538~?)

등과 후 공좌를 거쳐 현감을 지낸바 있다. 鄭彦湜은 石川의 종손서

---

71) 李山海, 「箕城錄」, 『鵝溪遺稾』 권2, 『韓國文集叢刊』 47, 470면.
72) 백광훈, 『玉峯集』, 『한국문집총간』 47, 103면.

로서 형 彦洪과 같이 石川 문하에 출입하였는데 형제가 나란히 다닌 모습을 보고 石川은 쌍정(雙鄭)이라 칭하기도 했다. 石川의 시 일부이다.

粲粲兩奇男	반짝이는 두 기남아
骨與凡俗殊	기골이 범속과 다르다
玉立耿無隣	옥처럼 서 있어 이웃이 없는데
傲俗如庸奴	속인을 무시하여 용노마냥 여긴다
終然不可口	그러나 끝내 남의 입에 말지 않아
瓢落委泥塗	떨어져서 진흙에 뒹굴고 있다
世無東方朔	세상에 동방삭이 없으니
奇實誰能儢	기특한 열매를 누가 능히 따가랴
吾將薦金盤	내가 장차 금 쟁반에 올려서
獻與鹽梅俱	소금 매화와 함께 드리리라
但使本根在	다만 뿌리만 그대로 있다면야
暫棄安足吁	잠시 버려짐을 어찌 탄식하리요

<雙鄭落第還鄕咏庭前碧桃送遠>[73]

문과에 낙제한 두 형제를 위로하며 장차 내가 거두어 주겠다고 언약해 주고 있다. 그 후 石川의 가르침을 받은 쌍정은 호칭과 같이 1567년 식년문과에 나란히 합격함으로써 한반도 땅 끝에 위치한 海南을 빛내고 얼마 남지 않은 스승의 생전에 값진 선물을 안겨준 것이다.

『石川集』에 <與朴城主民獻遊鄭生員家> <二月初吉遊谷口堂> 등 8편 22수가 있는데 내용을 보면 곡구당이 石川 친가의 이웃에 있어 자주 왕래하였으며 鄭彦湜 역시 마포에 있는 石川의 별서로 찾아가 오랫동안 수업하였음을 尹光啓의 <石川集序>에서 알 수 있다. 石川이 별세하자 高敬命의 만장에서

---

[73] 임억령, 『국역석천집』, 전라남도, 1996, 478면.

照世儀刑埋水鑑　깨끗한 덕인도 땅속에 묻혀지고
藏山文字網棘虫　이름난 문장만 상자 속에 남아있네
有誰編剗追先志　어느 누가 이것을 발간하리
嗟爾孤愠在後侗　외로운 상제는 힘이 없도다
<高敬命 만장>74)

이와 같이 상중에서 『石川集』 간행의 논의가 있었음을 알 수 있다. 그 자리에 호상으로 참여했던 전라우수사 蘇瀚이 얼마 후 제주목사로 전임하게 되었는데 그때 鄭彦湜이 제주목관 훈도로 같이 간 것이다.

이로부터 4년 후 1572년에 『石川先生詩集』이라 하여 목판으로 7권 4책을 발행하였으니 당시 인물 가운데 이같이 속간한 예를 찾아볼 수 없다.

이는 조정의 지원과 목사 蘇瀚의 절대적인 배려라 할 수 있으나 석갈한지 일년이 못되어 경직에 있어야할 鄭彦湜이 제주까지 가서 石川의 유집을 간행하였다 함은 제자로서의 그 집념을 높이 평가하지 않을 수 없다.

그때 발간한 목판본 전질이 고려대 도서관 만송문고에 장서되어 오늘날까지 전하고 있으니 그 공적이 더욱 빛나고 있다.

15) 崔慶昌(字: 嘉運, 號: 孤竹 1539~1583)

등과한 후 내외직을 거쳐 종성부사에 이르렀다. 宣祖 때 李珥, 宋翼弼 등과 함께 8문장으로 일컬어졌으며 당시에 뛰어난 白光勳, 李達 등과 같이 삼당시인으로 불리웠다. 石川과는 년차가 있어 수창시는 볼 수 없고 단, 石川의 <柳絮>에 차운한 시 한편이 『孤竹集』에 전하고 있다. 그러나 石川은 崔慶昌의 처 중부가 된다.

石川의 동생 九齡의 사위로 崔慶昌이 영암 구림에 정착하게 된 동기

---

74) 고경명, 『國譯霽峯全書』, 한국정신문화연구원, 1980, 179면.

가 처가 때문이었으니 石川과 상종 역시 빈번하였다고 봐야 한다.
　특히 구림의 쌍취정은 동생 九齡이 형님의 유유를 위하여 건립하고 형제를 대칭하여 쌍취로 불렀던 것이다.
　그렇다면 石川이 구림에 머물러 있을 때는 崔慶昌과의 시화는 물론 격려나 가르침이 있었을 것이나 유시가 없어 상론할 수가 없다. 다만 石川으로 부터 당시를 전수한 梁應鼎, 朴思庵의 제자로 白光勳과 더불어 당시를 추종한 것은 石川의 학풍이라 할 수 있다.

16) 林 悌(宇: 子順, 號: 白湖 1549~1587)
　林鵬의 손자다. 등과 후 예조정랑을 지냈으나 동서분쟁을 개탄하고 승경을 찾아다니며 평생을 시로서 소일하였으니 목릉성세를 후경(後勁)했던 천재 시인이다. 石川과 林悌의 시에서 기건한 풍류, 낭만, 방외적 기질 등 동질적 요소를 많이 지적할 수 있으므로 관련을 주목해 봤으나 石川이 별세할 때 林悌는 겨우 18세로 종유시를 기대할 수는 없다. 다만 <贈月出山僧慧遠>이란 石川의 장편고시에 차운한 시 한편이 『白湖集』에 전할 뿐이다. 그러나 조부 林鵬과 石川과의 친교를 참고해 볼 때 상봉은 있었을 것이니 교시에 이어 사숙하였다고 추정해 볼 수 있다.

Ⅳ. 교우

　교우는 사귄 벗을 일컬은 숙어다. 그러나 본고에서는 거론되지 않은 인사 모두를 고찰해 보고 그 중 石川과의 교유시가 많은 분, 친분이 두터운 분, 그 분야에 득명한 분 등을 골라 거론하고 있으며 그 외는 도표로 나열해 봤다.

1) 崔山斗(字: 景仰, 號: 新齋 1483~1536)

등과 후 경직으로 사인에 올랐으나 기묘사화로 동북에서 적거생활 14년을 보낸 기묘명현으로 尹衢, 柳成春과 같이 호남삼걸이라 칭하고 있다. 崔山斗가 적거할 때 石川은 30대의 젊은 나이로 동북현감에 부임함으로써 교유가 이루어졌는데 극진히 예우하고 위안하였음을 알 수 있다.

詩人例寒餓   시인은 거의가 춥고 배고픈 법
天意遺拘因   하늘이 궁벽한 곳에 가두었다네
一敵元有命   한번 겨뤄 본 것이 운명이었던가
相逢本不謀   서로 만나 보며 할 말이 없다니
雄豪杯裡見   호걸다운 모습이 술자리에 보이니
交契添中投   뜻이 맞은 두 사람 의기가 하나라
十載江湖客   십년동안 강호의 나그네 신세
朝廷記憶不   조정에서 잊은 지 오래되었네

<舍人見和復次>[75]

유배생활을 운명으로 위안하며 풀어주지 않는 조정에 원망의 빛이 역역하고 뜻이 같다함은 선비로서 의리가 투합하고 이밖에도 『石川集』에는 新齋와의 수창시가 5편이 있고 제재와 내용을 살펴보면 新齋의 화답이 있었을 것이나 『新齋集』에서는 볼 수가 없다.

高敬命의 「유서석록」에 이르기를

"崔舍人 新齋가 中宗 기묘사화에 연류되어 이 고을로 정배되었는데 하루는 손님과 동반하에 달천으로부터 물의 원류를 더듬어 이 명승을 찾아내는데 이르렀다. 이에 남방 사람들이 비로소 적벽을 알게 되어 시인 묵객의 노는 자취가 잇달게 되었으니 林石川이 명을 짓고 金河西가 시를 지어 드디어 남국의 명승지가 되었다"[76]

---

75) 임억령, 앞의 책, 82면.

이 같은 기록으로 봐 新齋 石川 河西가 상유함으로써 달천의 무렴적벽이 남도 제일의 승지가 되고, 그때 현감인 石川의 배려로 관 주도의 선유 축제가 지금까지 전해지고 있는 것이다. 따라서 이러한 인연으로 동복의 도원서원에는 石川, 鄭述, 崔山斗, 安邦俊 순으로 사액제문(賜額祭文)이 내려진 바 있다.77)

2) 申光漢(字: 漢之, 號: 企齋 1484~1555)

申叔舟의 손자로 식년문과에 급제하고 양관대제학을 거쳐 좌찬성에 이르렀으나 한때 趙光祖 등과 같이 신진사류로 기묘사화에 연좌되어 사직 당하기도 했다. 문장에 능하여 朴祥 등과 더불어 사가(四家)로 불리어 온 시인이었으며 石川과는 경직에 있을 때부터 조우가 이루어졌고 때때로 종유하였음을 교유시를 통하여 알 수 있다.

"石川이 강원도관찰사로 출발하였다는 소식을 듣고 병중에 일어나지 못하므로 붓을 들어 시 한수를 지어 보낸다"라 제한 시다.

白髮蒼顏臥擁裘	백발 창안이 털옷을 끼고 있으면서
夢魂時落海東頭	꿈속에 혼은 때로 해동으로 떨어지고
朱陳村裏無遺愛	주진 마을에서 사랑했던 것 없어 졌도다
龍鶴山中有舊遊	용학산 가운데 옛 놀던 곳 그대로 있네
送子却將探勝眼	그대를 보내니 문듯 옛 승경이 보이고
吟詩都付爲民憂	시를 읊었던 것은 백성을 근심했던 것이네
海棠洲渚鳴沙路	해당 물갓 새우는 모래 길에서
應見來车地上流	명년에 지상류 다시 보기바라네

<聞關東伯大樹公發行病中爲起强把凍筆書一律送之>78)

---

76) 고경명, <유서석록>,『국역제봉전서』, 한국정신문화연구원, 1980, 16면.
77) 임억령, 앞의 책, 293면.
78) 신광한,『企齋集』,『한국문집총간』22, 340면.

石川의 답시 중 일부다.

>晚來山間邑　늘그막에 산간 읍내 와서
>時入竹林村　때때로 대숲 촌락을 들어가니
>天遠圍平野　하늘은 멀리 평야를 에워 쌓으며
>江鳴裂厚坤　강물은 흐느끼며 두터운 땅을 찢네
>一杯須盡醉　한잔 술을 마심은 취하는데 있나니
>萬事莫重論　온갖 일을 다시는 의논하지 말게나
>願作雙黃鵠　원컨대 한쌍의 누른 따옥이 피어
>瓢瓢物外飜　표현히 속세 밖에 날아 보고 지고
><寄企齋>79)

申光漢은 옛 놀던 강원의 승경을 회상하고 애민하는 목민관이 되어 줄 것을 바라고 있으나 石川 詩에서는 비록 도백으로 있지만 현실 대응에 갈등의 국면이 있음을 엿볼 수 있다. 이 밖에도 『企齋集』에는 <簡謝江原伯 林大樹惠雉轎> <又謝專古之文魚> 등이 있고 『石川集』에는 <企齋挽章>이 있으니 10여 년의 년차가 있으나 친숙했던 사이임을 알 수 있다.

3) 鄭士龍(字: 雲卿, 號: 湖陰 1491~1570)

문과중시에 장원하고 대제학을 거쳐 판중추부사에 이르렀으며 시문에 있어서도 盧守愼, 黃廷彧과 같이 관각삼걸로 불리어 오고 있다. 許筠의 「성수시화」에서 <시에 대한 鄭士龍의 자부심>이라 제하고 "鄭湖陰은 남을 칭찬하지도 않았고 남에게 굴복하지도 않았다. 다만 訥齋의 시만은 즐겨 읽었는데 한 시구(詩句)를 써 붙이고 '나로서도 이 시는 따라갈 수가 없구나'라 하였다"80) 湖陰이 訥齋 시를 선호한데는 일리가 있다. 訥

---

79) 임억령, 앞의 책, 212면.
80) 허균, <성수시화>, 『시화총림』, 까치, 1993, 130면.

齋가 평소 7언 율시를 즐겨 읊었는가 하면 湖陰 역시 동격의 시를 좋아하고 뛰어났기 때문이다.

石川은 訥齋의 수제자로 鄭士龍과 시교가 이루어졌다. 石川에게 사사한 高敬命은 꿈속에서 "양 先生(石川과 호은)이 대좌하여 경각 사이에 시 백여 편을 이루는 것을 보았다"[81]라 서술하였다. 별세한 두 분이 꿈속에 나타났다함은 高敬命의 평상시 추상이 표출한 것으로 두 분의 친교는 물론 당시 시계에서 쌍벽을 이루었기 때문으로 봐야한다.

문학사에서 石川과 鄭士龍의 공통점을 들추어 본다면 조선조 시풍이 송시(소식 황정견)로부터 당시(李白, 杜甫)로 전환되는 과정에서 당시가 정착하는데 결정적인 역할을 한 점이다. 그것은 石川과 鄭士龍이 다 같이 기를 추구했던 시인으로 당초 石川은 당시를, 鄭士龍은 송시를 선호하였으나 石川의 재 출사로 인하여 시사를 맺고 20여 년간 수창하면서 鄭士龍의 시풍에 변이가 온 것이다. 李睟光의 「지봉유설」에서 "鄭湖陰 爲詩主蘇黃 晚年甚悔之每讀樊川義山"이라 하여[82] 鄭士龍은 그 무렵 蘇, 黃을 위주로 하는 자신의 시 작법에 회의를 느끼고 晚唐의 李, 杜로 불러지던 번천과 의산을 배우기 시작했다고 하였으니 石川의 당풍적 성향이 鄭士龍에게 영향을 미친것이라 볼 수 있다. 때문에 石川 문하에서 白光勳, 崔慶昌, 鄭士龍 문하에서 李達을 배출하고 목릉성세에 이르러 삼당의 시가 꽃피게끔 했던 것이다. 그러므로 이들을 모두 삼당시인(三唐詩人)이라 칭하고 있다.

여기에 삼당시인에 대한 해명 없이는 오해의 소지가 있어 사족을 붙이지 않을 수가 없다. 삼당이란? 중국사에 초당, 성당, 만당을 가리키는 고유명사로 쓰여 왔다. 때문에 삼당시인은 당나라 시를 추종하고 이에 능숙한 시인이라면 중국에서부터 숫자에 상관없이 붙어 온 칭호이다. 그런데 요즈음 삼당시인이라면 白光勳, 崔慶昌, 李達 등 세분만을 지칭한

---

81) 고경명, 앞의 책, 496면.
82) 이수광, <시예>, 「문장부」 7, 『지봉유설』, 권14.

것으로 사전에까지 하나의 숙어로 등재되어 있어서 삼당시인이란 어의가 불분명하게 되었다. 물론 일찍이 申緯의 7언절구에서 "才檀三唐崔白李"라 하고 그 주(註)에서 "崔孤竹, 白玉峯, 李蓀谷 世所謂三唐者"라 하여 근거를 제시하고 있지만 이는 당시 崔, 白, 李가 삼당의 시에 최상이었다는 표현으로 삼자(三字)가 세 사람을 의미한 것은 아니다. 따라서 삼당이란 용어의 해설에 오류를 범하여서는 안 된다. 왜냐하면 한 예로 石川 역시 李白과 杜甫의 시를 추종하고 후학들에게 전수하였으며 그 중 梁應鼎은 石川을 가리켜 7언율시에서 <詩陳橫驅盛晚唐>이라 하였고 근래에 있어서도 朴晟義, 李家源, 張德順, 梁柱東,[83] 林基中[84] 등의 저서에서 石川을 삼당시인이라 표기하고 있기 때문이다.

하여간 양인(鄭士龍과 石川)은 당시(唐詩) 뿐만 아니라 사계의 정상에 우뚝 선 시인답게 많은 유작을 전하고 있다. 서로 왕래하면서 읊은 수창시를 비롯하여 증시, 차운시 등을 보면 『石川集』에 10편 44수 『湖陰集』에 8편 36수로 시흥이 넘쳤음을 알 수 있다. 1555년 신년을 맞아 상공으로 있는 鄭士龍이 石川에게 보내온 연하시 한 편과 야인으로 있는 石川의 화답시로 정담이 서려있어 여기 붙여본다.

   曉鍾纔定便春生 새벽종이 잠깐 그치니 봄이 돌아오고
   晴日淒風拂帽輕 밝은 날 찬바람이 모자를 흔든다
   雙闕耽耽增氣象 대궐의 기상을 살펴보니 더 하고
   通衢隱隱散公卿 통한 거리는 은은해서 공경이 흩어진다
   撫身又喜逢新歲 몸을 어루만지니 새해를 맞는 것이 즐겁고
   閔老多慚篤舊情 늙으니 옛 정을 회상한 것 부끄럽다
   爲問會稽能入手 회계산에 손이 들어가면
   惠蘭騷思動江城 시상이 강성을 움직이는가 물어본다.
            (湖陰)<元日書事寄石川>[85]

---

83) 양주동, 『가사문학』, 서음출판사, 1985, 50면.
84) 임기중, 『조선조의 가사』, 성문각, 1979, 68면.

禁池氷泮縠紋生　　대궐 지당의 얼음 풀린 물결엔 비단무늬 이는데
春殿晴熏鳳翼輕　　봄 궁전 맑고 훈훈함에 봉황 날개 가볍더라
鳴玉曉班皆力牧　　울피는 옥장식 새벽 반열은 역목과 같은 신하들
　　　　　　　　　인데
抱痾窮巷獨虞卿　　궁곤한 여항에서 병 앓고 있는 사람은 오직 우
　　　　　　　　　경이로다
看雲忽起爲農計　　구름을 보매 홀연히 농사지을 계책 일어나고
向闕遙含祝聖情　　궁궐을 향함에 멀리 임금님께 축수하는 정을 머
　　　　　　　　　금겠네
珍重相公佳句贈　　보배스럽고 귀중한 상공께서 아름다운 시를 내
　　　　　　　　　리시니
明珠殊價越連城　　빛나는 구슬 특별한 가치는 화씨벽보다 값지옵
　　　　　　　　　니다.

(石川)<奉酬湖陰相公元日有懷之作>86)

4) 申 潛(字: 元亮, 號: 靈川 1491~1554)

申叔舟의 증손으로 현량과에 급제한 후 검열이 되었으나 기묘사화로 파직되고 이어 신사무옥으로 장흥에 유배되어 17년을 적거했다. 1543년에 재 등용되어 여러 고을의 수령을 거쳐 상주목사에 이르렀다. 시서화에 능하여 삼절이라 칭송하였고 특히 申潛의 <墨竹>은 사대부들의 시제로서 통용될 만큼 유명했다. 장흥에 적거 당시 湖南 인사들과의 교유가 많이 이루어졌음으로 이들의 유집에서 申潛과의 교유시 한 두 편을 흔히 볼 수 있다. 유독『石川集』에는 11편 21수의 시가 편재되어있으며 신잠의 시는『영천집』대신『高靈世稿續編』에 石川과의 교유시가 13편 22수가 있다. 한수씩을 보면

---
85) 정사룡,『湖隱詩稿』,『한국문집총간』25, 172면.
86) 임억령, 앞의 책, 206면.

3장 石川 林億齡의 交遊 人士

石川有佳士	石川과 같은 아름다운 선비 있으니
抄世喜同襟	세상에 빼어나 같이 친구 됐네
牵極海雲暗	먼대 바라보니 바다기운이 암담하고
地偏河鯉沉	한쪽 땅 바다에 잉어도 잠겨 있네
清詩逼寒月	맑은 시는 찬 하늘에 달을 핍박하고
高義薄層岑	높은 의리는 높은 봉우리를 꺾은 듯
偃蹇悠悠裡	불우한 오랜 세월에
相思孰可禁	서로 사모함을 누가 금하리오
	<復用秋思韻再奉石川>87)

바다건너 海南에 사는 石川을 시우로서 칭송하고 불우한 세월만을 보내고 있는 자신을 위안해 주는 石川을 사모하고 있다.

江邊尋一老	강변에서 한 노인을 찾으니
白髮對青春	백발이 청춘을 대하도다
賦服可憐子	부복하는 가련한 그대여
行吟憔悴人	거닐면서 읊조리는 초췌한 사람
江山應助筆	강산이 아마도 붓을 도우리니
天地豈私貧	천지가 어찌 사사로이 빈궁케 하랴
但願長相憶	다만 오래 서로 생각하길 원 하노라
臨岐難具陳	갈림길에서 모두 말하기 어려웁다
	<留別靈川>88)

石川이 귀양살이로 초췌해진 申潛에게 필흥을 권하며 잊지 말라 다짐하고 돌아서는 안타까움을 엿 볼 수 있다.

---

87) 신잠, 『高靈世稿續編』 卷3, 110면.
88) 임억령, 앞의 책, 76면.

5) 成守琛(宇: 仲玉, 號: 聽松 1493~1564)

牛溪 渾의 아버지다. 趙光祖의 수제자로서 기묘사화 때 스승과 동문들이 화를 당하자 두문불출하였다. 여러 관직에 제수하였으나 모두 사양하고 평생을 태극도를 탐구하는 유학자로서 수기치인을 근본으로 삼았다. 石川과는 같은 연배로 젊어서부터 유달리 친교가 있었음을 石川의 유집에서 접할 수 있다.

如何彼君子	어찌하여 그대와 같은 군자가
一生長抱疾	한 평생을 기리 병을 끼고 사는고
昨日見君書	어제 그대의 편지를 보니
書云恒臥室	그대 이르되 항상 방에 누워 있다고
念我食無魚	내 음식에 고기 없을까를 염려하여
饋我山鷄一	나에게 산 닭 한 마리를 보내왔네
子窮反助我	그대는 곤궁하면서 도리어 나를 도우니
仰感朋情密	우러러 우정 밀접함을 감사하외다

<寄聽松>[89]

石川의 노작으로 담백한 우정을 느낄 수 있고 서로가 선물을 겸한 서신 왕래가 빈번하였음을 알 수 있다.『聽松集』에 의하면 成守琛의 파산(坡山)이란 4언 시에 石川을 비롯하여 신잠, 상진, 이황, 김인후, 성운 등 시호들 23명이 친필로 차운한 바 있는데 그 서첩을 본 장유의 발문이 전하고 있다. 근래에 이르러 서첩의 산질여하는 확인할 수 없으나 서첩 가운데 石川의 초서 유묵을 필자가 입수 소장하고 있으므로 이에 붙여본다.

髮本無垢	머리칼에 본래 때가 없으니
何勞乎沐	어찌 머리 감기를 수고로이 하리요

---

89) 임억령, 앞의 책, 206면.

巾本無纓　건에는 본래 끈이 없으니
何事於濯　어찌 씻을 일이 있으리요
有終身樂　종신토록 즐거움은 있어도
無一朝憂　하루아침에 근심거리는 없다
若比古人　만약 고인에 비한다면
其道遙遊　장주처럼 노닐겠노라
<次聽松韻>90)

환로를 떠나 즐거움만을 새기는 장주의 소요유를 흠모하고 있으며 깨끗한 선비정신의 진면목을 볼 수 있다. 石川은 1554년 서울에서 成守琛의 선친이신 대사헌 成世純의 갈명을 지었다. 이는 守琛의 청에 의한 것으로 石川의 문장을 높이 평가했을 뿐만 아니라 남다른 친교가 있었음을 알 수 있다. 『石川集』에는 석갈직후 양림산 사직동에 있으면서 지은 장문의 청송당기를 위시하여 17편 52수의 시에, 서(書편) 한편이 있으나 『聽松集』에는 답시 한편도 볼 수 없다. 이는 石川에게만이 아니라 『聽松集』 전체가 자작시 4편뿐으로 차운 시가 없다. 다만 부록에 제현들의 시 약간편이 수록되어 있는데 역시 石川 시가 대부분이다. 부집으로 <節孝先生遺稿>가 있는데 守琛의 동생 守琮의 시가 있어 한 수를 옮겨본다.

松葉西風一壑秋　솔잎이 서풍에 날려 가을 골짝에 드니
獨窓看月思悠悠　홀로 창에 기대여 달을 보고 생각이 깊고 깊네
佩蘭題句江南客　난초를 차고 글 쓰는 강남객이 찾아와
來訪欣然話白頭　즐겁게 백두들이 이야기하네
<聽松堂和贈林大樹二首>91)

守琛, 守琮 형제와 같이 어울려 가족적인 분위기로 친숙하였다고 본

---
90) 임억령, 앞의 책, 160면.
91) 성수종, 『節孝先生遺稿』, 『坡山世稿』, 아세아문화사, 1980, 28면.

다면 청송의 아들 成渾 역시 石川의 학시를 사숙한 것으로 여겨진다.

6) 宋 純(字: 守初, 號: 企村, 俛仰 1493~1583)

관직생활 50년에 의정부 좌찬성에 이르렀고 90세까지 장수하여 회방연을 베푼 것이 널리 알려져 있다. 가사로 <俛仰亭歌>를 비롯하여 <三言歌> 등 단가 10여 편을 유전함으로써 강호가도에 선구자의 예우를 받고 있다.

朴祥의 연보에 의하면 1509년에 石川이 수학하고 4년후 宋純과 鄭萬鍾이 사사하였다고 한다.92) 그럼 宋純과 石川은 다같이 朴祥 문하생으로 그때부터 상종하였을 것이며 경직을 거쳐 퇴귀한 후까지도 지척에서 면앙정과 식영정을 운영하며 교유한 평생지기라 할 수 있다. 이와 같이 湖南의 시맥이 朴祥으로부터 선하되고 이를 전수한 石川은 한시로, 宋純은 가사로 일가를 이루었으며 득명한 호남파 시인 모두가 양인의 문하에서 배출됐다. 때문에 石川의 교유시 가운데 宋純에게 증시한 시가 25편 83수로 가장 많은 수(首)를 차지하고 있다. 그런데 『俛仰集』에는 <식영정 20영>과 <식영정운> 한편으로 단 2편 22수 뿐, 대작이 많지 않으니 시상변이를 추적하는데 아쉬움이 있다. 石川의 면앙정 차운이다.

人間得失孰司幽	인간의 득실은 어느 것이 그윽한 것인가
壯髮蕭蕭雪滿頭	앞 머리카락 쓸쓸하고 머리에는 백발가루
影入盂中江月細	그림자 잔에 어리고 강에 뜬 달 희미한데
涼生枕上竹陰稠	대나무 숲 짙어지니 베개 맡이 시원하네
呼兒引手披秦爁	아이 불러 진의 남은 책 펼쳐 보자하고
召容垂簾對變秋	조용히 발을 드리우고 아름다운 가을 대하고 있네
安得身爲天外鶴	어이 이 몸이 세상 밖의 학이 되기를 바라리오

---

92) 박상, 앞의 책, 989면.

墮君亭下說窮愁　그대의 정자 아래서 저믄 가을이나 즐기리라
<次俛仰亭韻>93)

다음은 宋純의 <식영정 20영> 화운 가운데 한수다

歸潔團沙暖　깨끗한 잔디밭은 따뜻하고
芳菲細雨春　가랑비 내리는 속 꽃다운 봄빛
閑行鷗不亂　한가로이 거닐으니 갈매기도 안 놀래니
何羨十洲人　어찌 10주의 선인을 부러워 하랴
<芳草洲>94)

이상 두 편은 양인의 만년작으로 속세를 떠난 물아일체의 심정이라 할 수 있다. 宋純의 가장을 보면 明宗 15년 12월에 "조정에서 중국에 사신이 온다는 정보를 듣고 대신들이 아뢰기를 宋純이 겨를만한 시재가 있으니 李退溪 및 林石川 등과 더불어 역마를 보내어 소환하라고 했다"는 것이다. 이 같은 기록으로 본다면 당세를 풍미했던 시재들로 조정에서부터 인정받고 있었음을 알 수 있다.

7) 尹衢(字: 亨仲, 號: 橘享 1495~1547)

21세 약관의 나이로 식년문과에 급제한 후 주서를 거쳐 홍문관에 있을 때 기묘사화로 인하여 삭직하고 유배되어 기묘파 또는 호남삼걸이라 부르고 있다. 전술한 石川의 문도 弘中, 毅中 형제의 아버지이며 尹善道의 증조로 문장에 능하였다. 石川과는 동향일 뿐만 아니라 내외재종형제(石川의 조 모와 尹衢의 조부가 남매)로 어려서부터 같이 자랐으며 시회도 같이 하였음을 다음의 「棠岳文獻」尹衢편에서 참고할 수 있다.

공(尹衢)은 유배되었을 때의 나이 겨우 26세였다. 고향에 돌아온 이후

---

93) 임억령, 앞의 책, 187면.
94) 송순, 『俛仰集』卷2, 『한국문집총간』26, 230면.

로 영진할 뜻을 버리고 산수에 방유하며 음영자적 하였다. 崔山斗, 柳成春 등 여러 선비 그리고 石川 林億齡, 靈川 申潛論, 訥齋 朴祥 등의 先生들과 날로 상유하였다. 또한 여러 선비들과 시사의 모임을 갖고 가진에 즈음하여 편지로 부르고 말(馬)을 함께하여 모이되 미처 이르지 못한 자에게는 대백(막걸리)의 벌주를 내리고 혹은 시를 지어 수창하였는데 이렇게 함이 수십년이 되었다.95)

石川은 경직에 있으면서 시를 보냈다.

  暫別蓬萊日 봉래에서 어느 날 잠시 이별하고
  重遊海嶺春 해령의 봄에 다시 놀았다
  野花工笑客 들꽃은 공교하게 나그네를 웃기고
  山鳥解酬人 산새는 사람과 응답할 줄을 안다
  晝永唯耽睡 낮이 기니 오직 잠만 즐기고
  心閑不道貧 마음이 한가하니 가난함을 말하지 않는다
  感時思會面 때를 느껴 만나보고 싶은 생각나는데
  何日寸心陳 어느 날 이 마음을 털어나 볼고
            <感春寄橘亭>96)

마음을 털고 대화하고 싶다는 것은 시국에 대한 가치관을 함께 하는 동조자임을 나타낸 것이다. 이밖에『石川集』에는 시 한편과 만사 한편이 있다. 尹衢의 동생 尹行(字: 景瑗, 號: 拙齋 1508~1592)에게도 시 세편이 있어 그 가운데 한편을 붙여본다

  千里已云遠 천리가 이미 먼데
  如何君更西 어찌하여 그대는 다시 서쪽으로 가는가

---

95) 尹泳杓, <棠岳文獻>,『海南尹氏文獻』.
96) 임억령, 앞의 책, 76면.

官應天下冷　벼슬은 천하에서 냉냉한 곳이요
學是草間低　학궁도 풀 사이에 나직한 곳이다
土俗唯田獵　토속은 오직 사냥만을 하고
邊風且鼓鼙　변풍이 센 곳에 고비마저도 가끔 있다
莫作長爲客　오래 그곳에 객이 되지를 말고
春風促馬蹄　봄바람이 불거든 말을 재촉해 돌아오다
　　　　　　　　　　　　　　　<從悌>97)

尹行이 등과 후 싸움이 빈번한 영변에 부임하게 되었는데 그때 石川은 홍문관 동료들과 같이 창의문까지 전송하며 신변을 지극히 염려하는 송별시이다. 허심탄회한 척분의 연이 깃들어 있기에 훗날 尹行의 손자 尹光啓는 『石川集』서를 썼다.

8) 林 鵬(字: 仲擧, 號: 歸來 1498~?)

林悌의 조부다. 승지를 거쳐 광주목사를 지낸 바 있다. 石川은 朴祥의 문하를 출입하면서부터 남도의 중심 문화권역이라 할 수 있는 光, 羅州 지역 인사들과 인연을 맺게 된다. 林鵬 역시 나주출신으로 羅世纘, 吳謙, 林亨洙 등과 같이 일찍부터 石川과의 조우가 있었다.

石川이 젊었을 때 경직에 있으면서 연도로 향하는 林鵬에게 지어준 송별시 <送林仲擧赴燕>이 있는가 하면 퇴관 무렵에 <送仲擧 出牧光州> 라 하여 13운의 장시를 읊었음을 볼 때 환로 기간 내내 교유가 꾸준하였음을 알 수 있다. 이 가운데 말구 한수를 보면

非無湖海瓢然志　자연에서의 표현한 뜻 없지 아니하고
幸際唐虞未忍忘　다행히 당우를 만나 차마 잊을 수 없네
會向天階乞骸骨　임금을 향해 벼슬에서 물러나기를 청하여

---

97) 임억령, 앞의 책, 79면.

菟裘歸老矣吾將　　고향에 돌아가 은거로써 나의 장래를 펼치리
<송중거 出牧光州>98)

고향 근처 광주로 금의환향하는 林鵬을 반기면서 퇴직 후의 종유를 예언하고 있는 것이다. 그 후 林鵬은 나주에 귀래정을 짓고 石川은 담양에 식영정을 지어 만년을 유유자적하였다.

9) 羅世纘(字: 丕承, 號: 松齋 1498~1551)

경직에 있을 때 金安老와 불화로 고성에 위리안치 되었다가 金安老가 사사되자 봉교로 복직된 후 대사성 대사간을 거쳐 대사헌에 이르렀다. 중시와 발령 시에서 거듭 장원할 만큼 문명에 뛰어났다. 石川은 언젠가 羅世纘의 본가가 있는 나주의 거평동에 들러 <丕承八景>을 읊은 적이 있으며 또한 羅世纘이 별세하자 만사 3수를 지어 애도하였는데 첫 수에

憶昔蓬萊殿　　옛날 봉래전에서
同時閱古文　　함께 옛 글을 보았었지
他年談笑後　　지난 해 웃으며 이야기 한 뒤에
今日生生分　　오늘 이승과 저승으로 나뉘어졌네
未遂留徐劒　　미처 서검을 머무르게 하지도 못하고
徒悲望白雲　　슬프게 흰 구름만 바라보네
秋山落葉滿　　가을 산에는 낙엽이 가득한데
何處覓孤墳　　어디에 가서 외로운 무덤을 찾으리
<丕承挽詞>99)

옛날 봉래전에서부터 지난해까지 이야기하였다 함은 종유가 재경에서부터 평생지기였음을 알 수 있다. 또한 말구에서는 "識面知何算 知心獨

---

98) 임억령, 앞의 책, 187면.
99) 임억령, 앞의 책, 154면.

此翁"이라 하여 아는 친지들이 많으나 마음을 아는 사람은 나 하나뿐이라고 지교를 자인하고 있는 것이다. 1542년에는 石川이 외국사신의 선위사로 선정된바 있는데 그때 羅世纘이 올린 계주에서 "이 사람은 문장에 능하고 전대하는 데에 그 임무를 감당할 만합니다. 객사처에서 말한 바의 일은 이제 장차 의론하여 정할 것입니다"라 하여 石川의 입장을 대변한 바 있다. 이 같은 사실로 미루어 볼 때 양인은 영역지간의 우정이 돈독하였다고 판단된다. 『松齋集』에는 전술한 石川 시 외에 洪暹의 <玉堂失鶴韻>에 林憶齡, 李滉, 金麟厚 등과 같이 차운한 시들을 등재하고 모두가 옥당 출신으로 동운에 수창하였음을 전해주고 있다.

10) 李 滉(字: 景浩, 號: 退溪 淸凉山人 1501~1570)

양관 대제학을 지내고 주자학을 집대성한 대학자다. 특히 奇大升과 8년간의 四七논쟁으로 성리학을 중흥시키고 영남학파의 영수로서 이제 세계적인 사상가로 널리 알려져 있다.

石川과는 같은 시대를 거치면서 관의 동료이며 시우였다. 실록에 의하면 中宗 39년 8월에 石川이 홍문관응교에서 동부승지로 진급될 때 그 후임으로 홍문관응교를 배수한바 있으며 을사사화가 일어나자 같이 퇴휴하고 문정왕후의 수렴청정이 끝나자 같이 재출사하는 등 혼탁한 정치상황에서도 사림으로서의 출처를 같이한 동지였음을 알 수 있다.

교유시를 살펴보면 『石川集』에 5편 10수가 있는가 하면 『退溪集』에는 무려 11편 24수의 더 많은 시가 등재되어 있다. 내용과 자주를 참고해 보면 서로 관직에서 물러날 때에는 거소까지 찾아가 위안의 시를 게을리 하지 않을만큼 남다른 우정이 있었음을 확인할 수 있다.

먼저 1553년 3월에 李滉이 石川을 찾아와 수창한 시 6수 가운데 한절씩을 보면

筆鋒笑我磨猶鈍   필봉은 나를 비웃어 갈수록 둔해지고

詩壘看君築更峩   시루는 그대를 봄에 쌓을수록 더 높아지네
                                    (石川원운)<(贈退溪>100)

逝水青年空恨作   유수같은 나의 젊음 부끄러움만 남겼는데
高山前烈尙巍峩   전날 그대의 업적 태산처럼 높았네
                                    (退溪차운)<次韻答林大樹>101)

　石川은 나의 시제가 점점 둔해지는데 그대를 만나 시흥이 돋아난다 하고 退溪는 나의 젊음은 허송세월만 보냈는데 그대는 높은 업적을 남겼다고, 서로가 시우답게 격찬하고 있다. 따라서 동년 10월에는 石川이 강원도 관찰사를 배수하고 부임하는 길에 李滉의 거소 청양산을 찾아가 유숙하며 <次淸涼韻>으로 수창하였음도 볼 수 있다.
　이밖에 李滉이 石川, 思庵, 雲伯과 같이 탕춘대를 올라가 놀면서 지은 시 등을 비롯하여 시회를 같이 한 적이 한 두 번이 아니다. 이와 같이 李滉과 石川은 사대부의 반열에 있었고 당대를 풍미했던 시호로서 친교 하였다. 그러나 시상에 있어서는 견해를 달리하고 있었으니 간과할 수 없어 분석해 보고자 한다.
　『退溪集』에 <喜林大樹見訪論詩>란 제하에 8수 64구절의 장편 시를 전하고 있는데 말미의 자주(自註)에서 "황진사 댁에서 여덟 수의 절구를 지었던 것은 본래 林公이 나에게 함께 짓자고 권했기 때문이다." 라 하였다. 황진사 하면 黃耆老로 선산에 있는 매학정 주인이며, 石川과 함께 지었다 하였으나 『石川集』에는 수창시를 볼 수가 없어 아쉽다. 우리의 관심을 끄는 구절은 다음과 같다.

　　　　　　　…(전략)…
　　19) 學詩追甫白   시를 배워 두보와 이백을 따르고

---

100) 임억령, 앞의 책, 208면.
101) 이황, 『退溪集』 卷2, 『한국문집총간』 29, 83면.

20) 學道慕莊列 도를 배워 장자와 열자를 사모한다네

…(중략)…

33) 吾詩尙豪宕 나의 시는 호탕함만 숭상하지
34) 何用巧奇剛 어찌 교묘하게 다듬으리요?
35) 吾行蹈大方 나의 행동은 큰 도리만 행하지
36) 不必拘小節 반드시 작은 절개엔 구애받지 않는다네
37) 詞氣甚激昂 말의 기세가 너무나 격앙되어
38) 河漢瀉頰舌 은하수가 입속에서 쏟아져 나오는 것 같았네
39) 我初驚且嘆 나는 처음엔 놀라고 탄식하다가
40) 中頗疑以詰 중간에 자못 의심스러워 이렇게 힐난하였네
41) 自非聖於詩 스스로 시에 통달한 사람이 아니라면
42) 法度安可輟 시의 법도를 어찌 버릴 수 있겠는가?
43) 寧聞大賢人 어찌 들을 수 있으랴. 크게 재덕을 갖춘 현명한 사람은
44) 不用規矩密 법도를 쓰지 않고도 정밀한 시 짓는다는 말은
45) 曷不少低頭 어찌 조금 고개를 숙이지 않는가?
46) 加工鍊與律 힘들여 다듬고 법도에 맞추어 보려고
47) 比如撞洪鍾 비유하자면, 큰 종을 치는데
48) 寸筵豈能發 한 치의 가는 대로 어찌 칠 수 있는가?
49) 長者若不聞 그 우뚝한 분은 듣지도 않는 것처럼
50) 意象更超越 생각과 모습이 더욱 세속을 뛰어넘네.

…(후략)…

<喜林大樹見訪論詩>[102]

퇴계는 19, 20 구절에서 石川에게 시는 이백과 두보를 따르고 도는 장자와 열자를 사모한다 하고 33~36 구절은 石川의 시상으로 41~44 구절은 자신의 시상으로 논변하였음을 볼 수 있다. 이를 요약하면 石川은

---

[102] 李滉, <喜林大樹見訪論詩>, 「別集」 권1, 『退溪集』, 『韓國文集叢刊』 31, 41면.

자유로움과 성정을 중시하는 주정설을, 退溪는 근본과 법도를 중시하는 주리설을 주장함으로서 도학과 문학의 사상으로 번져 지방학을 이룩한 것이다.

　조선조 시대의 학풍을 지역적인 특성으로 구분한다면 영남은 도학, 호남은 문학이라 한다. 서로 다른 환경 속에 적응한 정서의 차이라 하겠지만 특히 16세기에 이르러 그 분야에 걸출한 인물이 그 지방에서 많이 배출되고, 그에 상응한 사상이 성세를 이루면서 지방학의 우열이 형성된 것이다. 그러한 가운데 호남의 사종(詞宗) 석천 임억령(林億齡)과 영남학파의 수장 퇴계 이황(李滉)이 상이(相異)한 시상(詩想)으로 논변(論辯)하였다 함은 후학들의 호기심을 일으킬만하다.

　특히 석천은 문학을, 퇴계는 도학을 추종하고 있었으니 그때 상황으로 보아도 시론(詩論)이 있었음은 당연한 귀결이라고도 할 수 있다. 그로 인하여 석천의 학맥은 호남파 시인으로 일가를 이루어 조선조의 시학이 가장 꽃 피었던 목릉성세(穆陵盛世)를 주름 잡았고, 퇴계의 학맥은 성리학으로 이어져 영남학파를 이룩하고 신유학을 중흥했던 것이다. 그 여파로 호남은 정자문화가 영남은 서원문화가 발달하여 지금까지 그 유산이 전해지고 있다. 때문에 퇴계의 도산서원이 있는 안동의 청양산은 유교문화권을, 석천의 식영정이 있는 광주의 무등산은 시가문화권을 형성하고 있는 것이다.

　이 같은 역사적인 배경이 기반이 되어 현재 국가차원으로 양대 문화권을 보존 발전시키고 있지 않는가 여겨진다. 그러므로 퇴계와 석천의 논시는 단순한 논변이라기보다는 양대 지방학의 원류(原流)라 할 것이며, 그 사상에 있어서도 주시해야 하지 않을까 한다. 왜냐하면 성리학에서 퇴계와 고봉의 이기(理氣) 논변이 있었는가 하면, 시학에서는 퇴계와 석천의 이정(理情) 논변이 있었기 때문이다.

11) 崔 演(字: 演之, 號: 艮齋 1503~?)
　이조참판을 거쳐 판서에 이르렀다. 石川과는 동방(同榜)으로 승정원에

3장 石川 林億齡의 交遊 人士　139

서 사필을 같이한바 있으며 동방자 가운데 가장 친근했던 사이다. 양인은 시흥에 있어서도 동질적 요소를 발견할 수 있다.

　權應仁은 「松溪漫錄」에서 "재상 崔演은 문장이 넉넉하고 글짓는 솜씨가 물 흐르는 것과 같다"라 하고 石川 역시 尹光啓의 문집서에서 "시격이 분방웅양하여 장강대하처럼 주야로 도도히 흘러도 다 하지 않는 분은 오직 石川先生 한 분 뿐이다"라 하였으니 시작에 있어 물 흐르는 듯하였다 함은 붓을 들면 머뭇거리지 않고 즉흥적으로 대작을 이루는데 능숙하였다는 것이다. 그러므로 양인의 교유시를 살펴볼 때『石川集』에 8편 28수가 있고『艮齋集』에 4편 41수가 있는데 대부분이 20~30운으로 장편인 것이다. 한수씩을 보면

　　　遮日岩前水石奇　　차일암의 앞에 수석이 기특하여
　　　常懷春服詠而歸　　항시 춘복을 입고 읊조리매 놀기를 생각한다
　　　衰年忽被微官縛　　노쇠한 나이에 갑자기 작은 벼슬에 묶여
　　　殘夢空尋細草菲　　가물거린 꿈이 공연히 향긋한 잔디를 찾아간다
　　　身後文章將底用　　죽은 뒤의 문장이 무슨 소용인가
　　　生前杯酒且須揮　　생전의 술잔이나 우선 들고보자
　　　思君咫尺如千里　　그대를 생각하니 지척이 천리라
　　　風雨昏昏滿四坼　　풍우가 어둑하여 사방들에 가득하다.
　　　　　(石川 원운)<次半山韻贈演之約與賞春彰義門外>103)

　　　古園春色十分奇　　고원에 춘색이 십분 기특한데
　　　三逕將蕪容未歸　　샛길이 장차 향무해져 객은 돌아오지 못하고 있다
　　　萬事傷心催老醜　　만사에 마음 상하는 것은 노취한 것 재촉이요
　　　一年多病惜芳菲　　일 년 동안 병 많으니 꽃다운 것 애석해 하네
　　　吟樽何處銀蛆滿　　술독 읊은 어느 곳에 은조 가득 했는가

---
103) 임억령, 앞의 책, 86면.

談座無人玉塵揮	좌담할 사람 없으니 옥진이 쌓여있네
襟枹擬從文舅展	도포는 교구전 쫓는 것을 헤아리니
約君聯鞅訪郊坼	그대와 같이 말타고 꽃다운 들을 찾을 것을 약속 하네

(艮齋 차운)104)

半山 운을 써서 石川이 崔演에게 창의문 밖의 봄 구경을 권하고 崔演이 이를 수락한 시로 항상 야유를 즐겼으며 세자시강원의 춘방계(春坊契)를 같이 할 만큼 다정한 동료인 듯하다.

12) 金允悌(字: 恭老, 號: 沙村 1501~1572)

충장공 김덕령의 종조부로 교리, 나주목사를 지낸 무등산 풍계의 주축 인물이었다. 충효마을에 환벽당을 창건하고 鄭澈이 이곳에 머물도록 주선해 준 분으로 鄭澈의 처 조부가 된다. 石川과는 朴祥 문하의 동문으로 石川이 星山과 인연을 맺게 된 동기가 金允悌의 친분이라 할 수 있다.

石川의 星山과는 강 하나를 사이에 둔 지척지지로 수시 상종했던 사이다. 石川의 제자이자 사위였던 金成遠의 당숙이며 高敬命의 진외숙이고 소쇄원 梁山甫와는 처남남매지간이다. 당시 星山을 무대로 金允悌의 시를 차운한 石川의 시 두수 가운데 한수다.

星山松石洞	星山에 자리한 송석동은
衰老托殘生	늙은이가 여생을 의탁한 곳이라네
賴有知心子	마음을 알아주는 사람에게 힘 입음은
眞同喚友鶯	정말로 벗을 찾는 꾀꼬리와 같도다
天晴明鶴背	하늘이 개이니 학의 등처럼 환하고
雨歇亂溪聲	비가 그치니 시내소리가 요란하다

---

104) 최연『艮齋集』卷7,『한국문집총간』32, 123면.

> 日暮衣常潤　해는 저물어 옷은 촉촉히 젖었는데
> 悽迷霧入楹　싸늘한 안개까지 기둥안으로 들어오누나
> <次恭老韻>105)

　　石川의 星山생활에 마음의 벗으로 꾀꼬리에 비유하고 있다. 『石川集』에는 <환벽당> 시 2편을 위시하여 7편 20여 수가 있으나 金允悌의 유집은 볼 수가 없다. 또한 『石川集』에는 金允悌의 伯兄 金允孝(김덕령의 조부)에게 제한 시가 한편 전하고 있다.

> 白須紅頰眼如珠　하얀수염 빨간 뺨 구슬같은 눈이러니
> 骨毛淸新異俗夫　골모가 청수하니 속부와는 다르다
> 一見情親爲好伴　한번 보고 다정해져 좋은 친구 되니
> 山翁從此不覇孤　산옹이 이로부터 외롭지 않겠네
> <到星山初見金允孝>106)

　　石川이 星山에 이르러 처음 본 사람이 金允孝라 하였으니 星山에서의 종유는 金允孝와 金允悌 형제라 할 수 있다.

13) 梁山甫(字: 彦鎭, 號: 瀟灑翁 1503~1557)

　　趙光祖의 제자로 기묘사화에 스승이 사사되자 출사를 포기하고 평생을 처사로 두문불출 하였다. 거소에 정원을 가꾸어 소쇄원이라 이름하고 친 사돈이 된 金麟厚를 비롯하여 이름 있는 선비들과 교유가 빈번했다. 소쇄원과 인접해 있는 星山의 서하당에 石川의 양씨부인이 살았는데 梁山甫와는 사종남매간으로 石川과 양씨부인의 인연이 梁山甫의 주선이라 할 수도 있다. 石川의 시다.

---

105) 임억령, 앞의 책, 238면.
106) 임억령, 『국역석천집』, 전라남도, 1996, 513면.

西風入小洞	서풍에 작은 동구를 들어가서
乘興扣岩扃	흥치를 타서 바위 문을 두드렸다
竹裡水春急	대 밭 속에는 물방아가 급하고
檐前山木圍	처마 끝에는 산나물들 둘러있다
詩編飛鳥印	서편에는 나는 새 도장이 찍혀있고
親友曉星稀	친한 벗들은 새벽별 마냥 드물다
願借閑田地	원컨대 주인 없는 전지를 빌려
於焉作少微	여기 소미가 되고 싶다

<遊梁山人山亭次板韻>107)

말구에 이르되 소쇄원 근처에 와 살고 싶다 하였으니 양씨부인을 의식한 것으로 성산동 거주를 예언하고 있는 것이다. 그렇다면 石川과 梁山甫의 조우는 서하당 창건시기를 감안할 때 을사사화 이전으로 봐야한다. 그 후 石川이 담양부사로 부임한 그달(1557년 3월)에 梁山甫가 별세하였으니 <梁山人挽詞>를 지어 애도하고 이 밖에 <소쇄원> 시 2수도 있다. 梁山甫의 유집으로는 「瀟灑園事實」이 전해오고 있는데 李敏敍가 쓴 <瀟灑園梁公行狀>에 의하면 "如林石川, 宋圭庵, 柳希春, 李青蓮, 諸人慕悅相好而石川最善>이라 하여 여러 인사 가운데 石川과 가장 사모하고 좋아했다는 것이다. 또한『石川集』에는 梁山甫의 아들 子徵(字:仲明), 子淳(號:지암) 형제에게 읊은 시 2편이 보인다. 먼저 자징에게 지어준 시 6수 가운데 한 수다.

有客携仙醴	어떤 나그네 신선주 가지고 오니
醺然至味柔	훈훈하게 취해지는 술맛 보드랍다
欲知奇效處	기특한 효험을 알고 싶어 하는데
童頂綠毛抽	아동 꼭대기에선 검은 머리가 나네

<梁仲明餉我蓮葉新醅作詩以謝>108)

---

107) 임억령,『국역석천집』, 전라남도, 1996, 486면.

다음은 <贈支岩> 1수다

  落葉埋山逕 떨어진 잎들이 산길을 묻고
  蕭蕭人迹稀 소소하게 바람부니 인적이 드물구나
  東村有君子 동촌에 군자가 있더니
  採菊扣柴扉 국화를 따와선 사립문을 두드리네
             <贈支岩>109)

국화와 연엽주의 선물을 가지고 내방한 형제에게 지어준 石川의 사례 시이다.

14) 林亨洙(宇: 士遂, 號: 錦湖 1504~1547)

경직을 두루 거쳐 부제학에 올랐으나 을사사화로 파직되고 2년 후 정미사화(양재역 벽서사건)가 일어나자 사사되었다. 石川과는 같은 남도 출신으로 경직에 있을 때 종유하였으며 林亨洙가 회령통관으로 부임할 때 지어준 石川의 송별 시이다.

  吾君方北顧 그대 북쪽을 살피러 가는데
  之子輟西淸 그 수레바퀴가 서쪽을 밝게 하네
  白玉裝刀琫 백옥으로 칼집을 장식하고
  黃金鏤馬纓 황금으로 말의 각근을 수 놓네
  虬髥邊卒怪 꿈틀거린 수염에 별꼴이 놀래고
  猿臂野童驚 원숭이 팔에 야동이 놀랜다
  莫使陳留瑀 진유우들 하지 말어라
  千秋獨擅名 천추에 홀로 이름 날릴 것이다
             <送林士遂>110)

---

108) 임억령, 앞의 책, 260면.
109) 임억령, 위의 책, 248면.

격을 갖춘 위인이 가면 그곳 사람들이 놀래 숭앙할 것이라 격려하고 특히 "吾君" "之子" 등으로 호칭하고 있으니 허물없이 지낸 사이라 할 수 있다. 같이 송별시를 지은 인사들의 면면을 살펴보더라도 鄭士龍, 洪暹, 趙士秀, 宋純, 崔演, 嚴昕 등 모두가 石川과 친교했던 사이로 뜻을 같이한 교류라 할 수 있다.

뿐만 아니라 『錦湖集』에는 1541년 宋麟壽의 <幽居韻>에 차운하면서 石川과 더불어 鄭惟吉, 鄭士龍, 申光漢, 申潛, 李滉, 金麟厚, 朴忠元 등의 문인들과 일시에 수화하고 거질을 이루었다 하였으니 시회를 같이함도 알 수 있다. 부연한다면 朴東亮의 「기제잡기」에 이르기를 石川의 동생 林百齡이 을사사화가 일어난 다음해에 중국 사신으로 갔다 오는 도중 영동에서 병사했는데 이 소식을 들은 林亨洙가 "이제 우리는 다 죽었구나"라 했다는 것이다.111)

과연 일년 후 정미사화가 일어나자 예언과 같이 林亨洙가 사사되었다. 이는 비록 대윤과 소윤이란 서로 다른 정치적 위치에 있었으나 을사사화 당시에는 林百齡이 林亨洙를 비롯한 호남 사람들의 보호막 역할을 했다는 증언이라 할 수 있다. 때문에 호남인사들의 柳希春, 林鵬 등 대부분이 을사사화가 아닌 정미사화 때의 피해자인 것이다.

15) 洪 暹(字: 退之, 號: 忍齋 1504~1585)

영의정 洪彦弼의 아들로 趙光祖의 문인이다. 양관 대제학을 지내고 영의정을 세 번이나 중임한 정치가였다. 가사에도 능하여 한때 <원분가>를 짓고 자신의 심경을 노래한 것이 널리 전파되기도 하였다. 石川과 洪暹은 옥당에 있으면서 安璲, 任說, 崔希孟, 李承孝, 崔演 등과 같이 <春坊契>의 모임을 갖고 계축 및 시첩을 작성함으로써 친교가 이루어진 것이다.

『石川集』에는 洪暹의 <玉堂失鶴韻>을 비롯하여 石川이 차운한 시 3편

---

110) 임형수, 「附錄」, 『錦湖遺稿』, 『한국문집총간』 32, 248면.
111) 박동량, 「기재잡기」, 『국역대동야승』 권51, 133면.

이 있는데 <奉次洪判尹韻>은 5언율시 16수로 장편이다. 한 수를 보면

  他年阽死地 예전에 죽을 곳에 떨어졌지만
  此夕得生還 오늘 저녁에 살아서 돌아왔네
  不謂白頭客 백두의 나그네가 말하지 아니했던가
  重看三角山 삼각산을 또다시 보리라고
  囊空從者病 주머니가 비어서 종자는 병들고
  屋古雨痕斑 집이 밝아서 빗자국이 얼룩졌네
  一下蓬萊殿 봉래산에서 한번 내려오니
  丹梯懶再攀 붉은 사다리로 올라가기가 게을러지네
             <奉次洪判尹韻>112)

 이때가 1551~1552년으로 내용을 이해하는데 먼저 양인의 처지를 알아보자. 洪暹은 이조좌랑 때 金安老의 전횡을 탄핵하다가 홍양(전라도 고흥)에 유배되었으나 金安老가 사사되자 관직이 승승장구하여 부제학, 대사헌 등을 거쳐 정2품직인 한성부 판윤에 이르렀다.
 이에 반해 石川은 洪暹보다 관료의 선배였으나 대사간까지 지냈던 관직을 을사사화로 자퇴하고 7년간을 마산별아(해남) 와룡모제(강진 백련사) 송강별서(창평성산) 등을 전전하며 은둔하고 있을 때다. 洪暹의 원운시를 볼 수 없어 단언하기 어려우나 전술한 石川의 차운시를 볼 때 洪暹이 石川의 재출사를 권장 또는 재촉한 것으로 여겨진다. 왜냐하면 시를 읊은 직후 石川이 상경하고 1552년 7월에 근신인 동부승지로 제수되었기 때문이다.
 한편 石川보다 3개월 앞서 李滉이 입조하는 등 구신들의 재등용이 있었으니 明宗의 친정을 앞두고 조정내의 개정이 이루어졌던 것이다. 그러므로 石川과 洪暹의 교유는 단순한 친목에 앞서 정치적인 면도 엿볼 수 있다.

---

112) 임억령, 앞의 책, 151면.

16) 嚴 昕(字: 啓昭, 號: 十省堂 1508～1553)

20세의 약관으로 식년문과에서 갑과로 급제한 수재였다. 石川이 조정에서 嚴昕을 처음 만나 율시 20운을 읊었는데 첫 구에서 "王國稱多士 嚴公獨妙年"이라 하여 우리나라 관료 중에 최연소자로 지목하고 장래가 촉망된 선비로 극찬하였으며 石川이 경직에 있는 동안 가장 아끼고 격려했던 후배임을 유집을 통해 알 수 있다. 『石川集』에 13편 24수가 있는가 하면 『十省堂集』에 19편 60수로 石川에 대한 시가 가장 많다. 嚴昕의 장시 14수에 대한 石川의 답시 4수 가운데 한수다.

閑居墨墨似參寥	한가히 살며 말이 없으니 참요를 한듯하고
酒伴詩徒久廢招	술친구 시 친구를 부르지 않은지 오래다
雪月精神看靜夜	설월의 정신을 고요한 밤에 보고
雲山氣色對淸朝	운산의 기색을 맑은 아침에 본다
君如奇寶焉終棄	그대는 기보와 같으니 어찌 끝내 버리리오
我似枯桑不受條	나는 마른 뽕나무 같아 가지치기를 받지 않는다
老云方知閑意味	늙어가매 바야흐로 한가한 맛을 알았으니
歸與欲效劍南樵	돌아가서 육감남의 나무함을 배우련다

<次啓昭韻>113)

石川은 일찍이 스승 朴祥의 지적과 같이 조정의 관료보다는 자연속의 시정이 좋음을 설파하면서 젊은 그대는 나라의 동량이 되어야 하지만, 늙어가는 나는 송나라 陸遊나 따르겠다는 것이다. 그 후 石川은 고향에 계신 편모의 병환으로 자청 동복현감으로 내려가는데 嚴昕이 지어준 송별시다.

忠可移松國	충은 가히 나라를 위한 것이요
先當盡我親	마땅히 먼저 어버이에게 효를 다하는 것이다

---

113) 임억령, 앞의 책, 79면.

聖代有孝子	성인의 시대에 효자가 있었고
遐方無凍民	왼방에는 얼어죽은 백성없었네
別席欲殘夜	이별하는 자리에 밤이 다 되고저 하고
歸程猶早春	가는 길에는 아직도 이른 봄이네
同隣一病客	같이 병든 것을 슬퍼했는데
失侶獨傷神	짝을 잃으니 홀로 심신이 상하오

<別林縣監大樹赴同福>114)

관료하면 모두가 선망한 경직을 버리고 효를 중시 여겨 떠나는 石川을 찬미하고 있으나 양인의 별회를 실려(失侶)로 표현하였으니 우정의 척도를 가늠할 수 있다.

17) 金麟厚(宇: 厚之, 號: 河西 1510~1560)

등과한 후 경직을 거쳐 옥과현감으로 있을 때 을사사화가 일어나자 모든 공직을 사양하고 仁宗만을 사모하며 향리에서 후진양성에 전념하였다. 훗날 정조께서는 도학, 문장, 절의를 갖춘 분은 오직 河西 뿐이라 하여 문묘에 배향케 하였으니, 호남의 거유로 추앙받고 있다.

安邦俊(1573~1654)은 『牛山集』에서 "문정왕후의 수렴청정 때 金河西, 林石川, 나의 조부 安鈍菴께서는 벼슬을 버리고 귀향한 후 한가로운 세월을 보내고 있었으므로 세인들은 이 세분을 호남삼고(湖南三高)라고 일컬었다"라 하고 『河西集』에서도 같은 사실을 등제하고 있다.

尹根洙는 <月丁漫筆>에서 "옥당에서 예전에 학 한 마리를 길렀었다. 당시에 이렇다 하는 학자들은 흔히 이 학을 두고 시를 지었는데 모두 하늘 천자의 운을 달아 지었다. 그 가운데 石川 林億齡, 河西 金麟厚의 작품이 특별히 사람들의 입에 오르내렸다"라 하였다.

이와 같이 石川과 金麟厚는 세인들의 칭송에 오르고 시류에 의기상투하였으며 시학에 일찍이 득명하였음을 알 수 있다. 石川이 담양부사직을

---

114) 엄혼, 『十省堂集』 上卷, 『한국문집총간』 32, 499면.

마치고 星山에 정착한 그 해 겨울 金麟厚가 石川의 거소 서하당으로 찾아와 읊은 시 <石川第酬唱> 4수 가운데 한수씩이다.

林子一病翁	임자는 하나의 병든 늙은이
幽棲大隱洞	대은동에 깊숙이 깃들어 사네
無人叩竹扉	사립문 두들기는 사람이 없어
布被午猶擁	대낮에도 이불을 끼고 있다오
之子遠來尋	그대 유독 먼데서 찾아 와 주니
使我幽興動	내 저절로 유흥이 발동하는 걸
何以助豪逸	무엇으로 호기를 돋구어 주지
新醅滿寒甕	새로 빚은 술이 항에 가득하구려
平生剛制之	평소에는 억제를 몹시 했는데
此夕飮之痛	오늘만은 양대로 마셔보리라
白日忽西沉	겨울 해가 어느덧 서에 잠기니
高燈吐蟒蝀	등불이 무지개를 토해 내누나
皇天要佳句	하늘이 좋은 시를 청하는 건가
寒空明月踊	밝은 달이 창공에 솟아오르네
不知夜已深	밤이 차마 깊있어도 알지 못하니
長樂疏鍾送	장락에서 종소리 보내 주누나

(石川 원운)115)

出問有所適	갈 곳이 있어 문을 나섰던 건데
愦入華陽洞	빗나가 화양동에 들어 왔구려
詩仙在此間	시선이 이 사이에 깃들어 있어
一壑閑雲擁	한 골짜기 한가한 구름을 꼈네
庭空斜日明	뜰은 비어 비낀 해 밝게 비추고
松老寒聲動	솔은 늙어 찬소리 일어 나구나
浮生三十年	둥둥 뜬 인생살이 삼십년 세월

---

115) 임억령, 앞의 책, 283면.

汨沒塵埃甕	진액의 항아리에 파묻히기만
有心不自治	마음을 지니고서 못 다스리니
無名非疾痛	이름 없는 그것쯤은 병이 아닐세
赫然方寸明	방촌은 본래 밝아 혁혁도 한데
紛紛幾螮蝀	무지개가 얼마나 어지럽혔나
杯觴乍爛慢	술잔이 오고가는 잠간 사이에
詩思方騰踴	시상이 바야흐로 용솟음치네
聊將寓歡娛	모름지기 즐거움을 여기에 붙여
日月閑賓送	해와 달을 한가히 보내는 구만

(河西 차운)116)

무등산의 설경을 바라보며 시주로서 회포를 술회하고 있는 두 선옹의 정담은 진솔 담백하다. 이에 星山을 화양동으로 대칭하고 石川을 시선으로 추숭하고 있다함은 金麟厚의 유집 『河西集』에서 보기 드문 예라 아니할 수 없다. 또한 金麟厚의 동상(광주어린이대공원 소재)의 석병에는 수백수에 이르는 『河西集』 차운 가운데 유일하게 <次石川韻>을 새겨 후학들의 사표로 전해지고 있다.

靜夜燈祁耿	고요한 밤 등불이 사뭇 밝은데
寒床酒未闌	고즈넉한 상에는 술이 아직 남았네
鄕心湖海外	고향 생각은 호해 밖에서 생각하고
詩興雪風間	시흥은 눈과 바람 사이에 이네
肝膽專相照	간담이 오로지 서로 비추니
塵囂敢爾干	세상의 떠들석함 어찌 감히 침범하리
二更山吐月	이경이라 산 달이 떠오르고
坐久不知還	돌아 갈줄 모르고 오래 앉았네

<次石川韻>117)

---

116) 김인후 『國譯河西全集』, 하서선생기념사업회, 1987, 308면.
117) 김인후, 위의 책, 291면.

이와 같이 두 분의 수창은 심심에서 우러나온 시흥으로 밤이 간줄 모르고 이루어졌다. 그런데 金麟厚는 이때의 만남을 끝으로 다음해 정초에 운명하였으니 石川은 연하의 별세를 애석해 하며 <哭金厚之>를 지어 스님편에 부쳤다.118)

양인의 대수(對酬)는 『石川集』에 6편 17수 『河西集』에 2편 6수가 있으며 그밖에 金麟厚의 <풍영정 10영>에 石川과 李滉이 차운한 것을 비롯하여 많은 시사에 같이 초청받고 동운에 차운하였으며 특히 호남인사 중에서는 언제나 두 분이 동반 등단하였음을 볼 수 있다. 그럼으로 유작도 石川이 3,000여 수, 河西가 1,500여 수로 가장 많은 시를 전하고 있다.

18) 吳 祥(字: 祥之, 號: 負喧堂 1512~1573)

金安國의 문인으로 대사헌을 거쳐 이조, 병조, 형조, 예조 등 4조의 판서를 두루 지냈다. 문장에도 뛰어나 宣祖 때 8문장의 한사람으로 일컬어졌다. 石川과의 만남은 경직에서부터였으나 본격적인 교류는 吳祥이 나주목사로 부임함으로서 이루어진다. 그때 石川에게 시주를 보내와 石川이 차운한 시 가운데 한수다.

    天末長爲客 하늘 끝에서 노래 나그네 피어
    秋深復臥床 가을이 깊어지자 다시 병상에 누웠네
    孤村己酉歲 외로운 마을에 기유년이 되자
    獨樹老夫庄 외로운 나무가 이 늙은이의 집이 되었네
    苦矣江魚痛 강의 물고기가 아파도 괴로워하고
    悲哉海月凉 바다의 달이 싸늘해 져도 슬퍼했네
    懷君一悵望 그대를 그리워하며 서글피 바라보다
    中夜九廻腸 한밤중에 아홉번이나 장이 뒤틀렸네
            <祥之寄燒酒及詩次韻謝之>119)

---

118) 임억령, 앞의 책, 237면.
119) 임억령, 위의 책, 124면.

이때가 1549년으로 石川이 을사사화로 귀향한 후 강진 우사에서 은둔 생활을 보내고 있었으니 마음은 병들고 나무를 지붕삼아 강진만을 조망하는 외로움의 표출이다. 그로부터 2년후 가을, 石川은 洪暹의 권유로 재출사를 결심하고 상경하였다. 가는 도중 금주(錦州)에서 <次祥之韻> 2편 20수의 장편을 읊어 보냈는데 그 속에 <客裡寬懷處, 囊中有謝篇>이라 하여 그간 너그럽게 대해 준 고마움이 자루 안의 글에 있다 하였으니 吳祥의 예우가 극진했던 것 같다.120)

이밖에 『石川集』에는 <苦憶一章奉寄祥之琴齊> <次祥之十絶韻> <贈祥之> 등 7편이 있는데 이 가운데 차운 시가 4편으로 吳祥의 원운이 있었을 것이나 볼 수가 없다.

19) 柳希春(字: 仁中, 號: 眉岩 1513~1577)

등과 후 정언에 있을 때 양재역 벽서사건(정미사화)에 연류되어 19년간을 적거하였다. 宣祖가 등극하자 풀려나와 전라도관찰사, 대사헌, 이조참판 등을 역임하고 저서로 국보인 「眉岩日記」를 전하여 귀중한 사료로 인정 받고있다.

石川과 柳希春은 관향(善山), 고향(海南), 타향(潭陽)의 삼향이 같은 인연을 갖고 있다. 그러므로 石川과 柳希春은 어려서부터 인접해 살면서 梅南의 주산인 만대산 아래 같은 골짝에 천명(川名)과 암명(岩名)을 따라 石川과 盾岩이란 아호로 자칭했던 것이다.

특히 石川형제, 眉岩형제, 橘亭형제들은 동시대 등과자들로 지금까지 海南을 문한의 고을이라 칭송받게 한 당사자 들이다. 그런데『石川集』과 『眉岩集』에는 교유시가 한수 없으니 필자를 당황케 하고 있다. 다행히 石川이 별세하기 전년부터 「眉岩日記」가 시작되고 石川에 대한 기록이 있으므로 열거해 본다.

---

120) 임억령, 앞의 책, 154면.

1567년 12월 5일
 "林潭陽(石川이 담양부사를 지냈음으로 지칭)을 찾아뵈었는데 병
 중에 방안으로 인접을 하여 회포를 하나하나 털어 놓았고 심지도 솔
 직했는데 돌아가신다면 안타까운 일이다."121)

따라서 동월 16일, 17일에도 보신용 노루를 갖고 찾아왔음을 볼 수 있
다. 柳希春이 오랜만에 石川을 방문하고 선물까지 전하였다 함은 심도
있게 봐야한다.
『眉巖日記』에 의하면 인근의 고을 수령들과 선비들의 내방이 끊이지
않고 선물과 아울러 융숭한 예우만을 받는 입장이었는데 유독 石川을
세 번씩이나 방문하였다 함은 단순한 예의라기 보다는 옛 정분 없이는
실행키 어려운 일이다.

1569년 11월 24일
 "조반을 든 뒤에 의용(儀容)과 호위(護衛)를 갖추고 馬山 명봉산
 근처 林潭陽의 제청으로 가서 흑단령(黑團領)과 품대(品帶)로 들어
 가 절을 하고 술과 과일로 전을 갖추고 축문을 읽었다. 李惟秀가 아
 차령에서 마중을 나와 따라 와서 축문을 읽었다."122)

石川 졸 후에 귀향한 柳希春이 예복차림으로 石川의 제청(그때는 石
川의 별서 송설당이 있고 지금은 유택이 있음)을 찾아 치제한 것이다.

1573년 7월 11일
 "蘇兵使 澁이 『石川詩集』 3권을 부쳐왔다. 내가 가만히 살펴보니
 참으로 맑은 물에 연꽃 같은 맑은 기상이 있다. 우리 고향에 문장이
 번갈아 나니 尹橘亭(衢)의 문이나 백씨(柳成春)의 부나 이 林石川公

---

121) 유희춘, 『미암일기』 제1집, 담양향토문화연구회, 1996, 103면.
122) 유희춘, 『미암일기』 제2집, 담양향토문화연구회, 1996, 226면.

의 詩는 모두 세상에 크게 올린 것으로써 타읍에는 드문 것이다."[123]

蘇瀹이 제주목사로 있으면서 1572년에 간행한 『石川先生詩集』을 지칭한 것으로 현재 고려대 소장본의 간행을 다시 한 번 확인해 주고 있다. 이와 같이 柳希春의 실기로 보아 石川에 대한 제문과 서신이 있었음을 확인할 수 있으나 전해지지 않고 있다.

또한 柳希春의 형 柳成春은 19세의 약관으로 등과하고 이조정랑에 이르렀으나 기묘사화로 유배되어 崔山斗, 尹衢 등과 같이 호남삼걸로 칭송한 인물이다. 石川과는 동배로 시회를 열고 상종하였음을 전술한 『당악문헌』에서 볼 수 있다.

이상 두 형제의 교유시가 『石川集』에 단 한 편도 없는데 대하여 혹자는 石川의 동생과의 정파관계로 추측해 보기도 하지만 전술한 林亨洙편에서 언급한 바와 같이 柳希春은 을사사화가 아닌 정미사화의 피해자일 뿐만 아니라 『盾岩日記』를 봐도 石川을 남달리 숭앙하였음을 알 수 있으니 그 같은 추측은 오해라 할 수도 있다.

20) 沈守慶(字: 希安, 號: 聽天堂 1516~1599)
장원급제한 후 우의정에 이르렀다. 그는 鄭澈과 좌우찬성으로 있을 때 영의정 朴淳, 좌의정 盧守愼, 우의정 鄭惟吉 등과 같이 다섯 재상이 모두 장원급제하였기에 장원계축을 이룬바 있었는데 沈守慶은 이 사실을 자기가 쓴 「遺閑雜錄」에 실을 만큼 위세가 대단했다. 「遺閑雜錄」에는 모두 17화가 있는데 유독 石川의 시평 2화가 있으니 石川시에 대한 관심이 남달랐다. 그 중 일화를 보면

근세에 石川 林億齡이 시에 뛰어나 이름이 났다. 어떤 사람이 술에 대해 시 짓기를 청하매 감(甘)자 운을 부르니 林億齡이 소리가 떨

---

123) 유희춘, 『미암일기』 제4집, 담양향토문화연구회, 1996, 60면.

어지자마자 "늙어가매 바야흐로 이 맛이 단줄 알겠네"라 하였다. 또 삼(三)자 운을 부르니 "한잔 술로도 도에 통하니 석잔까지 필요없다" 또 남(男)자를 부르니 "그대는 보게나 해강, 완적, 도연명, 유영, 이백 이 공후백후남도 부러워하지 않는 것을"이라고 읊었는데 참으로 기이한 작품이다 내가 탄상한 나머지 곧 그 운을 따라 자손을 경계하는 시를 지었다.124)

曾聞大禹飮而甘	일찍 들으니 우 임금이 마셔보고 달게 여겼네
嗜酒全身十二三	술 좋아하면서 몸 보전한 이는 열에 다섯정도나 될까
勿把一盃宜戒愼	마땅히 삼가고 경계하여 한잔 술도 잡지 말것이요
須知遠色是貞男	모름지기 색을 멀리할 줄 아는 자가 곧은 사내세

<聽天堂차운>125)

"林億齡의 뜻을 뒤집은 것이지만 시는 훨씬 못 미친다."

이는 石川의 <飮酒呼韻詩>에 대한 沈守慶이 차운한 것으로 호주가들이 다투어 파송했던 시다. 호방한 풍류시로 이같은 石川의 시풍을 沈守慶은 좋아하고 추종했던 것이다.

언젠가 沈守慶이 감사로 있을 때 石川을 내방하였는데 그 자리에 명주가 있어 <萬壽山歌>를 부르니 沈守慶이 정을 느껴 헤어지지 않으려 하매 수창한 시다.

一朶蓮花早地生	한 송이 연꽃이 박한 땅에 나서는
淸歌高與白雲縈	밝은 노래 높이 흰 구름과 얽힌다
窓前燭淚時時落	창 앞에 촛불의 눈물 때때로 떨어지니
自是無情還有情	무정한 듯 하면서도 정이 넘치네

<석천원운(再用前韻)>126)

---

124) 심수경,「견한잡록」,『시화총림』상, 까치, 1993, 209면.
125) 『시화총림』, 앞의 책, 210면.

萬壽山中葛虆生	만수산 속에 칡넝쿨이 생겨
年年枝葉好相榮	해마다 지엽이 잘도 얽힌다
佳人一唱堪三歎	가인의 노래 한 곡 세 번을 감탄하니
席上匆匆寫別情	자리에 총총하게 이별의 정을 쓰노라

(聽天堂 차운)127)

풍류시인들 다운 정이 넘친다. 이밖에 石川이 전임했던 강원감사로 沈守慶이 부임할 때 송별시 <送江原監司沈君守慶>가 있는데 그곳 승경과 민심을 묘사하고 경계해야할 충고도 잊지 않했다.

다음은 논외의 인사를 『石川集』 편차순(창작년대별)으로 도시하고, 이어 제현들의 유집에서 차출한 교유시를 첨부하였다.

---

126) 임억령, 『石川詩集』, 『한국문집총간』 27, 447면.
127) 임억령, 『國譯 石川集』, 전라남도, 1996, 512면.

성명	자	호	관직	근거문헌	교유시	참고사항
文明				石川集 69쪽	1제 1수	赴詩送詩
安汝	止止			〃 69쪽	1제 1수	太學送詩
李世建	叔强		樂正	〃 69쪽	1제 1수	부채를 보내다
李佰弼				〃 69쪽	1제 1수	南大門연못위에서
秋江				〃 70쪽	1제 20수	花草를 보내옴
裵醇夫			進士	〃 71, 81쪽	2제 22운	咸寧山寺送詩
權思聖			進士	〃 72쪽	1편 1수	同年友
沈史魚	林舍	村好		〃 72, 82, 280쪽	3편 3수	赴詩送詩
李乙奎	文卿		郡守	〃 73쪽	1편 1수	赴詩를 독려
柳子陵				〃 73쪽	1편 1수	정자에 쓰다
林千齡	盛樹	豚菴	進士	〃 73쪽	1제 8운	伯兄 별장에서
李介然			進士	〃 74쪽	1편 1수	同年, 進士
梁彭孫	大春	學圃	校理	〃 74쪽	1편 14운	梁應鼎의 父
姜欣壽	子悅			〃 74, 75쪽	2편5수, 1편29운	영광에서
金國珎			弘文館學士	〃 76쪽	1편 1수	西城에 올라
崔渙而	文源		羅州牧使	〃 76쪽	1제 1수	族弟
李正中			進士	〃 76, 89쪽	2편 2수	卜居彰義同
李龜齡	眉之		判書	〃 76쪽	1편 1수	文定王后의 三寸
權應昌	景遇	知足堂	監司	76쪽	1편 고채 1수	北溪遊
姜殷卿			監司	〃 77, 78쪽	1편 1수, 1편 12운	감을 준데 사례
金守澬	清源		靈岩郡守	〃 78쪽	1편 5수	送詩
金璣	子潤		郡守	〃 78쪽	1편 3수	同榜
邊訓道				〃 79, 83쪽	1편 1수	同行, 廣文(弘文館동료들)
	希齊			〃 82쪽	1편 1수	次韻
安秀齡		思危	珎山郡守	〃 84쪽	1편 1수	文硯을 보냄
鄭遍		大受	府使	〃 84쪽	1편 2수	還鄉
	士衛			〃 84쪽	1편 1수	윷집
鄭元龍			判書	〃 85쪽	1편 14수	근정전에서
任說	君遇	竹崖	判尹	〃 85, 98쪽	1편 24수, 1편 14운	漢江유람
閔球	仲鳴		承旨	〃 85쪽	1편 14수	〃
崔希明		養浩	藝文	〃 85쪽	1편 14수	〃

李承孝	子述	思謙	正言	石川集 85쪽	1편 14수	漢江유람
白居易		香山		〃 85쪽	1편 14수	唐나라 詩人
		史道		〃 86쪽	1편 11운	中國 詩人
李世璋	道盛	錦江	監司	〃 87쪽	1편 1수	同年으로 再會
吳 謙	敬夫	知足庵	右議政	〃 87쪽	1편 11운	給事 때 위안 詩
邵 雍	堯夫			〃 87쪽	1편 1수	次韻
羅世緯	成章			〃 91쪽, 속 11	2편 2수	乘桴錄에서
鄭世虎	子仁	西溪	判中	〃 93쪽	1편 19운	赴京함을 보내다
沈連源	孟容	保庵	領議政	〃 95쪽	1편 5수	慶尙監司 送詩
林白齡	仁順	希齋	右議政	〃 90, 140쪽 속8	3편 3수	동생
	召曳			〃 97쪽	1편 1수	三角山 送詩
趙子昂			學士	〃 98쪽	1편 1수	족자(묵죽)에 쓰다
金克誠	成文	靑몽	右議政	〃 98쪽	1편 祭文	王命
尹世豪	士莫		判書	〃 99쪽	1편 3수	挽章
申 瀚			僉知	〃 99쪽	1편 2수	명나라에 감을 보냄
趙士秀	季任	松岡	判書	〃 98, 100쪽	2편 25수	遊漢江, 送濟州
李弘幹	大立		光州牧使	〃 100쪽	2편 2수	明府送詩
曺 伸	適庵	叔奮	上舍(역관)	〃 101쪽	1편 1수	次韻
崔無逸	居敬	逸溪	獻納	〃 104쪽	2편 5수	居原州
魚天翔				〃 104쪽	1편 1수	熊川으로 내방
金 필		舍人		〃 127쪽	1편 1수	장흥 사인정 주인
宋孟璟	伯去		牧使	〃 105쪽	2편 4수	장군 출신
李 頻			佐郎	〃 111~115쪽	3편 4수	家主, 화가
孫大沖			直長	〃 113쪽	1편 12수	손대충 집으로 병풍시에 차운
兪(公)				〃 116쪽	1편 1수	바둑 벗
		俊鷹	金陵太寸	〃 123쪽	1편 17운	매에 비유
宋 徵			大將軍	〃 127쪽	2편 2수	서사시 장편
中宗大王			王	〃 127쪽	1편 20운	만사 수창함을 표함
李士立	仲載	小桃源	郡守	〃 131~136쪽	5편 13수	金溪郡守 時 交遊
羅(君)				〃 140쪽	1편 23운	생질, 送還鄕
金 亮	景沃		生員	〃 140쪽	2편 4수	小酌서제
愼希賢		二友堂		〃 141쪽	1편 1수	靈川 次韻
宋(進士)				〃 141쪽	1편 1수	생선을 보냄
閔興顔		橘州		〃 142쪽	1편 1수	海南郭草庵構

李夢弼	殷卿		監司	〃	154쪽	1편 6수	공주 은경집에서 지어줌
李圖南	大鵬		同知	〃	155쪽, 속 5	2편 2수	작별하면서
柳磯子				〃	156쪽	1편 6수	동정도 아래에서 거문고를 타다
安璲	瑞中	滄浪	弘博	〃	156쪽	1편 25수	次韻(1552년)
玄球			參奉	〃	159쪽	1편 2수	西湖亭 主人
申鏛	子甲	韋庵	判書	〃	159, 161쪽,	2편 12수	親友
李純亨	伸嘉		府尹	〃	160, 188쪽	2편 7수	次韻과 送詩(慶州府尹)
徐敬德	可久	花潭	參奉	〃	164쪽	2편 2수	시를 읽고 퇴계에게
黃嗜老		孤山	進士	〃	164~167, 193쪽	4편 16수	善山 梅鶴亭 主人 이곳에서 退溪와 論詩
李堅	可衣	松嵒	吏判	〃	165, 200쪽	2편 7수	生員 때, 자를 應詩
金質	文素	永慕堂		〃	166쪽	1편 9운	送중국질정관으로 보내며
安司蕃		乃堂	上舍	〃	167쪽	1편 1수	水月亭 主人
梁應台	叔躔		參義	〃	167쪽	1편 1수	梁應鼎의 兄
崔行				〃	167쪽	1편 1수	寄詩
曺俊龍	雲伯	取滴	進士	〃	167~213쪽, 속9	12편 31수	적벽에 강추에서
李蘭	子芳		奉槽, 副正	〃	168~185쪽	9편 46수	東行錄 수행자
權應挺	士遇	默庵	同知中樞府使	〃	173쪽	1편 1수	詩를 구하기에
李君善			進士	〃	175, 177쪽	2편 8수	東行錄에서
朴寬	仲寬			〃	178쪽	1편 5수	東行襄陽에서
		梨湖		〃	178쪽	1편 1수	次韻
李鈞				〃	180쪽	1편 1수	翁에게
金憬				〃	184쪽	1편 1수	姪에게 주다
	雲蓬者			〃	185쪽	1편 2수	在京作
鄭裕	公綽		大司憲	〃	185쪽	1편 2수	送 冬至使
李深	子淨	守谷	漢城左尹	〃	186, 231쪽	2편 2수	碑銘, 挽詞
宋寅	明仲	頤庵	都摠管	〃	186쪽	1편 20운	次韻, 中宗의 사위
李彦漂	悟奉	仲吾		〃	187쪽	1편 1수	救荒가는 길에
宋瑞仲				〃	188쪽	1편 1수	次韻
周世鵬	景游	愼齋	副學	〃	188, 189쪽	2편 4수	次韻, 武陵集 2편3수
金彦琚	季珍	風詠亭	校理	〃	188~221쪽, 속16	5편 17수	記夢, 수창10여차운
徐(公)				〃	189쪽	1편 5수	부채위에 쓰다
丁應斗	樞卿		左贊成	〃	191쪽	1편 1수	送 嶺南觀察
宋世珩	獻叔	盤谷	贊成	〃	192, 198쪽, 속 2	3편 67운	次韻星詩
蔡世英	英之	任眞堂	贊成	〃	193쪽	2편 9운	按湖西로갈때격려시

3장 石川 林億齡의 交遊 人士

崔 (公)				石川集 194쪽	1편 4수	失鶴에 대한 시
鄭惟吉	吉元	林唐	領議政	〃 196쪽	1편 1수	追 次韻
羅 憓				〃 198쪽, 속8	2편 5수	居潭陽冠盖里, 제자
李億祥	景安		禮參	〃 199쪽	1편 19운	送任錦山
沈 鎬				〃 200쪽	1편 1수	集勝亭 主人
趙 昱	景陽	龍門	判決	〃 200쪽	1편 1수	洗心亭 主人
李希齡	仁老		郡守	〃 200쪽	1편 2수	
辛 璡				〃 200쪽	1편 2수	
柳辰公	叔春	竹堂	判書	〃 201, 206쪽	2편 4수	別咸鏡監司 및 寄魚索詩
成世純	大鈍		大司憲	〃 202쪽	1편	並序碑銘 聽松의 父
廉 宙			舟成宰	〃 205쪽	1편 1수	감을 보내와 화답시
	大老			〃 205쪽	2편 34운	從弟
李增華	金溝			〃 207쪽	1편 1수	求詩
李洪男	士重		工議	〃 207쪽	1편 4수	餞 公山宰
沈 (君)				〃 208쪽	1편 1수	答 東原使在京
李亨成				〃 209쪽	7편 16수	洗心堂 主人
金天富	大蘊		校理	〃 210쪽	1편 1수	作別詩(沖庵의 姪)
尹洵軒		松嶺	生員	〃 213~218쪽, 속17	4편 27수	감, 포도를 보내온 답시(觀魚臺에서)
趙(進士)				〃 213쪽	1편 1수	昌平 納涼齋에서
李士英			上舍(生員)	〃 214쪽	2편 32운	수창
薛弘允			生員	〃 217쪽	1편 17운	求詩
權應平			生員	〃 217쪽	1편 10운	감을 보냄
權 轍	景由	雙翠軒	領議政	〃 217쪽	1편 17운	別詩(종이에 기름을 발라 보관하였음)
李 鶴		羽仙	生員	〃 219~229쪽, 속13	4편 23수	別詩, 贈詩 유람함
李 瑾	景獻		右尹	〃 219쪽	1편 10운	宰靈光
	思恩			〃 220쪽	1편 2수	贈詩
鄭成厚	仲載			〃 220쪽	3편 11운	贈詩
徐九淵		養靜	密陽府使	〃 220쪽	1편 14운	꿈을 보내 온 답시
鄭淳慶				〃 222쪽	1편 6수	觀魚臺 主人
金千鎰			府使,義兵將	〃 222, 224쪽	2편 3수	〃
蘇世讓	彦謙	陽谷	判書	〃 223~262쪽	3편 5수	次韻
房(季才)	慶賢		進士	〃 225쪽	1편 12운	求詩
尹 俆	坦之	海濱	生員	〃 227쪽	1편 4수	松江부근에 亭子를 세움, 橘亭 동생
林九齡		月潭	光州牧使	〃 231, 280쪽	2편 7수	弟, 雙醉亭에서
林洪齡	景瑗		正子	〃 236쪽	2편 9운	從弟

이름	字	號	관직	출처	편수	비고
林誨	獻可		平事	石川集 237, 240쪽	2편 3수	潭陽宰, 次韻
趙希文	景范	月溪	府使	〃 237쪽	1편 1수	質正官으로 갈 때 索詩
鄭永復			萬戶	〃 238쪽	1편 8운	정자를 지어 索詩
姜渾	士浩	木溪	左贊成	〃 243쪽	1편 2수	蓮亭詩
曺汝諧		喚鶴堂	生員	〃 224~262쪽	5편 29수	喚鶴堂 主人
朴漑			參軍	〃 249쪽	1편 10운	朴思庵의 兄
鄭命虎		三友堂		〃 250쪽,	1편 1수	支石川에서 연잎을 꺾어 줌 서신왕래가 있음
朴忠元	仲初	駱村	二相	〃 251쪽	1편 9수	寄岳使 때
洪仁祉			耽羅都事	〃 255쪽	1편 12운	次韻
尹仁恕	士推		大司憲	〃 255쪽	1편 3수	觀亭子
洪生磻			生員	〃 255쪽	1편 3수	贈詩
羅士洵			生員	〃 260쪽	2편 11수	贈詩(家園제영)
羅士憬				〃 263쪽	1편 1수	贈詩
宋海賓				〃 269쪽	1편 1수	追遠堂 主人
林渾			正郎	〃 273쪽	1편 5수	姪(挽詞)
鄭克仁	可宅	不憂軒	三品敎官	〃 227쪽	1편 1수	題泰仁披香亭 가사 賞春曲作家
上副官			日本人使臣	〃 278쪽, 속17	3편 4수	贈詩
上官			日本人使臣	〃 278쪽	1편 1수	贈詩
金錫弘	遂安		參奉	〃 279쪽	1편 1수	挽章金瑞星父기묘명현
李希益		梅亭	進士	〃 280쪽	1편 2수	贈詩, 同鄕人
徐訥庵		靜庵	進士	〃 280쪽	1편 2수	贈詩
白壽長			貞海君	〃 281쪽	1편 1수	挽章, 鄕長
金吉道			文平君	〃 282쪽	1편 1수	靈岩東軒 次韻
尙震	起夫	松峴	領議政	〃 283쪽	1편 2수	寄題
白世雄				〃 285쪽	1편 1書	書信
	正君待史			〃 285쪽	1편 1書	書信
愼喜男	吉遠	二友堂	參義	〃 287쪽	1편 1수	在靈岩
柳忠貞			太守	〃 287쪽	1편 1수	在羅州
朴絢我			訓導	石川續集 2	1편 古詩	배한상자를보내와 답사
閔龜				〃 4	1편 1수	鄕友 서울에서 과일을 보내줌
蘇遂			長水宰	〃 5	1편 1수	送詩
				〃 5	1편 4수	次韻 모정
任發英			牧使	汭陽君 〃 6	1편 1수	從外孫 弟子
朴民獻	希正	正庵	監司, 大司憲	〃 7	1편 9수	海南縣監 때

3장 石川 林億齡의 交遊 人士 ■ □ ■ 161

	彦龍			石川續集 10	1편 1수	윤의중 정자에서 보여주다
金 淨	元冲	冲庵	判書	〃 10, 18	2편 2수	次韻
金乃雍	幹師		城主	〃 12	2편 1수	夜酌
丁 摯				〃 12	1편 1수	携酒來訪
虞 侯				〃 12	1편 3수	挽章, 右水營
安 祜				〃 13	2편 2수	贈來訪
王希彦				〃 19	1편 1수	贈詩
金亨復			上舍	〃 19	1편 1수	次韻
李 瀚			上舍	〃 19	1편 1수	贈別
李 皐			城主	〃 20	1편 1수	設酒席
曺汝欽	士明	翠谷	進士	石川集 高宗朝本 拾遺 2권 29장	1편 1수	影印本 拾遺에서 누락
宋麟壽	眉叟	圭庵	大司成	圭庵集 3-7	1편 1수	次終南寓舍韻
林 薰	仲成	葛川	光州牧使	葛川集 1-1	1편 1수	次息影亭韻
黃俊良	仲擧	錦溪	羅州牧使	錦溪集 1-17	1편 6수	次退溪和林石川
〃	〃	〃	〃	〃 2-17	1편 8수	次梅鶴亭入
〃	〃	〃	〃	〃 4-17	1편 4수	次林石川對月書懷
趙 憲	汝式	重峯	縣監	重峯集 1-19	1편 6수	次金冲庵壽母韻
〃	〃	〃	문묘에 배향	〃 2-21	1편 1수	次韻
李純仁	伯生	孤潭	參議	한국문집총간 53-49	1편 1수	次息影亭韻
梁大撲	士愼	松岩	學官	한국문집총간 53-522	1편 1수	憑虛樓用石川韻
〃				한국문집총간 53-528	1편 1수	次息影亭韻
曺 植	楗仲	南溟	判官	南溟集 1-27	1편 8운	贈石川子
宋 欽	欽之	知止堂	判書	知止堂遺稿	1편 2수	附觀水亭次韻
盧守愼	寡悔	蘇齋	領議政	蘇齋集	1편 4운	觀林石川詩次韻書之
朴光玉	懷齋	景瑗	正郎	懷齋集	1편 1수	從弟, 訪息影亭次石川韻
朴光前	顯哉	竹川	縣監	竹川集年譜	1편 1수	赴擧時격언居寶成
任百英			義兵將	〃	1편 1수	
林 浩	浩然	龜巖	司甕院直長	龜巖公遺稿	3편 3수	姪(九齡의 長子)弟子

V. 승려

石川이 살았던 당시에는 숭유배불 정책으로 유교를 신봉하고 불교는 이단시 했던 시대였다. 그런데 石川은 어렸을 때부터 해남의 금강사 또는 대둔사의 암자에서 수학했는가 하면 8세 때는 난생 처음으로 작시하면서 <贈山僧>이라 읊었으니 일찍이 불교적 성향에 심취되고 있었음을 볼 수 있다. 따라서 石川은 을사사화를 전후하여 강진 백련사 부근에 우거한 적이 있는데 승려와의 교유시는 물론 <白蓮社冬栢歌> <次聽湖樓韻> 등 몇 백수의 시를 이곳에서 창작하였으니 石川 시취에 전성기라 할 수 있다.

때문에 1681년에 건립한 백련사 사적비문에서 石川의 제영을 극찬하고 있는 것이다. 유자인 石川을 사찰의 사적비에 거명할 만큼 불승들의 숭앙이 있었는가 하면 石川 역시 친 불교적인 지식인이었다고 할 수 있다. 『石川集』에는 불승과의 교우시가 무려 230여 수에 달하고 교유한 승려만도 65명에 이른다. 그러나 학자 간 교유와는 달리 명표가 법명으로 신상이 불분명하여 거론 자체가 어려움이 있다. 다만 休靜의 유집 『淸虛堂集』을 볼 수 있어 거론해 보고자 한다.

1) 休 靜(字: 玄應, 號: 淸虛, 西山 1520~1604)

14세에 지리산에 들어가 중이 되고 승과에 급제한 후 판교종사로서 普雨의 후임으로 봉은사 주지가 되었다. 임진왜란이 일어나자 승병을 규합하여 총수가 되고 서울수복에 공을 세워 국일도대선사(國一都大禪師)에 올랐다. 조선불교의 고승으로서가 아니라 국란에 이바지한 충신 西山大師로 널리 알려져 있다. 그러므로 불승에게는 이례적인 예우로 해남의 표충사, 밀양의 표충사, 묘향산의 수충사 등의 사우에서 향사(享祀)하고 있는 것이다.

石川이 강원감사 당시 영동지방을 일주하면서 창작한 「동행록」(東行

錄)의 기행시를 보면 낙산사(落山寺)에 머무르면서 休靜과의 조우가 이루어진다. 石川은 상술한 바와 같이 불승과의 교유시가 많지만 대부분 수창의 형식이 아니므로 대수를 보기 어렵다. 그런데 유독 休靜과의 교유에서만은 5제 9수를 읊었고 休靜 역시 石川 시에 차운하고 『淸虛堂集』에 전하고 있으니 시에 통정했던 사이라 할 수 있다. 石川이 낙산사의 이화정(李花亭)에 올라 읊은 시 원운과 休靜의 차운 시를 보면

    古寺門前又送春 옛 절의 문 앞에서 또 봄을 보내니
    殘花隨雨點衣頻 지는 꽃이 비를 따라 자주 옷에 떨어지네
    歸來滿袖淸香在 돌아오는 길에 옷에 가득 향기가 베어드니
    無數山蜂遠趁人 수많은 산벌이 멀리까지 사람을 따라오네
                   <示子芳>128)

    誰將山酒送山春 누구와 더불어 산술로 산의 봄을 보낼고
    此日山亭山雨頻 이날의 산정에는 산비도 잦아라
    山鳥却嫌山客醉 산새는 도리어 산의 나그네 취할까 두려워하고
    山花枝上喚山人 산의 꽃은 가지위에 산사람을 부르네

    梨花亭上一年春 이화정에 온 어느 해의 봄
    客去客來頻復頻 손이 가면 손이 또 와서 잦고 또 잦네
    歡感不同情景異 그들의 기쁨과 슬픔이 같지 않아 정경도 다르나
    山僧無事坐觀人 산승은 일없이 앉아서 그들을 보네
                   (休靜 차운)129)

산사의 봄비 오는 풍경을 음미하고 있는데 양인의 시정이 돋보인다. 이에 許筠은 『國朝詩刪』에서 전술한 石川의 원운시를 거론하고 <唐人

---

128) 임억령, 앞의 책, 177면.
129) 휴정, 『國譯淸虛堂集』.

風一搭>이라 찬평(讚平)한 바 있다.130) 또한 石川은 낙산사를 떠나면서 休靜에게 지어준 시다.

    時談松月共 시 얘기에 솔과 달 맞아들이고
    茶夢石窓圓 차 생각은 석창에서 무르익네
    三笑名南北 자주 웃으며 남북으로 떠나니
    乾坤東海邊 동해 가앤 하늘과 땅 뿐이네

    岩松元自曲 바위 옆의 솔은 원래 절로 굽어지고
    水月不成圓 물에 뜬 달은 둥글 수가 없는 법
    他日師如訪 훗날 대사가 찾아올 때에는
    眉岩雪竹邊 예쁜 바위가에 설죽이 한창일 걸세
                   <贈淸虛子>131)

작별의 섭섭함과 자연의 섭리를 설파하고, 말미에서 石川은 미암(眉岩)이 있는 고향 해남으로 休靜이 찾아오리라 예언하고 있다. 훗날 대둔사와 백련사에 머무른 적이 있는데 이때의 언약에 의한 재회라 할 수 있다.

따라서 石川과 교유했던 승려를 도시해 본다.

---

130) 허균, 「국조시산」, 『허균전서』, 아세아문화사, 1983, 374면.
131) 임억령, 앞의 책, 178면.

3장 石川 林億齡의 交遊 人士 165

법 명	자	호	소속사(寺)	근거문헌	교유시	참고사항
林 師			普賢庵	石川集 69쪽	1편 1수	大屯山
性海山人			〃	〃 69쪽	1편 1수	〃
諸 好			普賢寺	〃 73쪽	1편 1수	영광
空人上人			桶穴庵	〃 76쪽	1편 1수	龍 村
覺巡上人				〃 76쪽	1편 1수	雲峯에서
上禪老衲			海印寺	〃 103쪽	2편 2수	贈 詩
師 聖			安富驛	〃 106쪽	1편 1수	別 詩
覺 公			蓮 社	〃 112쪽	1편 2수	贈 詩
均上人				〃 120쪽	1편 3수	섬암자에서옴
正上人			居 島	〃 123쪽	1편 10운	乞 詩
覺 玄			白蓮寺	〃 124쪽	1편 4수	완도, 지리산
性 安			寒山寺	〃 125, 138쪽	2편 2수	金陵에서
戒 天			洗心庵	〃 125쪽	1편 1수	白蓮寺옆
仁 師			大屯寺	〃 137쪽	1편 1수	再會를 약속
潤 玉			〃	〃 137쪽	1편 16운	酉年在大屯寺作
靈 珠			〃	〃 138쪽	1편 10운	수도함을 말함
浩			白雲庵	〃	1편 9운	
道行上人			大屯寺	〃	1편 1수	6년 수도
祖熙上人			〃	〃	1편 1수	
能 師			〃	〃	1편 1수	〃
修 師			〃	〃 139쪽	1편 1수	
棕 依			天冠山	〃 139쪽	1편 1수	道士로 稱함
北彌勒			北彌勒庵	〃 139쪽	1편 3운	痛度寺 相見
隴 西			東行錄에서	〃 169쪽	1편 1수	고향생각
兪 訥			〃	〃 169쪽	1편 7수	贈 詩
淵 龍			〃	〃 172쪽	2편 2수	〃
靜熙上人			洛山山	〃 177쪽	1편 2수	〃
慧沃山人			〃	〃 178쪽	1편 1수	〃
遠住持			烈山縣	〃 179쪽	1편 1수	〃
義 玫			長安住持	〃 180쪽	1편 1수	〃
機 師			萬瀑洞	石川集 180쪽	1편 1수	〃
雪 淸			普德屈	〃 181쪽	1편 1수	〃
仁 師			正陽寺	〃 181, 182쪽	3편 3수	〃
玄 俊			鄕 僧	〃 181쪽	1편 1수	〃

能 師		鳴 潭	〃 181쪽	1편 1수	〃
玉上人		萬瀑洞	〃 181쪽, 속11	2편 3수	贈長篇走筆
雪上人		〃	〃 181쪽	1편 11운	贈 詩
圓 師		〃	〃 181, 182쪽	1편 1수	〃
逸上人		昆廬峰	〃 181쪽	1편 1수	
印 師		〃	〃 182쪽	1편 1수	〃
大 仁		正陽寺	〃 182쪽	1편 1수	
靈 師			〃 182쪽	1편 1수	
慧 默		九龍瀑布	〃 182쪽	1편 1수	
熙 師		〃	〃 182쪽	1편 1수	〃
休上人		〃	〃 182쪽	1편 1수	
山人信翁		行智異	〃 228쪽	1편 5수	
天然勇師		潭陽에서	〃 233쪽	1편 장시	贈 詩
熙 悅		〃	〃 234쪽	1편 7수	次韻贈
廣 慧		星山에서	〃 237쪽	1편 10운	詩軸에씀
岑 師		智異山	〃 259쪽	1편 7운	詩軸에씀
精上人		〃	〃 259쪽	1편 6수	〃
白雲居士			〃 274쪽	1편 8수	次 韻
听松居士			〃 277쪽	1편 1수	
大屯山人		大屯山	〃 277쪽	1편 1수	贈 詩
機 師			〃 280쪽	1편 2수	〃
道仁禪師		大屯寺	〃 284쪽	1편 1수	〃
上人天默		〃	〃 284쪽	1편 9운	세 번이나 찾아와 지어줌
慧 遠		月出山	〃 289쪽	1편 8운	李青蓮, 林白湖가 次韻함
衍 師		金碧寺	石川續集 1	1편 15운	贈 詩
奎上人		天冠山	〃 3	1편 13운	姪 鄭遠에게 소식을 듣고
印 師		智異山	〃 3	1편 8운	돌아갈 길에 주다
堅 師			〃 6	1편 1수	乞 詩
釋衍寺		大屯寺	〃 15	1편 10운	求 詩
信性上人			〃 17	1편 1수	贈詩(來訪)
青 雲			〃 18	1편 1수	詩軸次韻

VI. 맺음말

교유시 670편에 1,900여 수에서 石川과의 인간관계를 위주로 살펴보았다.

먼저 사부에는 朴祥을 비롯하여 네 분, 문도는 梁應鼎, 朴淳, 奇大升, 高敬命, 李珥, 鄭澈, 白光勳 등 23인, 교우는 崔山斗, 申光漢, 鄭士龍, 成守琛, 宋純, 李滉, 洪暹, 金麟厚 등 26인, 승려는 休靜만을 골라 거론해 보고 나머지 250여 명은 도표에 나열했다. 특기할만한 사항 몇 가지를 지적해 보면

첫째, 교유의 대상이 시인은 물론 학자, 정치인, 종교인을 망라한 극중 명사들로 다양하고 특히 호남의 인걸로 거명된 인사라면 대부분 상종하였음을 볼 수 있다.

둘째, 문헌상으로는 몇 명되지 않던 제자가 교유시를 통해 볼 때 20여 명에 이르고 있으니 石川의 학시 계통 정립에 변이라 할 수 있다. 따라서 문도들 대부분이 등과자들로 석갈하기 전에 石川을 내방하고 사사하였으며 격려와 교시를 받은 자라면 1, 2년 이내에 급제하였으니 石川이 한때 교수직(시관)에 있었던 것과 무관하지 않는다. 이는 시험에 대한 선견지명이 남달랐다 하겠다.

셋째, 石川은 젊었을 때부터 기묘, 을사 양대사화의 피해자로 훈구파보다는 사림파들과 교유가 활발했으며 특히 명현들의 적거지(謫居地)를 자주 왕래하며 위안의 시를 게을리 하지 아니 했음도 알 수 있다.

넷째, 石川은 유교의 의리와 명분에 충실한 사대부로서 불승과의 교유가 유달리 많다. 그 연유야 어떻든 간에 자신이 탈세속적인 물외한인 (物外閒人)의 생활에 동경한 나머지 친 불교적인 성향이 짙었다고 봐야한다.

이와 같이 石川은 종교적 이념을 떠나 하인을 막론하고 시를 추구한 인사라면 서슴없이 대수함으로써 생애를 통해 가는 곳마다 종적을 남긴

다작다능한 풍류시인이었다. 그러므로 선조 때 목릉성세(穆陵盛世)를 이룩한 8문장, 3당파시인 2제 등 시명이 널리 알려진 시인이라면 한결같이 石川의 학통으로 이어졌으며 가사에 쌍벽을 이룩한 鄭澈과 尹善道 역시 石川의 학맥인 것이다.

그들은 石川을 가리켜 삼당시인, 호남의 사종, 시선, 적선, 진선, 해상선, 선학 등에 대칭하고 당시 사계에 제일인자로 경도 숭앙하였음을 볼 때 石川의 문학적 위상을 다시 한 번 깨닫게 해 주고 있다.

4장
星山別曲의 論爭攷

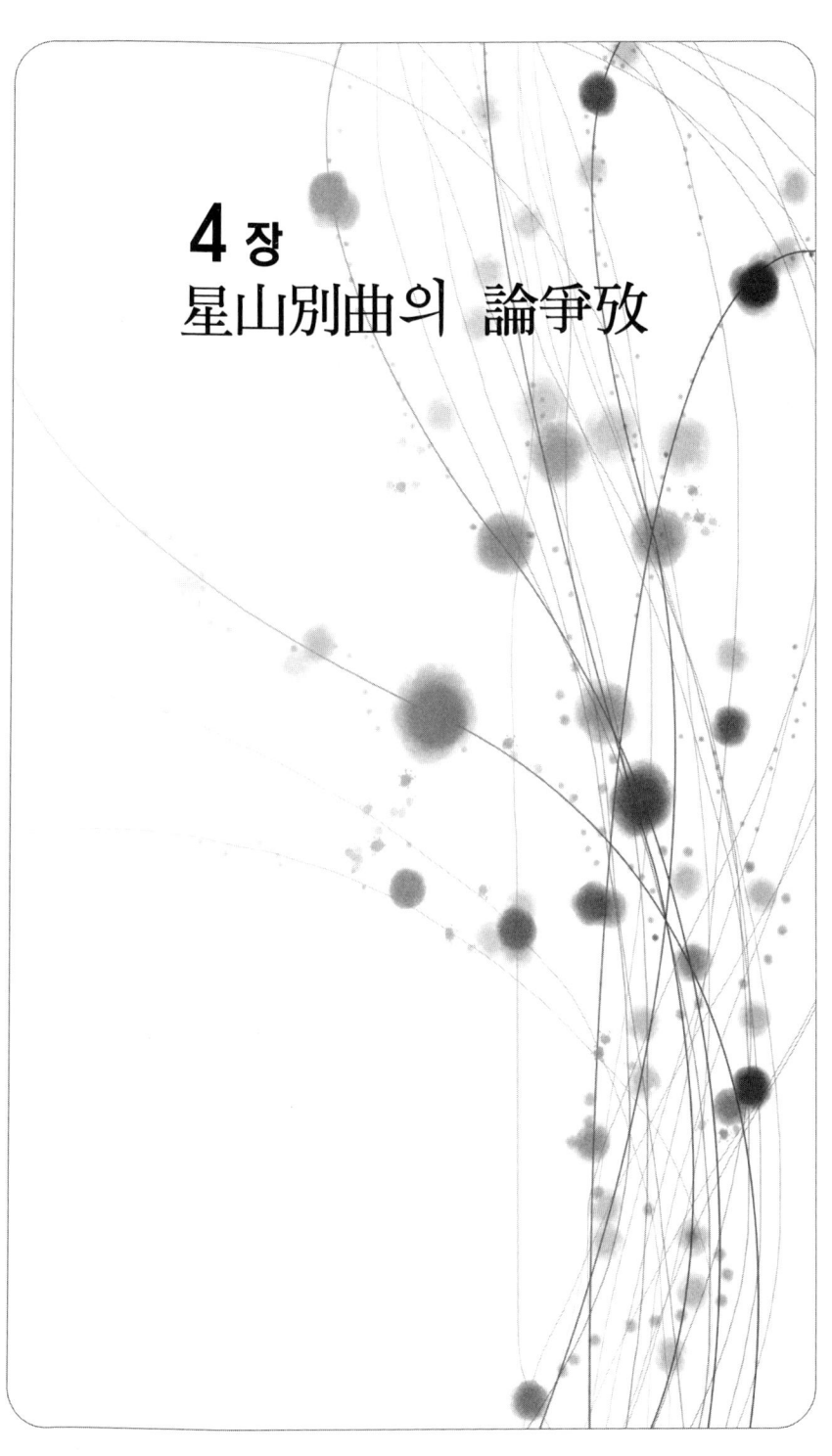

4장 星山別曲의 論爭攷

I. 序論

　　星山別曲은 潭陽 南面 芝谷里의 星山에 위치한 棲霞堂과 息影亭을 무대로 주변의 승경과 그 주인의 생활을 찬미한 노래로서, 우리나라 전원가사로서는 으뜸으로 평가받고 있는 가사이다.
　　星山別曲은 널리 알려진 만큼 이에 대한 논문도 수없이 많다. 그러나 아직도 작가 문제에서부터 창작연대 및 찬미대상에 이르기까지 정설이 정립되지 못하고 있으니, 일찍이 다른 작품에서는 그 예가 없다고 본다.
　　필자 역시 20여 년 동안 星山을 출입하면서 탐문해 보았으나 지금에 와서 새로운 자료를 얻기란 한계에 이르렀고, 현재 있는 문헌을 정확히 분석해 보고 이런 논쟁의 문제를 해결하기 위해서 학계에 일조를 할까 한다.

II. 星山別曲의 作家

　　星山別曲은 그동안 松江 鄭澈(1536~1593)의 작으로 여겨왔다. 그런데 姜銓燮 교수가 「星山別曲의 作者에 대한 存疑」에서 石川 林億齡 (1496~1568) 作으로 주장한 바 있다. 그 근거로는 첫째, 『松江歌辭集』 이전에는 어느 문헌에서도 星山別曲이 松江作으로 기록된 것이 없다는 것이다. 둘째, 星山別曲의 歌意와 石川이 星山에서 지은 시가 照應된다는 것이다. 셋째, 星山別曲에 나타난 생활감각과 石川의 生活影子와 부합된다는 것이다.1)

이에 동의할 부분이 있다면 둘째, 셋째를 들 수 있다. 그러나 1678년 文谷 金壽恒이 찬술한『石川行蹟紀略』에 '松江鄭相公作 星山別曲 以美之'2)란 논거가 학계에 제시됨으로서 반론이 계속되고 있다.3)『石川行蹟紀略』은『松江歌辭集』보다 50여 년 앞선 문헌일 뿐더러, 증거제시가 명확하고, 星山別曲의 산실인 星山에서 작성되었음을 감안할 때 오류가 있을 수 없음으로, 이에 대한 해명이 있기 전에는 星山別曲의 작자는 松江으로 보아야 하지 않을까 한다.

Ⅲ. 星山別曲의 製作年代

星山別曲의 製作年代는 作家『松江集』에 기록이 없으므로 松江 20대설부터 50대설까지 이론이 많다. 먼저 李秉岐,4) 趙潤濟5) 교수가 松江 50대설을 주장하였으나, 金思燁 교수가『棲霞堂年譜』의「庚申年條」에 '爲有星山別曲 行于世'를 제시하고, 松江 25세에 忍齋(別號 棲霞堂) 金成遠(1535~1597)을 위해 星山別曲을 작사하였다고 발표하여 별다른 반론이 없었다.6)

---

1) 姜銓燮, 「星山別曲의 作家에 대한 存疑」,『韓國古典文學硏究』, 大旺社, 1982, 50~51면.
2) 임억령, 「石川行蹟紀略」,『石川集』, 驪江出版社, 1989, 302~304면.
3) 丁益燮, 「星山別曲의 作者考」,『改稿湖南歌壇硏究』, 민문고, 1989.
4) 李秉岐・白鐵 共著,『國文學全史』, 신구문화사, 1957, 131면.
5) 趙潤濟,『朝鮮詩歌史綱』, 박문출판사, 1946, 286면.

다만 徐首生 교수가 松江 40대설을 주장하면서 石川 찬미를 운운하였다.7) 이에 丁益燮 교수가 『湖南歌壇研究』(1979)에서 40대설에 동조하였는데, 그 논조로는 松江 25세작이라면 36세 밖에 되지 않는 忍齋에게 仙翁, 또는 山翁이라는 호칭이 가당하냐는 것이었다. 그러면서도 石川 찬미 운운한 것은 松江 40대에는 石川 死後이기 때문에 忍齋를 찬미한 것이라 하였다.8)

그러던 丁益燮 교수가 전기한 『石川行蹟紀略』 '鄭相公作星山別曲 以美之'를 보고는, 스스로 자기 설을 번복하고, 星山別曲은 松江 31세를 전후하여 1~2년 사이에 石川을 찬미한 것이라 하면서 『石川集과 星山別曲』(1989), 『星山別曲의 再考』(1990) 등 거듭 발표한바 있다.9)

이와 같이 製作年代와 찬미대상에 있어서는 불가분의 관계가 있다. 松江 33세 이후 작이라면 石川 死後이기 때문이다.

그간 여러 학설은 차치하고라도 1996년에 이르러 石川學術大會에서 金成基 교수가 「石川과 星山洞」이라는 논제로 星山別曲은 石川을 찬미한 것으로 발표했는가 하면,10) 金善祺 교수는 「石川과 星山別曲」에서 松江 50대설을 주장하며, 星山別曲의 찬미대상을 忍齋로 발표하였다.11)

金善祺 교수가 松江 50대설을 주장한 논거로는 松江作 息影亭 20詠 가운데 <仙遊洞>시다.

   何年海山仙 그 어느 해에 海山仙이
   樓此雲山裏 구름 서린 이 산속에 깃들었던고
   怊悵撫遺蹤 유적을 어루만지며 슬퍼하노라.

---

6) 金思燁, 「松江歌辭新攷」, 『慶北大論文集』 제2집, 경북대학교, 1958, 5면.
7) 徐首生, 「松江의 星山別曲 창작연대의 시비」, 『語文學』 제24호, 한국어문학회, 1971.
8) 丁益燮, 「湖南歌壇研究」, 동국대 박사학위논문, 1978.
9) 丁益燮, 「石川集과 星山別曲」, 『韓國文學研究』 12집, 동국대 한국문학연구소, 1989.
 丁益燮, 「星山別曲의 再考」, 『趙種業博士華甲紀念論叢』, 태학사, 1990.
10) 金成基, 「石川林億齡과 星山洞」, 『石川林億齡의 文學과 思想』, 광주광역시, 1996.
11) 金善祺, 「石川林億齡과 星山別曲」, 『石川林億齡의 文學과 思想』, 광주광역시, 1996.

白頭門下士 머리 하얗게 센 문하의 선비가12)

상기 선유동 시에서 海上仙은 石川을 지칭한 것이고, 門下士는 松江이므로, 松江의 息影亭 20詠은 石川의 死後作이기 때문에, 星山別曲은 松江의 息影亭 20詠의 後作으로 松江 50~54세의 작이라는 것이다.

松江의 息影亭 20詠이 石川死後作임은 이미 주지하고 있으나, 星山別曲이 松江의 息影亭 20詠13)의 後作이라는데는 납득하기 어렵다. 왜냐하면 星山別曲의 원천이 息影亭 20詠인것은 다 알려진 사실이지만 石川息影亭 20詠原韻과14) 松江 息影亭 20詠次韻 가운데 어느 詠이 星山別曲創作에 바탕이 되었느냐에 대해서는 논거가 없고, 星山別曲은 당연히 石川 사후작이라고 했기 때문이다.

石川과 松江은 사제지간이다. 선생은 제자에게 부담 없이 作詩하지만 제자는 선생 앞에서 장시를 차운한다는 것은 특별한 경우가 아니면 어려웠을 것이다. 특히 松江의 경우는, 40세의 차이가 나는 노선생일뿐더러, 石川은 그때 시에 높이 득명했으므로 더욱 그렇다. 그러한 경우는 松江 뿐만이 아니다. 星山에 같이 어울렸던 霽峰 高敬命(1533~1609)도, 石川을 표제로 한 시가 100여 수에 이르지만 대부분이 사후작임을 알 수 있다. 제자 중 忍齋만이 39세에 비로서 石川에게 송별시15) 한수를 봉상하고 만년지교로 불리어 온 것이다.

이러한 분위기에서 石川이 息影亭 20詠을 창작하였다면 松江으로서는 本格文學이라 할 수 있는 한시로 선생과 對作하기 보다는 운자 없는 국문으로 歌唱化한 星山別曲을 지어 선생을 찬미하고 즐겁게 해드린 것이라고 할 수 있다.

---

12) 鄭澈, 『松江集』, 松江遺蹟保存會, 1988, 33면. 注에 "海上仙指河西"는 오기임.
13) 鄭澈, 위의 책. 原集 息影亭雜詠 10詠(30면)과 積集에 10詠을 합한 20詠(180면).
14) 林億齡, 『石川集』, 驪江出版社, 1989, 264면.
15) 김성원, 『棲霞堂遺稿』下, 국립중앙도서관소장본, 71면. <息影亭得近體一律, 奉上荷衣先生, 兼寓別懷>.

훗날 忍齋와 霽峰이 石川의 息影亭 20詠을 차운하고 따라서 松江도 차운하였다고 볼 수 있다. 오히려 松江이 息影亭 20詠을 星山別曲보다 먼저 차운하였다면 구태여 국문으로 歌唱化할 필요성을 느끼지 않았을 확률이 더 있다. 그때는 國文詩歌보다는 한시로 지성인의 척도를 가늠했기 때문이다. 또한 논거로 松江年譜를 제시하고 松江이 昌平에 내려온 횟수를 연보 그대로 보고 그때만을 星山別曲의 제작시기로 단정한다는 것은 재고해 보아야 한다. 松江年譜를 보면 작성자가 松江의 昌平行을 일부러 기술한 것이 아니고, 松江의 朝廷활동을 기록하는 가운데 곁들어 있음을 알 수 있다.

松江이 昌平에 내려온 年代를 보면 松江 35세, 41세, 44세, 46세, 50~54세로 추정할 수 있다. 昌平은 松江으로서 처가가 있는 고향 같은 곳이며, 이곳에서 受學登科하였는데, 출사 후 8년간을 한 번도 다녀가지 않았다면 누구나 수긍이 가지 않는다. 아마도 연보 작성자가 松江의 昌平行을 착안하지 않은 것으로 봐야 한다.

따라서 松江은 생애를 통해 정치적으로 우여곡절을 많이 겪은 분으로 정평이 나 있다. 그러므로 松江은 朝廷으로부터 소외당한 적이 한두 번이 아니다. 출사하고 얼마 되지 않아 景陽君 父子사건으로 淸選의 길이 막혀 시름한 때도 있었다.16) 그리고 松江이 星山別曲을 제작하는데 星山에 오래 머물러 있을 때만 가능한 것으로 볼 수 없다.

星山이라 하면 10년 이상을 살았던 곳으로 星山의 4시경이 눈에 익어 있었으며, 星山別曲을 창작하는데 石川의 息影亭 20詠의 母體까지 있어 마음만 먹으면 언제든지 製作할 수 있었을 것이니 그 시기를 꼭 松江 50대로만 볼 수 없다는 것이다.

星山別曲 제작 시기를 어떠한 개연성만으로 해결하고자 하기보다는 전해온 문헌에서 실마리를 풀어야 한다. 星山別曲을 직접적으로 서술한

---

16) 金周漢, 「松江의 生涯」, 『古詩歌硏究』 2, 3합집, 韓國古詩歌文學會, 1995, 16면.

문헌이라면 아직까지 『棲霞堂年譜』 및 『石川行蹟紀略』뿐이다. 『棲霞堂年譜』의 松江 25세설은 앞서 金思燁 교수가 밝힌바 있지만 『石川行蹟紀略』에서는 제작연대를 거론조차 한 적이 없다. 과연 『石川行蹟紀略』에는 밝힐 수 없는가 분석해 보고자 한다.

『石川行蹟紀略』의 일부다.

    及還海南 猶往來棲息. 松江鄭相公作星山別曲 以美之17)……

이 문맥을 처음부터 끝까지 연관성 있는 하나의 구절로 봐야 하며, 두 가지 사설로 분리해서 해석할 수는 없다는 것이다.(金憲泰 국역 邊時淵, 李栢淳, 朴來鎬 추인)18) 말미에 '以美之'는 石川이 星山에 棲息하고 있는 아름다운 모습을 가리킨 것이다. 의역해 본다면 '石川이 海南으로 돌아간 뒤에도 星山에 자주 와서 편히 쉬시니 그때 그 모습을 보고, 松江이 星山別曲을 지어, 石川의 생활을 찬미하였다'는 것이다. 그때는 언제인가 石川이 忍齋에게 송별시(息影亭 창건 참조)를 지어 주고 첫 번째 海南으로 귀향한 癸亥年 8월(石川 68세)부터, 石川이 별세한 戊辰年 3월(석천 73세)까지라 할 수 있다. 그러면 星山別曲의 제작연대는 松江 28~32세 사이의 4년으로 봐야 한다.

Ⅳ. 星山別曲의 讚美對象

전기한 바와 같이 星山別曲을 松江작으로 보았을 때 누구를 찬미하였는가?

---

17) 정철, 앞의 책, p.301.
18) 金憲泰,「世林장학회전속국역자」,『世林장학회지』제9호, 1977, 109~111면.
  邊時淵, <韓國古文研究會長>. 李栢淳, <한학자>. 朴來鎬, <한학자>.

星山別曲의 첫 머리에 '엇던 디날손이 星山의 머물며셔 棲霞堂, 息影亭 主人아 내 말 듯소'라 하였으니 棲霞堂과 息影亭의 主人을 찬미한 가사다. 그 主人을 忍齋로 보는 학설과 石川이라는 학설의 논란이 계속되고 있다.

두 학설의 배경에는 문헌의 증거를 제시하고 있는데, 忍齊에게는 『棲霞堂年譜』가 있고, 石川에게는 『石川行蹟紀略』이 있다.

1. 星山別曲에 관한 文獻檢討

A) 『棲霞堂年譜』

庚申[公三十六歲]嘗言, 一小成, 少以榮親矣, 不復應擧, 築棲霞堂 于昌平之星山, 爲終老計. 自是優遊林泉沈潛書籍, 不知日之將夕. 以 河西石川爲師, 松江高峯霽峯諸賢, 爲道義交, 迭相塤箎往來不絶. 松 江尤加敬, 每呼以霞丈, 爲有星山別曲, 行于世. 又嘗構一小亭, 推與 石川, 晨夕陪從講討交至, 卽息影亭, 是已百世之下, 聞其風者, 覺凜 然起懦也.

일찍이 말하길 소성한 젊은이로 어버이를 영화롭게 하겠다하여 다시는 과거에 응하지 않고, 昌平 星山에다 棲霞堂을 짓고 생을 마칠 계획을 세웠다. 이때부터 임천에 한가히 놀면서 독서에 열중하고 때 가는 줄을 몰랐다. 河西 石川으로 스승을 삼고, 松江, 高峰, 霽峰 등 의 제현과 도의로써 사귀고 형제와 같이 화목하게 지내며 왕래가 끊 이질 않았다. 松江이 더욱 공경했는데 매양 霞丈이라고 불렀다. 위하 여 星山別曲을 지은 것이 있는데 세상에 전해져 있다. 일찍이 조그 마한 정자 하나를 지어 石川에게 주고, 밤마다 새벽마다 모시고 살았 으며, 학문을 강론하고 토론하였으니, 이 식영정의 유래는 천백년 뒤 사람들이 그 사실을 들으면, 나약한 자에게 용기를 불러일으킬 것이 다.19)

1958년 金思燁 교수가 「松江歌辭新攷」에서 상기 A)를 제시하고, 星山別曲은 松江 25세때 忍齋를 위해 작사한 것으로 발표함으로서 星山別曲에 대한 직설적인 문헌을 처음 보게 된 학계에서는 별다른 이의 없이 추종해 왔다.

B) 『石川行蹟紀略』
  嘗愛昌平星山洞水石之勝, 卜築就居. 扁其堂曰, 棲霞, 亭曰, 息影, 有記文及題詠諸詩. 及還海南猶往來棲息, 松江鄭相公作星山別曲以美之, 至今播諸歌詠……

  일찍이 昌平 星山洞의 수석의 아름다움을 사랑하여 터를 가려 집을 짓고 살았다. 堂은 棲霞라 하고 亭子는 息影이라 이름 하였는데 기문과 제영 제시가 있다. 海南으로 돌아 가셔서도 자주 왕래하시며 棲息하시니 松江 鄭相公이 星山別曲의 노래를 지어, 그를 찬미하신 것이 지금까지 전파되어 불리어 온다.20)

1983년 필자가 "星山別曲 創作 動起에 대한 再檢討"21)란 제하에 B)를 제시하고 1988년에 石川集을 간행함으로써 비로소 학계에 알려지게 되었다. 그때부터 星山別曲의 찬미대상에 대한 논란이 일게 된 것이다.
상기한 A), B)를 비교해 보면 棲霞堂과 息影亭의 창건 및 星山別曲의 찬미대상 등 상반된 기록을 볼 수 있다. 이러한 경우에는 누가, 언제, 어떻게, 이루었는가 그 과정을 검토해 보고, 어느 문헌이 더 신빙성이 있는가에 역점을 두어야 할 것이다.
A)는 烏川 鄭奭22)이 책정하여 1888년에 忍齋의 후손이 간행한 棲霞

---

19) 김성원, 「年譜」, 『棲霞堂遺稿』 下, 국립중앙도서관소장본, 160면.
20) 임억령, 앞의 책, 302면.
21) 林南炯, 「星山別曲 創作動機에 대한 再檢討」, 『光州日報 鄕土文化報』 제7집, 1983, 12~13면.
22) 鄭奭, 「奇正鎭의 제자」, 『昌平鄕校誌學行編』, 1997, 598면.

堂遺稿(木版本)에 등재되어 전하고 있다. A)의 작성연대가 없으나 鄭奭이 쓴 것으로 보아 遺稿刊行 당시로 추정할 수 있다.

B)는 1678년에 文谷 金壽恒23)이 찬술하고 그 말미에

今得遺稿一帙於昌平金性人家卽公外裔也 遂取以梓之仍記先生始卒大略

지금 선생의 외손 昌平 金性人 집에서 유고 한질을 얻어서 등재 출간하기로 하고 선생의 시졸 대략을 이같이 약기한다.24)

石川의 昌平 외손이라 하면, 忍齋의 자손을 지칭한 것으로 忍齋의 손자가 자료를 제공하고, 石川集의 출간까지 하였음을 알 수 있다. 그때 출간된 石川集(木版本)25)이 판각26)과 같이 전해오고 있다.

두 문헌이 다 같이 星山別曲의 산실인 星山에서 忍齋의 후손에 의해 간행되었으니 어느 한 문헌이 왜곡되었다고 봐야 한다.

A)는 근거제시가 없고 忍齋가 별세한 지 290여 년이 지난 후 작성되었으므로 忍齋의 遺作詩, 또는 諸賢들의 수창시를 참작하였다고 볼 수 있으니, 오해의 소지도 있을 수 있다.(다음 서하당 식영정 창건 참조)

B)는 첫째 A)보다 210년 전에 간행되었을 뿐더러, 松江이 별세한지 80년밖에 안된 시점이었으니 그 현장에서 와전될 수 없고, 둘째, 星山 주변에는 松江 후손과 忍齋 후손만이 집단촌을 이루고 살았으며, 그때까지 불리어 오고 있는 星山別曲의 찬미대상을 모를 리 없고, 셋째, 忍齋의 자손들이 관리 운영하고 있었던 棲霞堂과 息影亭의 창건자를 혼동할 수 없고, 넷째, 忍齋의 손자가 조부(忍齋)의 중차대한 행적을 외증조

---

23) 金壽恒, <시호는 文忠, 숙종조에 영의정>.
24) 임억령, 앞의 책, 302면.
25) 임억령, 『石川集』(목판본), 고려대 도서관 소장본.
26) 임억령, 『石川集版刻』, 海南, 馬山, 長村里鳴鳳山下: 石川제각소장.

부(石川)의 행적이라고 문곡에게 찬술을 받아 石川集에 등재 간행하였다 함은 확실히 알고 있는 진실이 아니면 불가한 일이라 하겠다.

그러므로 진위를 가려 본다면 A)는 어떠한 託言으로도 B)에 대비할 수 없는 문헌임을 알 수 있다.

2. 棲霞堂의 創建

이제까지는 忍齋가 1560년에 棲霞堂을 創建하여, 담양부사에서 물러난 장인인 石川을 모셔다가 시문을 배웠으며, 石川은 사위인 忍齋의 덕분으로, 星山에 머물면서 풍류를 즐겼다는 학설이 지배적이었다. 이는 A)만을 참작한 것이며, 실은 石川이 星山에 거주하게 된 인연은 忍齋때문이 아니고, 담양부사로 오기 10여 년 전부터 부인(측실) 양씨를 星山에 살게 하고 있었음을 알 수 있다. 다음은 石川의 시다.

憶 松江別墅

松下期垂釣 소나무 아래서 낚시질 할 것을 기약하고
山崖已卜居 산벼락에 이미 살 곳을 가려서 정했네
歲時歸計決 세시에 돌아갈 계획이 결정되었으니
童僕汝巾車 아이야 타고 갈 수레를 메어라.27)

1549년(石川 54세)에 강진 군영촌에 우거하면서 松江에 있는 자신의 별서를 생각하며 장래의 삶을 기약한 시다.

松江은 星山 앞을 흐르는 江의 이름이니28) 梁氏夫人이 살고 있는 星山의 棲霞堂을 지칭한 것이다. 양씨부인은 인근에서 소쇄원을 경영하고

---

27) 임억령, 앞의 책, 136면. : 石川集은 연대순으로 편집되어 있음으로 "憶松江別墅" 다음에 "己酉四月遊山雜題"가 있어 製作年代를 1549년으로 추정할 수 있다.
28) 松江: 星山에 세워진 "松江가사의 터" 비에 松江은 식영정 앞을 흐르는 강이라 하였다.

있었던 소쇄 梁山甫와 4종 남매간으로 친정집 근처에 살 곳을 마련한 것이다.29) 양씨부인은 이곳에서 딸 둘을 길러 큰딸은 그곳 처가(星山의 앞 忠孝洞)에 자주 출입한 高孟英(霽峰의 아버지)에게, 막내딸은 忍齋에게 소실로 출가시킨 것이다. 그 시기는 정확히 알 수 없다. 그러나 石川이 담양부사로 온 동기가, 星山洞에 살고 있는 양씨부인과 함께 지내기 위하였다고 볼 수 있다.

여기에 石川이 星山洞 우거와 관련하여 河西 金麟厚(1510~1560)가 읊은 시 6수 가운데 한 수다.

　　林石川億齡第酬唱

　　出門有所適　찾아갈 곳 있기에 문 밖에 나왔다가
　　愰入華陽洞　빗나가 화양동으로 들어 왔구려
　　時仙在此間　시선이 이 사이에 살고 있기에
　　一壑閑雲擁　골짜기를 구름이 옹호하였네30)

河西가 石川의 집에 찾아와 수창하고, 시구 가운데 '화양동'이라 하였으니 星山의 애칭으로 石川의 거소 棲霞堂을 지칭한 것이다.

河西는 1560년 1월에 별세하고, 石川이 <哭金厚之>의 조사를 썼다. 그렇다면 앞의 수창과 아울러, 石川의 棲霞堂 우거 역시 1560년 이전으로 보아야 한다. 그 후 石川이 忍齋를 처음 대면한 시를 살펴보자.

　　贈 剛叔 (忍齋의 字)

　　草屋方客膝　초가집은 겨우 무릎을 돌릴만 하지만

---

29) 梁氏夫人, <濟州梁氏族譜卷之-主簿公派元 48장>(婿林億齡, 善山人, 監司 石川).
30) 김인후, 『河西集』, 河西紀念事業會, 1987, 307면.(河西 星山으로 石川을 찾아 수창한 증거는 丈菴의 息影亭重修記: 河西霽峰及我松江先祖, 杖屨相從於-洞之中, 其遺蹟歷歷, 至今人能傳誦.)

松風可洗顏 소나무 바람은 얼굴을 씻어 준다오
已欣村俗朴 이미 촌의 순박한 풍속을 기뻐했더니
更貴玉人端 다시 옥같이 단정한 귀한 사람이 있구려
靑山數間屋 청산에다 두어칸 집을 짓고
陋港一瓢顔 안자처럼 비난하게 산다네
衰老雖無蓄 늙은 몸이 비록 저축한 것은 없으나
深思扣兩端 깊이 생각한 것은 양단을 다 말하는 것이라네.31)

순박하고도 옥같이 단정한 忍齋의 첫인상을 가리키고 누추한 집에 학업을 물으러 찾아온 忍齋에게 강학을 허락해 주는 시다. 이때가 1560년으로 石川이 담양부사를 사임하고, 星山의 棲霞堂에 상주하고 있었으니 그때까지 石川과 忍齋는 생면부지의 사이로, 棲霞堂에서 처음 대면한 것으로 보아, 옹서지간이 되기 전이며, 棲霞堂創建과는 아무런 상관도 없다. 石川이 1549년 이전에 棲霞堂을 창건하여 가솔 일부를 살게 했던 별서라 하겠다.

3. 息影亭의 創建

息影亭에는 <亭記>와 <重修記>가 있다.

<息影亭記>

金君剛叔吾友也. 乃於蒼溪之上寒松之下, 得一麓, 構小亭, 柱其隅, 空其中, 苫以白茅, 翼以凉簟. 望之如羽盖畵舫, 以爲吾休息之所, 請名於先生.

---

31) 임억령, 앞의 책, 240~241면. <星山次林獻可韻> 다음에 배열되었으니 장소는 星山임을 알 수 있고, 몇 수 앞에는 <哭金厚之>가 있어 河西가 1560년 1월에 別世했으니 그 뒤 읊은 시임을 알 수 있다.(237면).

김군 剛叔은 나의 친구라, 이에 맑은 시내 위 푸른 솔밭 아래 언덕을 하나 차지하여 소정을 이룩했는데 네 귀에 기둥을 세우고 복판을 비웠으며 지붕은 띠풀로 덮고 대발로 날개처럼 차양을 달았다. 바라보면 포장친 화반같이 되었는데 이것으로 나의 휴식처를 삼으라 하고 선생에게 이름을 지으라 한다.

癸亥 七月 日 (1563) 荷衣道人(石川의 별호)書32)

마련된 정자를 忍齋가 石川에게 휴식처를 삼으라고 권하며 이름을 청한 것이다.

<息影亭重修記>

息影亭卽故林石川遺址也. 石川當明廟乙巳, 知士禍將作絶意遊官, 退歸南中. 構一小亭於昌平星山之下, 扁之息影作記以見志. 亭之北有棲霞堂舊基……

息影亭은 본래 林石川이 남긴 건물이다. 林石川은 明宗大王 을사년(1545)을 당하여 장차 사화가 일어날 것을 예측하고, 관료에 뜻을 끊고 고향인 호남에 돌아왔다. 昌平 星山 아래에 조그마한 정자를 지어 자신의 뜻을 보였다. 정자 북쪽에 棲霞堂 옛터가 있다.

崇禎後癸卯季春上浣(1723)薪島病累(丈菴의 별호)33)

石川이 을사사화를 예지하고 관직에서 물러나 귀향한 후 星山에 棲霞堂과 息影亭을 지었다고 기술하고 있다.

상기 두 문헌을 대비한다면 당연 石川 본인이 쓴 亭記를 의심할 수는 없다. 그렇다면 重修記는 어떻게 수용하여야 할 것인가.

---

32) 임억령, 앞의 책, 263~264면.
33) 임억령, 위의 책, 320면.

重修記를 쓴 丈菴 鄭皓(1648~1736)는 松江의 현손으로, 松江 후손 가운데 유일하게 영의정을 지낸 출중한 인물로 당시 문장으로도 널리 알려졌던 분이다. 이러한 장암이 <息影亭重修記>를 쓰면서 항상 현판되어 있는 <息影亭記>를 보지 않고 <重修記>를 지었다고는 믿어지지 않는다. 이와 같은 경우는 B)를 쓴 文谷도 마찬가지다.

松江 역시 息影亭詩에서

    何年石川老 어느 해던고 석천 노옹이
    具眼起高亭 산세를 잘 보아 식영정을 세웠네
    乍息人間影 잠깐 멈추었던 님의 그림자
    飜爲天上星 갑자기 천상의 별이 되었구려[34]

그 밖에도 객관적인 문헌으로는 우리나라 列邑院宇事蹟(규장각 장서)에서, 石川이 星山에 棲霞堂과 息影亭을 짓고 살았다고 기록되어 있다.[35]

그렇다면 石川이 息影亭을 창건하였다고 한 것은 서술자들의 착오나 무지에서 온 것이 아니고, 그 시대 학자들의 사물에 대한 의식이라 할 수 있다. 인격과 명분을 앞세웠던 사대부층의 이상과 논리에 접근하지 않고서는 이해하기 어렵다.

정자란 교양인들의 지적활동의 장소로, 어떠한 명분 없이는 건립하지 않았던 사회계층 구조 속에서 누가 지었는가에 대해서는 상관하지 않고, 누구의 정자를 지었느냐에 주안점을 둔 것이라 하겠다.

대단한 와가도 아니요, 띠풀로 엮은 정자라면 그 산에서 나온 재료로 세웠을 것이니, 경제적인 부담은 염두에도 두지 않았을 것이다. 息影亭

---

34) 임억령, 앞의 책, 390면.
35) 『列邑院宇事蹟』 규장각 소장본. 도서번호 9814. 全羅道 道源書院條에 <石川行蹟>, 1759~1763 참조.

의 경우도 그렇다. 선생이 星山에 정착하여 정자가 필요하다면 앞마을에 사는 제자가 바라만 보고 있을 리 없다. 정자를 권할 수도 있고, 건축에도 협조하였다고 보아야 한다. 이 같은 분위기에서 石川이 직접 亭記를 쓰려면 권유한 상대가 있어야 만이 사대부로서의 명분이 서기 때문이다.

가령 A)의 기록과 같이 忍齋가 石川을 위하여 息影亭을 지었다 하더라도 石川의 정자임은 변할 수 없다. 이것이 당시의 정자문화라 할 수 있다.

환로에서 물러나 귀향한 선비라면 은둔 소요처로 정자를 선호했다. 이때는 40대 이상으로 노숙기에 접어든다. 그러므로 인접에 있는 아들, 사위, 제자들이 정자를 주선함은 당연한 일이다. 그렇다고 그 정자가 자손이나 제자의 정자라 할 수는 없고, 주인은 세대에 따라 바뀌어져도 오직 아버지와 장인, 선생의 정자로 불리워짐은 영원토록 불변한 것이다.

星山이라 하면 棲霞堂과 息影亭이 하나의 경내에 있는 조그마한 陵園이다. 棲霞堂에 거처하고 있는 石川이, 그 옆에 息影亭을 마련하였다면, 창건자를 堂 따로, 亭 따로 볼 수는 없는 것이다. 오히려 堂이 위주요, 亭은 부속인 것이다. 때문에 息影亭은 『昌平邑誌』,[36] 『湖南邑誌』,[37] 『許筠의 성수시화惺叟詩話』[38] 등 모든 문헌에 한결같이 石川의 정자 또는 구거로 기록되어 있고, 忍齋를 거명한 문헌은 찾아볼 수가 없다.

1986년에 李家源박사는 石川의 碑銘을 쓰면서, 息影亭記를 비롯하여 관련 문헌을 보고 다음과 같이 기술하였다.

嘗愛水石之奇, 築棲霞堂, 屬女金成遠復起小亭.

일찍이 기이한 수석을 사랑하여 서하당을 짓고, 다시 사위인 金成

---

36) 「息影亭條」, 『昌平邑誌』.
37) 「息影亭」, 『湖南邑誌』.
38) 許筠, 「惺叟詩話」, 『惺所覆瓿藁』 民音社, 1983, 225면.

遠에게 위촉하여 조그마한 정자를 지었다.39)

이같은 판단이 棲霞堂과 息影亭 창건에 대한 정설이라 할 수도 있다. 石川은 癸亥年 8월에 몇 년간 상주했던 星山을 떠나, 本家가 있는 海南으로 1차 귀향하면서 忍齋에게 다음과 같은 송별시를 지어 주었다.

  <奉次 剛叔 送別之韻>

  愛水重憑檻 산수를 좋아하여 난간에 거듭 올라보고
  憐松更步庭 소나무 사랑하여 뜰에서 다시 서성이네
  明春吾欲再 돌아오는 봄에 내 또한 만나고저 하니
  爲我理岩扃 나를 위해 이 암경이나 다스려주오.40)

말미에 岩扃은 星山을 지칭한 것으로 石川이 忍齋에게 棲霞堂과 息影亭의 관리를 부탁하고, 내년 봄에 다시 올 것을 약속하며 떠난 것이다. 이때부터 忍齋는 石川이 귀향할 때마다 星山의 주인이 되고, 시인묵객들을 맞이하며, 石川의 전철을 이어받게 된 것이다.

특히 石川 死後에는 출입 인사들 가운데 忍齋를 주인으로 예우하고, 息影主人, 또는 棲霞主人 등으로 호칭한 시가 전해오고 있으니, 32세때 얻은 忍齋라는 본래의 호가 있음에도 불구하고41) 棲霞堂이라는 별호로 불리어 온 것이다. 그로 인하여 당호와 아호가 같으니 후세들이 혼동하여, 棲霞堂을 忍齋의 창건으로까지 기록하고 있는 것이다. 이와 같이 원래의 주인이 당호를 쓰지 않았다면 후세에 쓰는 예가 허다하다. 근처의 환벽당도 사촌 김윤제의 정자였으나 손자 金師魯의 호가 環碧堂이니 같

---

39) 임억령, 앞의 책, 208~300면.
40) 임억령, 위의 책, 269면.
41) 김성원,「年譜: 丙辰年條」,『棲霞堂遺稿』下, 국립중앙도서관소장본, 160면. "丙辰[公三十二歲], 廬于墓下, 寒泉洞自號忍齋, 著箴以自警."

은 맥락이라 하겠다.42)

 이를테면 학계에서 忍齋가 棲霞堂을 창건한 것으로 전제하고, 「息影亭記」만을 해석한다면 忍齋를 息影亭의 실질적인 주인, 소유자, 星山別曲의 찬미대상 등 여러 가지로 논의할 수 도 있다.43) 그러나 전술한 바와 같이 忍齋는 앞마을에 사는 石川의 제자일 뿐이었으며, 그 뒤 옹서간이 됨으로써 星山의 경영까지 물려받게 된 것이다.

4. 讚美對象

 전기한 문헌 A), B)에서 찬미 부분만을 보면 A)의 '爲有星山別曲'과 B)의 '作星山別曲以美之'이다.
 두 문헌의 서술을 보면 B)는 '「성산별곡」을 지어 石川을 찬미하였다'라 하고, 찬미대상을 직설적으로 표현하고 있지만 A)는 '위하여 星山別曲이 있었다'라 하였으니 서술자가 忍齋의 찬미를 확신하였다면 이러한 애매한 표현을 하였을까? 라는 감이 없지 않다. 그러므로 A)의 서술자가 찬미대상은 石川임을 의식하고 石川, 忍齋, 松江과의 3자 관계를 참작하여 이 같은 기술을 한 것으로 볼 수도 있다.
 당시 星山을 출입한 인사들의 수창 및 차운시를 보면, 宋純(息影亭 20詠),44) 金麟厚(石川第酬唱),45) 奇大升(息影亭韻),46) 白光勳(金陵記懷贈棲霞主人),47) 高敬命(有懷石川先生復用韻示剛叔),48) 朴光玉(息影亭壁上有石川所題詩門扇留示主人金剛叔),49) 宋翼弼(林石川席上呼韻二

---

42) 金師魯, <號環碧堂:棲霞堂遺稿 1장 "濯熱圖諸賢名錄">.
43) 朴焌圭, 「息影亭의 創建과 息影亭記」, 『湖南文化研究』 제14집, 1985.
44) 송순, 『國譯俛仰集』 上卷, 潭陽文化院, 1995, 227면.
45) 앞의 註 30) 참조.
46) 기대승, 「續集」 권1, 『高峯集』, 대동문화연구원, 377~378면.
47) 백광훈, 『玉峯集』 下卷, 옥봉집편찬위원회, 1992, 218~219면.
48) 고경명, 『霽峯集』 上卷, 한국정신문화연구원, 1980, 245면.
49) 박광옥, 『懷齋集』 1卷, 동양학연구원, 1994, 74면.

首)50) 등을 들 수 있다.

이들의 시구 속에는 石川 생존시는 물론 사후에도 주인인 忍齋에게 시를 수창하고 제시하면서도 石川만을 찬미하고 있다는 사실이다. 그러므로 石川은 星山에서 아무도 추종할 수 없는 독보적인 추앙인물이었음을 알 수 있다. 松江은 石川과 남달리 사제지정이 깊었으니 다른 사람보다 석천을 더욱 찬미했을 것이다. 전기한 息影亭韻과 息影亭 20詠의 仙遊洞시를 비롯하여 棲霞堂 8詠의 書架에서,

    仙家靑玉案 신선의 집이라 청옥안이 있고
    案上白雲篇 그 안상 위에는 백운편이 있어
    盥手焚香讀 손 씻고 향 피우며 글을 읽는다.
    松陰竹影前 솔그늘 대그림자 어울린 곳에서51)

신선의 집에 청옥안, 백운편을 비유하며 石川을 찬미한 것이다.

이와 같이 松江의 息影亭 20詠이나 棲霞堂 8詠이 石川詩의 차운으로 石川을 찬미하였다면 石川의 息影亭 20詠을 저본으로 읊은 星山別曲도 당연히 石川을 찬미대상으로 봐야 할 것이다.

星山別曲 가사의 내용을 훑어 보고, 忍齋와 石川을 대비할 때, 누구를 찬미대상으로 볼 수 있겠는가. 예를 들어 살펴보자.

    가) 엇던 디날손이 星山의 머믈며서
        棲霞堂 息影亭 主人아 내말 듯소,

손을 화자(松江)로 보았을 때 주인이라 하면 星山別曲의 찬미대상을 지칭한 것으로, 전술한 바와 같이 星山別曲의 제작연대가 石川 생존시

---

50) 송익필,『龜峯集』1卷,『한국문집총간』42, 379면.
51) 정철, 앞의 책, 29면.

라면 棲霞堂, 息影亭 주인을 石川으로 보고, 石川 사후라면 忍齋라 할 수 있다.

나) 人生世間의 도흔일 하건만
　　엇디 江山을 가디록 나이녀겨
　　寂寞山中의 들고 아니 나시난고

세상에 좋은 일이란, 宦路를 가리킨 것으로, 나갈 수 있어도 아니 나가는 경우와, 나가고 싶어도 못 나가는 경우가 있다. 여기에서 '아니 나시난고'라 했으니, 전자를 말한 것이다. 忍齋와 石川을 두고 누구를 전자로 볼 수 있을까?

忍齋는 34세에 生員(小科)이 되고, 45세 때에 大科에 응시한 적이 있다. 霽峰시에

送金剛叔赴別擧于京(김강숙이 과거보러 서울로 감을 전송하면서)

隆慶己巳秋　해는 융경 기사년 가을이었고
九月月初吉　날짜는 구월 달 초하루였다.
剛叔告我行　강숙이 나에게와 작별하는데
喜色眉宇溢　희색이 만면해 보이네52)

그러면 忍齋는 大科에 응하지 않았던 것이 아니고, 응시하였으나 합격되지 않는 것으로 봐야 한다. 그 후 忍齋는 56세에 비로소 孝行으로 천거되어 隱逸로 寢郞을 잠시 지내고, 57세 때는 濟源道察訪으로 잠시 머문 적이 있으며, 68세 노령에 이르러 동복가관을 지냈다. 70세 때 다시 靑岩察訪으로 제수되었으나 어버이의 노쇠로 부임하지 않았다고 했

---

52) 고경명, 『霽峯全書』, 한국정신문화연구원, 1980, 201~202면.

다.(서하당연보참조) 이런 사실에서도 알 수 있듯이 忍齋는 68세까지 기회만 있으면 벼슬길에 올랐으니, 벼슬을 싫어했던 것은 아니라고 할 수 있다. 그러므로 45세까지 대과에 급제하지 못하여 출사하지 못한 忍齋에게 '적막산중에 들고 아니 나시난고'와 같은 가사는 쓰지 않았을 것이다.

  石川의 경우는 그렇지 않다. 30세에 式年試에서 등과하여 두루 요직을 거친 뒤, 49세에 大司諫에 이르렀으나, 50세(을사년)에 을사사화를 예지하고, 벼슬길을 스스로 물러난 뒤, 공신녹권을 보내왔으나 받지 않고 불살라 버린 지조 있는 선비로 높이 정평이 나 있었으며 그로 인해 金河西, 安鈍菴과 같이 湖南三高로 불리어 왔다. 57세에 문정왕후의 수렴청정이 거두어지자, 다시 등용되어 동부승지를 거쳐, 강원도 관찰사를 지내고, 62세 때 星山생활을 의식하여 담양부사를 자원하고, 임기를 마친 뒤 64세 겨울부터 星山에 머물게 된 것이다.(『石川集』 참조)

  다음은 〈息影亭記〉 일부다.

    以吾一身觀之, 昔之峨冠大帶, 出入金馬玉堂, 今之竹杖芒鞋逍遙
    蒼松百石, 五鼎之棄而一瓢之甘, 皐夔之絶而鹿之伴, 此皆有物, 弄戲
    其間而, 吾自不之知也, 有河喜於其間哉, 剛叔曰, 影則固不能自爲,
    若先生屈伸, 由我非非之棄, 遭聖明之時潛光晦迹, 無乃果乎.

  石川이 말하기를, 내 한 몸으로 보더라도 전에는 높은 갓 큰 띠를 두르고, 金馬玉堂에 출입하였는데, 지금은 竹杖芒鞋로 蒼松百石에 소요하며 五鼎의 부귀를 싫다하고, 한 쪽박 마심을 달게 여기고 고관대작들을 끊어버리고 사슴과 짝을 하니 이것이 모두 무엇이 중간에서 희롱하는 것이 있기 때문이요, 나 스스로도 알 수가 없는 것이다. 어찌 그것을 기뻐하고 슬퍼하겠는가. 剛叔은 말하기를 그림자는 진실로 어찌 할 수 없다 하더라도 선생 같은 분은 굴신을 자유로이 할 수 있으니, 세상이 버린 것은 아니옵니다. 聖明의 시대를 만나서도 빛을 감추고 자취를 묻어 버리니 이렇게 된 것 아니겠습니까?[53]

이상은 石川과 忍齋의 대화이다. 세상이 石川을 버린 것이 아니라 石川이 스스로 자취를 묻어버린 것이라 하였으니 이는 石川이 벼슬길에 나가고 싶으면, 언제든지 나갈 수 있는데도 나아가지 않고 이 星山에만 머문다는 것을 의미한 것이다.

그렇다면 앞의 忍齋의 말과 가사의 내용이 같고, 石川을 보는 시각도 같으니 전자는 石川으로 보아야 한다.

    다) 天邊의 써논구름 端石을 집을 사마
        나논닷느논양이 主人과 엇더호고

忍齋와 石川의 星山 출입을 여러 가지로 비유할 수는 있다. 그러나 여기서는 B)의 '及還海南 往來棲息 松江鄭相公 作星山別曲 以美之'를 보면 '石川이 해남과 星山을 자주 갔다 왔다 할 적에 松江이 星山別曲을 지어 石川의 생활을 찬미하였다'는 文谷의 서술과 가사의 맥락이 일치하고 있음을 알 수 있다.

    라) 仙翁의 희올 일이 곳 업도 아니호다
        울밋 陽地편의 외씨를 쎄허두고
        미거니 도도거니 빗김의 달화내니
        靑門故事를 이제도 잇다 홀사

邵平의 故事에 비유하고 있다. 松江은 石川의 息影亭 20詠을 차운하면서 '身藏子眞谷, 手理邵平瓜 : 정자진의 곡구에 몸을 숨겨서, 소평의 심던 외를 손수 심노라' 하였으니 같은 시상이라 할 수 있다.

또한 칭호를 仙翁이라 하였으니, 石川으로 보아야 한다. 忍齋는 松江으로부터 많은 시를 받았으나, 仙으로 호칭한 시는 찾아볼 수가 없다.

---

53) 앞의 註 32) 참조.

A)에서 '松江尤加敬每呼以霞丈'54)라 하였으니, 松江이 가장 존경하여 부른 칭호가 霞丈이다. 부르지 않던 仙의 칭호를, 星山別曲에서만 불렸다고 볼 수는 없는 것이다.

松江이 石川에게는 息影亭 20詠에서 海上仙55)이라 하고, 棲霞堂 8詠에서도 仙家56)라 하여 오히려 仙의 칭호가 격에 어울린다고 하겠다. 이는 松江뿐만이 아니다. 『石川集』을 보면 忍齋는 물론 河西를 비롯하여 모든 수창자들이 石川에게는 仙翁, 詩仙, 謫仙57) 등으로 부담 없이 仙으로 호칭하였음을 볼 수 있다.

  마) 엇디한 時運이 일락배락 ᄒᆞ얏난고
    모론일도 하거니와 애돌음도 그지업다
    箕山의 늘근고블 귀는 엇디 싯돗던고
    박소리 ᄑᆡ계ᄒᆞ고 조장이 ᄀᆞ장놉다

許由의 고사를 빌려, 주인의 탈속한 생활을 대유 한 표현이다. 忍齋는 직접 정계에 참여한 적이 별로 없지만, 石川은 혼탁한 정치상황에서 을사사화를 비롯하여 온갖 풍상을 다 겪고, 환로에 환멸을 느끼고, 星山으로 귀의하여, 국정에 시름이 있었으니 '늘근고블'은 石川을 지칭한 것이라 할 수 있다.

  바) 거문고 시ᄋᆞᆷ언저 風入松 이야고야
    손인동 主人인동 다니저 ᄇᆞ러시라
    長空에 ᄯᅴᆺ 난 鶴이 이골의 眞仙이라
    瑤臺月下의 힝혀 아니 만나신가

---

54) 앞의 註 19) 참조.
55) 앞의 註 12) 참조.
56) 정철, 앞의 책, 29~30면.
57) 『石川集』과 『서하당유고』에 보면 석천을 다음과 같이 부름 忍齋: 仙翁(370면), 河西: 詩仙(322면), 玉峯: 謫仙(棲霞堂遺稿 25장).

손이셔 主人 드려 닐오디 그디 권가 ᄒ노라.

忍齋와 石川이 다 거문고에 년조가 있었다. 石川이 忍齋에게 '聞剛叔彈絃',58) 霽峰이 石川에게 '斷絃誰復識洋'59) 등을 보면 알 수 있다.

학이 이 골의 眞仙이며 眞仙이 바로 主人이라는 것이다. 앞의 글 라)와 같이 星山에서 仙이라면 당시에 石川 밖에 없다. 그런데 星山別曲 가사에서 仙翁 또는 眞仙을 石川으로 국한하려면, 息影亭 4仙에 대한 해명 없이는 설득력이 없다.

息影亭 4仙이라 하면 石川, 忍齋, 霽峰, 松江을 가리키며, 息影亭에서 교유할 때 자칭 4仙이라 하고, 일명 4仙亭으로 호칭하여 4仙亭詩를 읊었다는 것이다.

그 후 사계에서는, 息影亭4仙이 하나의 숙어처럼, 星山하면 꼭 등장해 왔다. 출전을 보면 『石川集』60) 또는 『松江集』에 근거를 두고 松江의 4仙亭詩가 親筆로 전해지고 있다 하였으니,61) 누구나 수긍하지 않을 수 없었다. 그러나 필자는 부정적인 시각으로 보았다.

그 연유는 첫째 30~40세의 차이나는 사제지간에 모두가 仙이라 하여 作詩까지 하였다는 것이 믿기 어렵고, 둘째 仙의 개념으로 보아, 먼저 세간에서 도인으로 예우를 받으려면 노령이어야 가능하고, 셋째 石川이 息影亭으로 作名한 그 무렵에 또 다른 亭號가 있을 수 없고, 넷째 國仙의 네 분을 지칭한 高城에 4仙亭62)을 두고 도의상 또 다른 동명이 있을 수 없다는 것이다.

그러므로 근거를 추적해 보았다. 『石川集』에는 '登三日浦四仙亭'이라 하여 高城이란 自注63)가 있고, 『松江集』에는 4仙亭의 시는 볼 수가 없다.

---

58) 임억령, 앞의 책, 257면.
59) 임억령, 위의 책, 337면.
60) 崔聖鎬, 『松江文學研究』, 松江文學研究論叢, 韓國資料院, 1993, 240면.
61) 鄭春溶, 『松江文學研究』, 註 60)과 같은 책, 64면.
62) 四仙亭, <新羅때의 4國仙: 永郎, 述郎, 安詳, 南石行>.

다만 1974년에 간행한 松江集 국역본 후미에 松江 유묵이라하여 四仙亭韻의 시가 영인되어 있는데 끝에 수결이 애매하여 진위를 가릴 수가 없으며 息影亭을 지칭한 詩인지 알 수가 없다.64) (眞本은 볼 수 없어 미확인)

그렇다면 息影亭의 4仙亭詩가 있다는 것은 믿기 어렵고, 당시부터 息影亭 4仙으로 호칭하였다기 보다는, 근래에 와서 후예들이 爲先하기 위하여 호칭한 것으로 보아야 한다. 따라서 학을 주인으로 대유했다. 학이란 용어 역시 淸淨과 孤高함의 상징물로 일컬어 왔으니 石川으로 보아야 한다.

霽峰은 시에서 石川을 '靑山鶴', '鶴上老', '鶴上客'65)으로 호칭하고 思菴도 '仙鶴'66)이라 하였다. 松江의 단가(시조)편을 보면

    鶴은 어디가고 亭子눈 븨엿느니
    나눈 이리 가면 언제만 도라올고
    오거나 가거나 등에 혼잔 자바 흐쟈

朴焌圭 교수는「松江鄭澈의 樓亭題詠考」에서 상기 시조의 학에 대하여 다음과 같이 논설하였다. '石川은 이따금 고향인 海南을 往來하게 되었으니, 그들간의 會者定離는 松江의 경우는 출사로 인해, 石川의 경우는 귀향으로 말미암아 생기는 상황이었다. 그런 점에서 시조에서 말하는 鶴은 松江이 평소 섬겨오던 石川을 두고 이른 것으로 생각된다.'67) 이와 같은 해설에 동의하며, 앞의 가사 다)와 문헌 B)에도 일맥상통됨을 알 수 있다.

---

63) 임억령, 앞의 책, 180면.
64) 정철,『松江集』, 三安出版社, 1974, 157~163면.
65) 임억령, 위의 책, 333, 336면.
66) 임억령, 위의 책, 326면.
67) 朴焌圭,「松江鄭澈의 樓亭題詠考」,『古詩歌硏究』2·3집, 1995, 226면.

青天 구르밧귀 놉히쓴 鶴이러니
人間이 됴터냐 므스므라 ᄂᆞ리온다
당지치 다쩌러니도록 ᄂᆞ라 갈줄 모ᄅᆞᄂᆞ다

여기서도 학을 石川으로 볼 때는, 가사 나)에 해당된다.

이상 松江시조에서 한 가지 더 착안하여 부언한다면 松江이 젊었을 때부터 한시보다는 국문시가를 더 즐겨 읊었다는 사실이다. 星山別曲의 製作年代에서 기술한 바와 같이 石川 생존시에는 松江의 星山작 한시를 별로 볼 수 없으나, 국문시가는 자주 읊었다는 것을 알 수 있다. 그렇다면 星山別曲도 息影亭 20詠에 앞서, 石川 생존 시에 제작하였다고 볼 수 있다.

이와 같이 星山別曲歌詞 속에서, 棲霞堂, 息影亭主人이 투영된 곳만을 빠짐없이 들추어 보고 단가에도 비유해 보았으나 忍齋보다는 石川이 적격임을 알 수 있으니, 星山別曲의 찬미 대상도 石川으로 歸正되어야 할 것이다.

이제까지는 星山別曲의 찬미대상을 忍齋와 石川으로 보고 논의하였으나, 요즘 崔漢善 교수가 「星山別曲과 松江鄭澈」이란 논제로, 찬미대상이 忍齋나 石川 누구도 아니고, 바로 松江 자신의 은유적 표현임을 주장하였다.68) 여기에 있어 金善祺 교수가 같은 연구지에 「星山別曲의 세 가지 爭點에 대하여」를 발표하면서, 星山別曲은 主客同一人이 아님을 밝힌 바 있으므로69) 더 이상 논의하지 않겠으나 논거 속에 B)의 불신에 있어서는, 사족을 붙이지 않을 수가 없다.

文谷이 1678년에 B)를 찬술할 때 外地에서 누구의 요청을 받고 쓴 것이 아니고, 星山에 직접 다녀갔음을 알 수가 있다. 그때 文谷은 左議政으로 있다가 南人의 탄핵을 받고 靈岩으로 부처되어(1677~1680) 있었으

---

68) 崔漢善, 「星山別曲과 松江鄭澈」, 『古詩歌硏究』 제5집, 1998, 677면.
69) 金善祺, 「星山別曲의 세가지 爭點」, 『古詩歌硏究』 제5집, 1998, 677면.

니 星山에 왕래하기가 용이하며, B)를 쓰고 『石川集』 刊行에 편집까지 총괄하였다. 이때 文谷이 지은 시가 전한다.

<次贈 鄭混源>

空洲芳草綠年年 쓸쓸한 물가에 풀잎은 해마다 푸르건만
不見荷衣舊謫仙 謫仙으로 내려오신 荷衣道士는 뵈올 수 없구나
金骨只今應化鶴 님께서는 지금쯤 鶴으로 변화하여
月明飛影下江天 달 밝은 밤 훨훨 날아 강가에 내려오리.[70]

荷衣는 石川의 또 하나의 호임으로, 星山에서 石川을 찬미한 시다.

그렇다면 시를 받은 混源은 누구인가. 鄭涖의 字다. 鄭涖[71]는 松江의 4남인 畸菴 鄭弘溟(대제학 역임)의 아들로서, 同福현감을 지내고 芝谷 마을(星山옆)에 살고 있었다.

松江 손자 중에서도 아버지 畸菴에게 물려 받은, 『松江歌辭集』 眞本을 보존하였다가 「松江歌辭 星州本」의 원본이 되었으니[72] 鄭涖의 松江歌辭에 대한 집념을 알 수 있다.

文谷이 鄭涖와 星山에서 수창하였을 때는, 松江歌辭의 진본도 보았을 것으로 여겨진다. 특히 鄭涖가 그곳에서 창작한 星山別曲이 조부 松江의 自讚이었다면 그를 모를 리 없고, 文谷에게 알려 주지 않을 이유가 없다. 따라서 文谷이 쓴 B)를 보지 않았을 리가 없고, 그 후 그곳에서 刊行한 『石川集』에 등재된 行蹟이 오류가 있었다면 방관하지 않았을 것이다.

그러면 鄭涖를 비롯하여 松江 후손들이 星山別曲은 石川을 찬미한 가사로 주지하고 있었음을 알 수 있다.

---

70) 정철, <遺詞星山別曲條>,「松江別集追錄」 卷二, 『松江集』, 1988, 536면.
71) 鄭涖, 『昌平鄕校誌人物編』, 1997, 536면. 號는 松菊幹, 官은 同福縣監을 지냄.
72) 朴晟義, 『松江歌辭』, 正音社, 1981, 187면.

그 예로 『松江集』芝谷本을 刊行할 때도 星山別曲 가사 말미에 연관된 시로 지칭하여 전기한 <次贈鄭混源>시를 첨부한 것이다.73)

星山의 많은 詩 가운데, 이 시를 특별히 선집 하였다 함은 石川을 찬미한 詩想이 星山別曲과 같기 때문으로 추정할 수 있다.

뿐만이 아니다. 石川의 후손은 멀리 해남에 살고, 이곳의 왕래가 별로 없었음에도 불구하고, 星山의 주변에 사는 松江후손과 忍齋 후손을 비롯한 유림들이 石川을 위하여 星山에 星山祠를 건립하고, 주향으로 향사하였으니, 石川을 얼마나 추앙하고 있었음도 알 수 있다.74)

그런데 高宗 5년의 사우철폐령에 의하여, 星山祠가 훼철 됨으로, 石川과 星山과의 인연이 멀어져 갔으며, 그 후 『棲霞堂遺稿』가 간행됨으로써 石川의 사적이 와전되어 온 것이다.

그로 인하여 星山別曲의 해설에 비화되고 오늘날 논쟁에까지 이르게 된 것이라 할 수 있다. 이 같은 사실로 미루어 볼 때 B)는 추호도 의심할 수 없는 문헌으로 星山別曲의 논쟁을 해결하는데 필수적인 증거임을 밝히고자 한다.

V. 結語

星山別曲의 쟁점으로 作家문제, 製作년대, 讚美대상 등 세 가지를 살펴보았다.

첫째, 작가에 있어서는 石川보다는 松江으로 봐야 한다. 당사자인 『石川行蹟紀略』에 松江作으로 명시되어 있기 때문이다.

둘째, 제작연대는 『石川行蹟紀略』을 볼 때, 石川 生存時 제작임을 착안하고 松江 28세부터 32세 사이의 4년간으로 보았다. 따라서 松江이

---

73) 『松江集』, 앞의 註 46) 참조.
74) 星山詞, 『潭陽문헌집』, 朝鮮寰輿勝賢祠宇編, 346면.

石川 生存時에는 星山에서의 詩風이 한시보다는 국문시가를 즐겨 읊었으니, 星山別曲의 제작시기를 推定하는데 도움이 되었다.

셋째, 찬미대상에 중시하고, 문헌 검토부터 棲霞堂, 息影亭 창건 및 가사에 이르기까지 천착한 결과 忍齋보다는 石川을 찬미한 것으로 규정하였다.

먼저『棲霞堂年譜』와『石川行蹟紀略』을 검토하였는데, 기술연대부터 210년의 차이가 있을뿐더러 서술자, 증거제시 등을 참작해 보니 신빙성에 있어『石川行蹟紀略』이 월등함을 알 수 있다.

棲霞堂 창건은 石川이 忍齋를 처음 대면한 장소가 棲霞堂임을 石川의 시를 통하여 알게 되었으니 忍齋는 棲霞堂 창건과는 아무런 관련이 없음을 확인하였다.

息影亭 창건은 李家源의 기술을 참작하여 石川이 忍齋에게 위촉하여 지은 것으로 보았다. 따라서 息影亭의 관리를 忍齋에게 부탁하며 海南 本家로 떠난 송별시를 제시하고 石川 死後에는 忍齋가 棲霞堂, 息影亭의 주인이 되었음을 밝혔다.

星山別曲의 내용 가운데 棲霞堂, 息影亭 주인이 투영된 부분을 분석해 보았는데 단연 찬미대상은 石川으로 보아야 부합됨을 밝혔다. 또한 松江이 젊어서 읊은 시조 속에 石川을 학으로 대유 하여 찬미한 부분도 살펴보았다.

忍齋의 후손과 松江의 후손들이 星山 주변(충효동과 지곡마을)에 집단촌을 이루고 살면서 조선조말까지 石川을 추앙하고 받들어 왔으나,「棲霞堂遺稿」에 의하여 石川의 유적이 와전되어 전하고 있음을 알 수 있다.

星山別曲에 연관된 문헌으로는『石川行蹟紀略』이 320년이 된 最初, 最古의 문헌이다. 星山을 관리해온 忍齋의 손자가 직접 자료를 제공하고, 松江의 손자가 입회한 가운데 文谷이 찬술하여 즉시 목판본으로 간행한 증거임을 감안할 때 추호도 의심이 가지 않는다.

이 같은 기록 속에 星山別曲의 作家, 製作年代, 讚美對象이 밝혀져 있으니 더 이상 논의할 필요를 느끼지 않으며, 이제 星山別曲의 세 가지 논쟁은 마무리 되어야 하지 않을까 한다.

參考文獻

高敬命, 『國譯 霽峯集』, 정신문화연구원, 1980.
國學資料院, 『松江文學硏究』, 1993.
奇大升, 『高峯集』, 대동문화연구원, 1979.
金甲起, 『松江鄭澈硏究』, 이우출판사, 1985.
金成遠, 『棲霞堂遺稿』, 국립중앙도서관소장본, 1987.
金麟厚, 『國譯 河西集』, 하서기념사업회, 1987.
林億齡, 『石川集』, 驪江出版社, 1989.
朴光玉, 『國譯 懷齋集』, 동양학연구원, 1994.
朴晟義, 『松江歌辭』, 正音社, 1981.
世林獎學會, 『世林 7집』, 1977.
宋 純, 『國譯 俛仰集』, 潭陽文化院, 1995.
宋翼弼, 『韓國文集叢刊』 42권. 민족문화추진회, 1989.
林其中, 『朝鮮朝의 歌辭』, 성문각, 1982.
趙麒永, 『河西詩學과 湖南詩壇』, 국학자료원, 1995.
鄭 澈, 『國譯 松江集』, 松江遺蹟保存會, 1988.
許 筠, 『許筠의 說話』, 民音社, 1983.
崔漢善, 「石川林億齡詩學硏究」, 성균관대 박사학위논문, 1994.
韓國古詩歌文學會, 『古詩歌硏究』 1~5집.
姜銓爕, 「星山別曲의 作者에 대한 存疑」, 『韓國古典文學硏究』, 大旺社, 1982.
金思燁, 「松江歌辭新攷」, 『慶北大論文集』 제2집, 경북대학교, 1958.
金善祺, 「石川林億齡과 星山別曲」, 『石川林億齡의 文學과 思想』, 광주광역시, 1996.

金周漢, 「松江의 生涯」, 『古詩歌硏究』, 韓國古詩文學會, 1995.
朴焌圭, 「息影亭의 創建과 息影亭記」, 『湖南文化硏究』 제14집, 1985.
_____, 「松江鄭澈의 樓亭題詠考」, 『古詩歌硏究』 2·3집, 1995.
林南炯, 「星山別曲 創作動機에 대한 再檢討」, 『光州日報 鄕土文化報』 제7집, 1983.
丁益燮, 「石川集과 星山別曲」, 『改稿湖南歌壇硏究』, 민문고, 1989.
_____, 「石川集과 星山別曲」, 『韓國文學硏究』 12집, 동국대 한국문학연구소, 1989.
_____, 「星山別曲의 再考」, 『趙種業博士華甲紀念論叢』, 태학사, 1990.
崔聖鎬, 「松江文學硏究」, 『松江文學硏究論叢』, 韓國資料院, 1993.

제13회 전국향토문화연구발표회
1. 일시 : 1998년 12월 9일
2. 장소 : 서울 세종문화회관 대회의실
3. 주최 : 전국문화원연합회
   후원 : 문화관광부, 한국문화예술진흥원회
4. 수상 : 연구논문 우수상
5. 『수상논문집』 발간

附錄

石川年譜

연보(年譜)

◎ 연산군(燕山君) 2년(1496) 병진(丙辰)

2월 16일에 해남 동문 밖 해리에서 태어났다. 조부(祖父) 진안현감(鎭安縣監) 수(秀)가 영암으로부터 해남으로 옮겨 정착하게 되었는데 선고(先考)의 묘소를 선몽으로 인하여 영암의 3대 명당인 선인독서(先人讀書)에 모신 뒤 손자인 선생을 출생하니, 장차 훌륭한 문사(文士)가 될 것이라 하였다.

◎ 연산군 3년(1497) 정사(丁巳) 선생 2세
◎ 연산군 4년(1498) 무오(戊午) 선생 3세
◎ 연산군 5년(1499) 기미(己未) 선생 4세
◎ 연산군 6년(1500) 경신(庚申) 선생 5세
◎ 연산군 7년(1501) 신유(辛酉) 선생 6세
◎ 연산군 8년(1502) 임술(壬戌) 선생 7세
숙부 은일공 우리(遇利)의 문하에 나아가 학문을 익혔다.

◎ 연산군 9년(1503) 계해(癸亥) 선생 8세
시를 지어 산속의 승려에게 주었는데, 그 시가 어느 아이의 솜씨라고는 믿어지지 않을 만큼 의취가 깊고 운목이 삽상하여 주위 사람들을 놀라게 했다.

> 쪽박이 비니, 마음 또한 비었구나.
> 내 산승에게 이를 말 있소
> 뒷날 방장산(지리산)에 가을 오면,
> 함께 쌍계의 달이나 길어 볼까
>
> (석천집)

◎ 연산군 10년(1504) 갑자(甲子) 선생 9세
◎ 연산군 11년(1505) 을축(乙丑) 선생 10세
◎ 중종원년(中宗元年, 1506) 병인(丙寅) 선생 11세
이 해에 연산군이 교동(喬桐)에 폐위되어 갇히고 중종이 즉위하였다.

◎ 중종 2년(1507) 정묘(丁卯) 선생 12세
◎ 중종 3년(1508) 무진(戊辰) 선생 13세
◎ 중종 4년(1509) 기사(己巳) 선생 14세

선생은 일찍이 아버님을 여의고 어머니 음성박씨(陰城朴氏)의 명에 의하여 눌재(訥齋) 박상(朴祥)과 육봉(六峰) 박우(朴祐)의 문하에서 동생 백령(百齡)과 같이 수학하였다. 이때 박눌재는 일찍이 선생에게 장자(莊子)를 읽도록 하면서 말하기를, "너는 반드시 문장(文章)이 될 것이다."고 하고 동생에게는 논어(論語)를 읽도록 하면서, "이는 족히 관각문(館閣文)을 담당하게 될 것이다."고 하면서 다음과 같은 시로써 입문(入門)을 반겨 주었다.

> 그대 데리고 공부자(孔夫子)에게 여쭈어 보려,
> 저 수사(洙泗)의 물가 따라 가리라.

큰 열매 다행히 떠 먹히지 않고 있으니,
주워다 내 대그릇에다 거둬 두리라.

(눌재집)

◎ 중종 5년(1510) 경오(庚午) 선생 15세
◎ 중종 6년(1511) 신미(辛未) 선생 16세
◎ 중종 7년(1512) 임신(壬申) 선생 17세
◎ 중종 8년(1513) 계유(癸酉) 선생 18세
외숙 전주(全州) 통판(通判) 박곤(朴鯤 : 회재 박광옥의 아버지)에게 수학하였다.

◎ 중종 9년(1514) 갑술(甲戌) 선생 19세
◎ 중종 10년(1515) 을해(乙亥) 선생 20세
부인 지례전씨(智禮錢氏)를 맞이하였다. 감사(監司) 성(晟)의 따님이다.

◎ 중종 11년(1516) 병자(丙子) 선생 21세
봄에 진사초시(進士初試)에 합격하고 가을에는 진사회시(進士會試)에 합격하였다.

◎ 중종 12년(1517) 정축(丁丑) 선생 22세
태학(太學)에서 김서성(金瑞星)과 함께 공부하였는데, 학문이 크게 진작되었다.

◎ 중종 13년(1518) 무인(戊寅) 선생 23세
◎ 중종 14년(1519) 기묘(己卯) 선생 24세
남곤(南袞), 심정(沈貞) 두 간신이 고위관직에 있던 때라 선생은 벼슬에 뜻을 두지 않고 태학을 떠나 고향으로 돌아오는 길에 금강루선(錦江樓船) 시를 읊었다.

> 어떤 나그네 처자를 거느리고,
> 멀리 해남을 향하고 있네.
> 해질 무렵, 옛 나루터에 이르니,
> 맑은 금강물 쪽빛인양 푸르르네
> 훨훨 나는 버들 꽃은 솜털인양 휘날리고,
> 쓸쓸한 바람은 소매에 스며오네
> 평소의 세상을 놀라게 한 시구는,
> 성정의 괴벽 때문인 줄 이제야 깨닫겠네.
> (석천집)

이때 기묘사화(己卯士禍)가 일어났다.

◎ 중종 15년(1520) 경진(庚辰) 선생 25세
진도에 유람을 갔다가 벽파정시(碧波亭時)와 영주각시(瀛州閣詩)를 지었다.

◎ 중종 16년(1521) 신사(辛巳) 선생 26세
조부가 돌아가셨다. 해남 북쪽에 있는 교동(校洞)의 북동쪽 언덕에 장사(葬事) 지내고 상을 치르느라 초막에서 거쳐하였다.

◎ 중종 17년(1522) 임오(壬午) 선생 27세
◎ 중종 18년(1523) 계미(癸未) 선생 28세
상복을 벗고 산을 내려왔다.

◎ 중종 19년(1524) 갑신(甲申) 선생 29세
◎ 중종 20년(1525) 을유(乙酉) 선생 30세
봄에 식년시(式年試)에서 전책(殿策)으로 등과(登科) 했다.
9월에는 휴가를 얻어 내려왔다. 상경하던 때에 육봉 박우(사암 박순의 아버지)와 더불어 시를 주고받았다.

◎ 중종 21년(1526) 병술(丙戌) 선생 31세
양림산(兩林山) 아래 사직동(社稷洞)에 거처하면서, 청송당기(聽松堂記)를 지었다. 청송당은 성수침(成守琛 : 성혼의 아버지)이 지은 당(堂)이다. 선생의 자연에 대한 인식과 성률에 대한 태도를 살피는데 참고가 되어 여기에 붙인다.

林子가 하루는 주인으로 더불어 담화를 하면서 묵게 되었는데 이날 밤은 하늘이 명랑하고 밤이 고요했다.
서로 지팡이를 끌고 뜰가를 맴도는데 바람이 하늘에서 휭 하고 일어나 온 산중을 솔솔 스쳐감에 가지가 흔들리고 잎사귀가 떨어져 쌀쌀하게 골짜기를 뒤흔드니 그 빛남은 바다와도 같고, 바스락거리고 어둑함이 비오는 듯하고, 눈발소리 같기도 하고, 비파소리 같기도 하고, 피리소리 같기도 하고, 퉁소소리 같기도 하며 물이 끓는 듯 벌레가 울듯하여, 시원하면서도 얇은 모습이 아니요. 불어대도 날아가지 않으며 넓으면서도 더 퍼져나가지 않고, 가는 듯 하면서도 흘러가지 않고 중복되어도 싫지 않으며, 음절을 맞추려 할 것도 없이 음절이 저절로 맞아 뼈까지 상쾌하게 하고 또 심신을 스산하게 한다.
맑은 소리는 마음의 사예(邪穢)를 씻어주고 화평하고 담박한 기운이 생기게 한다.
아! 천지의 사이에 소리를 내는 것이 만 가지로 다른데 그 중에서 성음(聲音)의 즐길만한 것이 적지 않지만 이(바람소리-인용자) 즐거움이 최고이다.

헌원씨(軒轅氏)의 음악 함지(咸池)나 유우(有虞)의 소(韶)는 음악 중에서도 큰 것이다. 그것이 어룡을 춤추게 하고 봉황이 모습을 드러내게 하였으니 만물도 그렇게 감동 시켰거든 사람은 어쨌는지 알만하다.

孔子는 성인이었지만 百世의 뒤에 듣고서 三月동안 肉味를 잊을 정도였으니까.

그것(함지·소-인용자)으로써 空山의 古木이 으스락 바스락하게만 할 뿐 아무런 가락도 박자도 없는 소리만 내는 데에 비한다면 어떻겠는가.

이야기 할 것도 없이 분명하고 뚜렷한 것이다. 하지만 근본부터 따져본다면 귀와 눈의 힘을 다 써서 만든 음악은 수고로운 것이요, 금석(金石)을 빌린 음악은 번거로운 것이요, 퉁기고 치는 음악은 얽매여 있는 것이다.

아름답기야하지만 어찌 자연과 비교하여 말할 수 있겠는가.

장주(莊周)가 말하기를 "피리와 비파를 녹여 끊어 버리고 고광(晉의 樂師인 師曠)의 귀를 틀어막아 버려야 천하의 사람이 귀가 밝아질 것이다." 하였으니 이는 음악을 미워함이 아니라, 그것이 자연의 소리가 아니라는 것이다. 대갱(大羹)에 오미(五味)로 간을 맞추는 것이 어찌 그 싱거운 것을 그대로 둔 것만 같으며, 백옥(白玉)을 헐어서 규장(珪璋)을 만드는 것이 어찌 그 박(璞)대로 놓아둔 것만 하겠는가.

한번 손을 대어 만들다 보니 그 천연(天然)을 읽어버리게 된 지가 오래이다. 무릇 태공(太空)의 가운데 음양이 서로 부딪쳐 바람과 우레가 진동을 하고 풀과 나무가 윙윙 거리고 새와 짐승이 소리를 지르고 하는 것이 어느 것 하나 천연(天然)을 나타내는 큰 음악이 아닌 것이 있는가.

(석천집, 청송집)

10월 선생과 동갑친구인 권사성(權思聖)이 휴가를 얻어 갈 때에 봉로성(逢魯城) 시를 지어 주었다.

◎ 중종 22년(1527) 정해(丁亥) 선생 32세
옥당에 있었다.
6월에 왕명(王命)을 받아 문선시(聞蟬詩)를 지었는데 김안로(金安老)가 용사(用事)하는 게 미워서 말구(末句)에 비유하였다.

깊이깊이 입에 가려
많이 떠들지 말라.
산까치가 먹으려 오면
너를 두지 않을게다.

(석천집)

또 명을 받아 국화시(菊花詩), 오작교시(烏鵲橋詩)를 지었다.
8월에 명을 받아 중추무월시(中秋無月詩)를 짓고, 9월에도 명을 받아 명비촌시(明妃村詩), 낙화암시(落花岩詩), 적벽고풍시(赤壁古風詩)를 연달아 지었다.
가을에 교수(敎授)가 되었는데, 눌재의 아들 민중(敏中)이 자기 집으로 초청하였다.

어느 날, 과거를 보러 가게 되어 석천을 광주(光州)에 있는 자기 집으로 맞이하여 성대한 술자리를 베풀고 예절을 차림이 매우 공손하였다. 술자리가 반쯤 되었을 무렵 민중이 일어나며 (석천에게)청하기를, "금번에 선생님께서 시관으로 가실 것인데 어떤 제목을 내리렵니까?" 하므로, 석천이 의아하게 여기면서, "요즈음 선비들의 글 솜씨를 보면 자네보다 나은 사람이 없으니, 이번의 장원은 자네가 아니면 누가 하겠는가? 나이 젊은 뜻있는 선비도 오히려 그런것을 묻는가" 하였다.
박민중이 말하기를 "제가 이 무릎을 선생님 이외에는 평생 꿇지 않으려고 생각합니다. 만일 (과거가)뜻대로 되지 않으면 무슨 면목으로 세상에 나가 그것 때문에 구구한 요청을 할 것입니까?" 하였으나, 석천이 위로하여 격려했을 뿐 끝내 말하지 않고 가버렸었는데, 과연 장원 급제 하였다가 나이 스물여섯에 일찍 죽었다. 문장하는 선비들의 이기기 좋아함이 대개 이러하였다.

(기개잡기)

◎ 중종 23년(1528) 무자(戊子) 선생 33세
봄에 홍문관(弘文館) 부수찬(副修撰)으로 승진되었다.
춘방계(春坊契)의 모임에서 계축을 짓고 시첩(詩帖)을 만들었다. 선생을 필두로 하여 안수(安璲), 임설(任說), 최희맹(崔希孟), 이승효(李承孝), 홍섬(洪暹), 최연(崔演)이었다.
가을에 의정부(議政府) 검상사인(檢詳舍人)이 되었다.

◎ 중종 24년(1529) 기축(己丑) 선생 34세
7월에 휴가를 얻어 고향집으로 돌아왔다.

◎ 중종 25년(1530) 경인(庚寅) 선생 35세
봄에 임치첨사(臨淄僉使)에 제수되었다.
3월에 서남 여러 섬의 말을 점검하면서 지은 기행시(紀行詩) 승부록이 있다.
이관(李瓘)과 함께 시를 주고받았다.
4월 11일에 눌재선생이 하동(荷洞)의 댁에서 세상을 떠나자 선생이 글을 지어 치제하였다.
인순왕후(仁順王后)가 승하(昇遐)하셨다.
보현사시(普賢寺詩)를 지었다.
11월에 허락을 얻어 고향집에 다녀왔다.

◎ 중종 26년(1531) 신묘(辛卯) 선생 36세
3월에 윤구(尹衢)에게 감춘시(感春詩)를 보냈다.
장흥에 적거중인 영천(靈川) 신잠(申潛)과 유별할 때 시를 주었다.
4월에 학감(學監) 강흔수(姜欣壽)와 함께 시를 주고받았다.
영광암천원근시(靈光岩泉園芹詩)를 지었다.
9월에 허락을 얻어 고향집에 다녀왔다.

◎ 중종 27년(1532) 임진(壬辰) 선생 37세
3월에 임치첨사에서 해직되고 내직(內職)에 발탁되니 어머님을 뵙고 상경하여 입궐하였다. 사간원(司諫院) 사간(司諫)을 제수 받았다.

◎ 중종 28년(1533) 계사(癸巳) 선생 38세
봄에 노모를 봉양하기 위하여 동복현감(同福縣監)이 되었다.(고향집에 이르러 어머님을 뵈었다)
2월에 동복에 적거중인 최산두(崔山斗)와 함께 응취루(凝翠樓)에 올라 점필재의 운을 따서 시를 지었다.
어머니가 병으로 위독하다는 소식을 듣고 약을 지어 달려왔으나 갑자기 해남의 집에서 돌아가셨다. 상을 치루는 의절(儀節)을 모두「가례(家禮)」에 의거하여 행하였다. 해남 교동에 있는 부친의 무덤에 함께 장례를 지내되 봉분(封墳)은 각기 따로 하였다.

◎ 중종 29년(1534) 갑오(甲午) 선생 39세
선생은 초막에 거처하고 있었다.
5월 20일에 명종(明宗)이 태어났다.
아들 면(沔)이 태어났다.

◎ 중종 30년(1535) 을미(乙未) 선생 40세
초막에 거처하다 겨울에 상복을 벗었다.

◎ 중종 31년(1536) 병신(丙申) 선생 41세
성균관(成均館) 사성(司成)을 배수(排授)하였다.
9월 15일 저녁, 근정랑(勤政廊) 모임에서 선생과 병조(兵曹)의 정원룡(鄭元龍), 시강원(侍講院)의 임설(任說), 승정원(承政院)의 민중명(閔仲鳴), 예문관(藝文館)의 최양호(崔養浩), 홍문관(弘文館)의 이승효(李承孝)등 6인과 함께 시사(詩社)를 열었다.
12월 6일 병술일(丙戌日)에 소세양(蘇世讓)이 원접사(遠接使)가 되고 선생과 홍춘경(洪春卿), 조사수(趙士秀)가 종사관(從事官)이 되었으나, 병이 있어 승정원에 체직(遞職)되기를 청하니 박충원(朴忠元)이 대신하였다.

◎ 중종 32년(1537) 정유(丁酉) 선생 42세
5월 11일 사헌부(司憲府) 지평(持平)을 제수하였다.
왕명을 받아 용산낙모시(龍山落帽詩)를 지었다.
탕춘대시(蕩春臺詩)를 지었다.
창의동(彰義洞)으로 옮겨 이거중(李居中)과 함께 기거하였다.
동지(同志)인 엄흔(嚴昕), 조사수(趙士秀), 임설(任說), 신잠(申潛)과 함께 한강에 배를 띄우고 유람을 나갔는데 청풍은 천천히 불어오고 물결은 뒤집히는 듯 혹은 그렇지 않은 듯해서 시는 호방하고 흥취가 일어날 만 했다.

◎ 중종 33년(1538) 무술(戊戌) 선생 43세
정월 19일에 홍문관 부교리(副校里)에 선임되었다.
3월 28일에 홍문관 부교리를 배수 받았다.

9월에 왕명을 받아 종묘사직제문(宗廟社稷祭文)을 짓고 또 추림시(秋霖詩)를 지었다.

박우(朴祐), 엄흔(嚴昕), 권경호(權景祜) 3人과 함께 북계관추시(北溪觀秋詩)를 수창(酬唱) 했다.

왕궁(王宮)으로부터 사여(賜與)를 무릅서 놀라고 기쁨을 이길 수 없어 스스로 하례하였다.

◎ 중종 34년(1539) 기해(己亥) 선생 44세

6월 17일 사헌부 지평(持平)이 되었다.

관어대시(觀魚臺詩)를 지었다.(관어대는 나주(羅州) 십엄강(什嚴江) 위에 있는데 김천일(金千鎰)이 건축한 것이다)

8월 10일 사헌부 장령(掌令)에 제수되었다.

9월 4일 홍문관 교리(校理)를 제수 받았다.

5일, 선생과 홍문관 부제학(副提學) 안현(安玹)등이 차자(箚子)를 올려 임금이 신하들의 간언을 천리 밖의 외인들이 말하는 것처럼 경솔히 여기고 있음을 책망한 후 군주가 스스로의 잘못이 없나 돌이켜 뉘우치고 간언을 용납하는데 인색 하지 말 것이며 언론을 확충하고 하늘의 뜻에 감응하는 실질을 극진히 할 것을 논하였다.

9월 30일에 홍문관 부응교(副應敎)를 제수하였다.

10월 28일에 사헌부 장령을 제수하였다.

◎ 중종 35년(1540) 경자(庚子) 선생 45세

5월 12일 사간원(司諫院) 사간(司諫)을 배수하였다.

11월 8일 홍문관(弘文館) 전한(典翰)을 배수하였다.

◎ 중종 36년(1541) 신축(辛丑) 선생 46세

5월 15일에 사헌부 집의(執義)를 배수하였다. 이때 다음과 같은 정치론을 전개한 바 있다. 이조(吏曹)의 청탁이 성행한 것과 수령들의 방자한 행정을 논박·지적하면서 수령을 잘 인선하여 옛날의 퇴폐풍속을 고치도록 주청하였다. 「김안로(金安老)가 집권하여 사형수에게 적용된 삼복제의 법을 폐지해 임금으로 하여금 백성죽임을 과감히 하도록 하였습니다. 청하옵건대, 이전 임금들이 백성을 불쌍히 여기고 구원하자 한 뜻에 따라 옛 법을 다시 지킬 것을 주청하옵니다.」(왕조실록)

9월 10일에 사간원 사간을 배수하였다.

11일에는 선생이 대사간(大司諫) 이찬(李澯)등과 함께 차자를 올렸다.

신하들이 간하는 말을 듣는 것이 어려운 것이 아니며 간한 말을 받아들이는 것이 어렵고, 간한 말을 받아들이는 것이 어려운 것이 아니라 간한 말을 즐거워하는 것이 어렵습니다. 간한 말을 듣기만 하고 받아들이지 않으면 듣는 것이 유익됨이 없고, 받아들이면서도 즐거워하지 않으면 간하는 신하가 날로 소외감을 가질 것입니다. 요즈음 시종들의 행정폐단이 많다고 지적하고 있으니 전하께서는 몸소 반성하시어 전하 자신이 말씀하시기를, "나는 잘못이 없는데 어찌 이런 말 있는고" 하시니, "더욱 노력하시어 광명정대(光明正大)한 덕을 쌓아 여러 신하들의 의심을 들어주는 것이 옳을 것입니다. 이제 신(臣)등이 언관의 직책으로 자리를 옮긴 뒤, 청백한 행정에 대해 전하의 물음이 있을 때마다 연구하여 전하께서 듣기 싫어하고 기뻐하지 않으실 말씀 아뢴다면 장차 머지않아 천리 밖으로 쫓기는 몸이 될 것이요, 그로 말미암아 언로(言路)가 막히어 마침내 구제되지 못할까 심히 걱정하는 것입니다."라고 하니, 전하께서 내리신 비답에 이르기를 지당한 말이라고 하였다.

(왕조실록)

관이당시를 지었다.(관이당은 서울에 있는데 송연(宋演)이 만들었다.)

함경감사(咸鏡監司) 류숙춘(柳叔春)이 사직하기 위하여 조정에 올라
왔을 때 이별하는 글을 주었다.
  11월 29일에 홍문관 전한을 배수하였다. 이때 학을 두고 시를 지었는
데, 선생과 하서(河西)의 작이 특별히 인구에 회자 되었다.(월정만필)
  송강(宋岡) 조사수(趙士秀)가 제주목사로 나갔을 때, 선생이 그에게
시를 지어 보냈다.(송계만록)

◎ 중종 37년(1542) 임인(壬寅) 선생 47세
  봄에 선위사(宣慰使)로 배수되어 영남(嶺南)에서 왜사(倭使)를 접대하
기 위해 내려갔다.
  4월에 사신이 늦게 도착하게 되니, 그간 시간을 얻어 가야산(伽倻山),
최치원(崔致遠) 선생의 은처(隱處)에 가서 홍류동(紅流洞), 자필암, 연화
봉(蓮花奉) 시를 짓고, 또 고운서암소절(孤雲書巖小絶)에 차운하였다.
  남명(南冥) 조식(曺植)이 김해(金海)에 있는 산해정(山海亭)으로 선생
을 초청하였으며, 그 후「증석천자(贈石川子)」라는 시를 읊었다.

        이제 석천자(石川子) 있으니
        그 사람은 고대(古代)의 남은 절사(節士)
        부용(芙蓉)꽃이 참으로 장하게 솟았으니
        어찌 대소(大小)의 분별을 말하리오
        석년(昔年)에 내가
        산해(山海)의 와혈(蝸穴)로 청하였는데
        그때 보니 콩이 익었고
        완염(琬琰)이 동서(東西)로 벌려있었다.
        석천(石川)이 일천목노(一天木奴)를
        달콤한 것 쪼개니 향기가 혀에 가득
        돌아와 화판(花判)하는 일
        그 行爲 길을 고치지 않았다.

비록 주려도 말은 먹지 않노니
남이 보태준 것 빨간 화로에 한 점의 눈이라
해여 그대는 일계(逸戒)를 알아
도현(倒懸)에 밧줄을 풀어준 것은 아니니까

(남명집)

일본 상부관과 수창하였다.
4월 24일 선위사로서 장계를 올렸다.
사문시(沙門詩)를 지었다.(합천(陜川) 해인사(海印寺)에 있음)
교구정시(交龜亭詩)를 지었다.(이 정자는 문경새재(聞慶鳥嶺) 안에 있음)
정승(政丞) 권철(權轍)과 함께 수각(水閣)에서 시를 주고받았다.
월파정시(月波亭詩)를 지었다.(경상도(慶尙道) 선산(善山)에 있음)
봉황서루시(鳳凰捿樓詩)를 지었다.(경기도(京畿道)에 있음)
전생서(典牲暑)의 계축(契軸)을 지었다.
왕명을 받아 광성부원군(光城府院君) 김극성(金克成)의 제문(祭文)을 지었다.
퇴계(退溪) 이황(李滉)이 서울의 선생 집으로 찾아와 수창하였다.

◎ 중종 38년(1543) 계묘(癸卯) 선생 48세
아들 찬(澯)이 태어났다.

◎ 중종 39년(1544) 갑진(甲辰) 선생 49세
구십포교시(九十浦橋詩)를 지었다. 이때 백광훈(白光勳), 박개(朴漑), 오상(吳祥), 양응정(楊應鼎)과 같이 수창하였다.
6월 25일에 홍문관 응교(應敎)를 제수하였으나 물러날 뜻을 알리고 귀향한 후 거듭 부름을 받았으나 나아가지 아니 하였다.

8월 7일에 승정원 동부승지(同副承旨)를 배수하였다. 이때 퇴계 이황은 선생의 후임으로 홍문관 응교를 제수 받았다.

9월 21일에 사간원 대사간(大司諫)을 배수하였다.

9월 29일에 임금의 부르심을 받고 빈청(賓廳)에 나아갔다.

윤임(尹任), 윤원형(尹元衡)을 벌주려는 교지(敎旨)가 내려오자 선생이 대사헌(大司憲) 정순붕(鄭順朋), 집의(執義) 한두, 사간(司諫) 한주(韓澍), 장령(掌令) 정희등(鄭希登), 백인영(白仁英), 헌납(獻納) 성세장(成世章), 정언(正言) 조광옥(趙光玉), 심세림(沈世霖)등과 함께 계(啓)를 올려 조정에 허론과 사설이 난무하고 있음을 지적하고 군주는 사설에 현혹되지 말고 공정하고 밝은 도를 지켜야함을 논했다.

11월 15일 선생이 대사헌 정순붕과 빈청에 나아가 홍언필(洪彦弼) 등에게 말하기를

"어제 왕위를 세자에게 전(傳)하신다는 전하의 교시를 대신들이 비록 불가하다는 계문을 올렸지만 가하고 불가한지를 이제 다시 분명히 아뢰지 아니하면 잘못이 아니겠는가."라고 하니 홍언필이 말하기를 "그렇다면 어떻게 해야 한다는 말인가."

선생은 좌우에 있는 동료들에게 말씀하시기를, "동궁께서는 행동이 정당하시고 명성과 지위가 이미 결정되어 별다른 뜻이 없습니다. 그러나 이와 같은 큰일을 나 단독으로 계문을 올리기가 어려울 것 같으니, 당연히 의정부(議政府), 육조(六曹), 양사(兩司), 홍문관(弘文館)과 더불어 회의를 갖는 것이 옳다."고 했다.(왕조실록)

이날 유시(酉時)에 전하께서 환경전(歡慶殿) 소침실(小寢室)에서 승하하셨다.

만사와 제문을 지어 곡하였다.

11월 20일에 인종 즉위에 대한 논의가 있었다.

대사간(大司諫) 임억령(林億齡)이 말씀하시기를 "금상(今上)께서 만일 과복(裹服, 상복을 이름) 차림으로 왕위(王位)를 이어받고자 하신다면

길복(吉服)을 갖추지 말라는 계문(啓文)을 올리는 것이 또한 옳지 않느냐'고 했다.

임억령(林億齡)이 내시(內侍)에게 이르기를 "사왕(嗣王)의 기력이 어떠하신고, 만일 듣고 보는바가 있으면 사실대로 대답하는 것이 좋지 않겠느냐"고 하자, 내시(內侍)가 대답하기를 "옥체에 별다른 증세는 없습니다마는 성복제(成服祭)를 모신 뒤 고개를 숙이고 엎드려 애통하는 마음에서 한마디 말씀도 하지 않으십니다." 라고 했다. 드디어 익양관(益陽官) 성세창(成世昌), 임억령(林億齡) 등이 곧바로 초막집 문밖에 들어섰다. 이때 두 정승이 자전(慈殿)에게 올린 계문이 이르되 「이제 종실(宗室) 및 대간(臺諫), 홍문관장관(弘文館長官)과 육경(六卿) 등이 모두 들어왔습니다. 이곳은 들어올 곳이 아닙니다마는 사왕의 애통이 극심하시기 때문에 들어왔으니 사왕께 다시 대례(大禮)를 진행하도록 청하옵소서」라고 했다. 또다시 사왕께서 올린 계문에 이르되 「오늘날 대례는 정시에 거행하지 못했습니다마는 조정(朝廷)의 대신(大臣)들이 모두 이곳에 모였습니다. 돌이켜 생각하니 이처럼 늦어진 것은 잘못으로 여겨집니다.」라고 했다. 내시가 사왕의 뜻을 받들어 밖에 나와 말하기를 "구토증이 있으니 석전(夕奠)행사에 참여하여 곡성(哭聲)을 낼 수 없으며 대신(大臣)들의 뜻은 모두 알았으니 잠시 몸 조리하여 계문을 따라 의행(依行)한다."고 했다.(이하생략)

창경궁(昌慶宮) 명정전(明政殿)에 도열하였다. 인종(仁宗)이 즉위하는 것을 경하하기 위한 행렬이었다. 저녁나절에 인종이 창경궁 명정전에서 즉위하고 신하들의 하례를 받았다.

◎ 인종 원년(1545) 을사(乙巳) 선생 50세

정월 7일에 선생이 집의 한두, 사간 한주 등과 함께 명을 받고 들어와서, 대간(臺諫)의 직무는 시비를 규명하는 것이지 조정의 의론에 참서하는 것이 아니므로 대간이 조정의 의론에 참여하지 못하도록 해줄 것을 청하는 장계를 올렸는데, 왕조실록에 다음과 같이 기록되어 있다.

「모든 국가의 일은 조정(朝廷)에서 의논하여 결정한 것이지만 만일 착오가 있다면 대간은 잘못을 밝혀 바로잡아야 할 책임이 있습니다. 이제 백립(白笠)을 쓸 것인가 흑립(黑笠)을 쓸 깃인가의 의론을 결정한 자리에 대간들에게 동참하라는 교시(敎示)를 받았습니다. 대간이 만일 참석한다면 비록 대신들의 잘못이 있으나 누가 밝혀 바로잡을 것입니까. 청하옵건데 동참하지 않을까 합니다.」
　전하께서 회답하시기를 「성종대왕 때도 대간과 홍문관이 동참하여 이러한 논의를 가졌다는 말이 있다. 어제 참판(參判) 등의 의논이 오례의(五禮儀)에 합일점을 찾았고 나도 또한 백립을 쓰고 싶은데 중신들의 의논이 하나로 되지 않으므로 의논을 넓히고자 한 것이니 바로잡는 것을 기대한다는 것 보다는 올바로 의논해줄 것을 기대한 것이니 함께 논의하여 아뢰는 것이 옳다고 하셨다.」 억령 등이 재차 아뢰기를 「대간의 직책이란 옳고 그름을 밝혀 바로잡는 것인데 조정 대신들과 자리를 함께 하여 이 일을 논의한다는 것은 옳지 못한 것입니다. 예전에 비록 대간과 대신이 동참하여 논의할 때가 있었지만 그것은 이미 잘못된 것인데 그것을 근거로 하여 떳떳하다고 생각한 것은 옳지 못하다는 생각이 듭니다. 돌이켜 생각해 보면, 자신의 직책을 떠나 대신들과 함께 논의 한다는 것은 월권인 것이며 일의 원칙에 큰 잘못을 남기는 것임으로 감히 사뢰는 것입니다.」라고 했다. 전하의 회답에 이르되 「백립을 쓰는 것으로 나의 뜻을 결정했으니 대간들은 굳이 의논하지 말라고 했다. 대신들이 기록하기를 금상의 예법을 좋아하는 정신이 심히 독실하므로 구차한 공경들의 의논을 따르지 아니하고 스스로 3년간 백립을 쓴다고 결정했으니 이는 족히 뒷세상에 모범을 보였다.」

(왕조실록)

10일에 고향으로 돌아왔다.

7월 1일 묘시(卯時)에 인종이 승하하였다. 만사와 제문을 지어 곡했다.
6일 명종(明宗)이 즉위 하였다.
11월 7일 선생이 금산군수(錦山郡守)로 계실 때 신병을 이유로 사직을 청하였으나, 신병을 조리한 후에 올라오라는 명이 있었다.
선생은 이때부터 환로(宦路)에 나가지 않고 창평성산에 별서를 지어 양씨부인을 살게 하였다.
이때 을사사화가 일어났다.
사신(使臣)이 말하기를, "임억령은 (중략) 드디어 벼슬을 버리고 고향으로 돌아갈 때 (중략) 시를 지어주며 경계하기를「잘 있거라 한강수야, 편히 흘러 풍파(風波)를 일으키지 말라.」하였다." 사람됨이 소탕하고 속박 받지 않으며 영리를 좋아하지 않았다.(왕조실록)

◎ 명종 원년(1546) 병오(丙午) 선생 51세
5월에 원종록(原從祿)에 봉(封)해 졌으나 선생이 사양하고 받지 않았다. 산골짜기 깊은 곳에서 제문을 지어 불에 던지고 시를 지어 뜻을 나타냈다.

> 대나무 늙어 베어 쓰지 않고
> 소나무 높아 봉후(封侯)도 마다한다.
> 누가 송죽(松竹)과 지조를 같이 할꼬
> 깊은 골짜기에 백두옹(白頭翁)인가 하노라

6월 19일에 동생 백령이 중국 연경(燕京)에 사신으로 갔다가 돌아오는 도중, 영평(永平)에서 병사(病死)하니 고양(高陽)에 장례했다.
관수정시(觀水亭詩)를 지었다.(장성 송흠 지음)

◎ 명종 2년(1547) 정미(丁未) 선생 52세

경희루시(慶喜樓詩 : 광주에 있음), 광주동헌시(光州東軒詩)를 지었다. 이때 동생 구령(九齡)이 광주목사(牧使)로 재임하고 있었다.

4월, 눌재유집(訥齋遺集)을 간행하였다. 육봉 박우가 서문을 쓰면서 선생에게, "옛것을 좋아하고, 엄박·우아한 분으로 유명한 사람의 글은 읽지 않는 것이 없는데 그 중에도 이 문집을 특히 좋아했다."고 하였다.

9월 28일에 육봉 박우의 부음을 듣고 나주(羅州) 상가(喪家)에 가서 조문하였다.

◎ 명종 3년(1548) 무신(戊申) 선생 53세

해남(海南), 창평(昌平), 강진(康津)을 차례로 왕래하면서 두루 산수를 유람하였는데, 시와 문장이 잘 어우러졌다.

청년 이후백(李後白)의 소상야우지곡(瀟湘夜雨之曲)을 번사(翻詞)하였다.

◎ 명종 4년(1549) 기유(己酉) 선생 54세

강진에서 창평의 송강별서(松江別墅)와 해남의 마포별업(馬浦別業)을 생각하면서 시를 지었는데 그중에 장차 송강별서에 살 것을 기약한 시로 여기에 붙인다.

> 푸른 들녘에는 나락이 무르익고
> 맑은 강물에는 하얀 고기떼가 가득 하구나
> 가을이 되어 병고로 시름하니
> 늙을수록 나무하고 고기 잡던 시절이 그립구나.
> 소나무 밑에서 낚시질 할 것을 기약했었고
> 산기슭에 이미 살 곳을 점쳐서 정했었네
> 세모에는 돌아가기로 결심했으니

아이야 타고 갈 수레나 챙겨라
(석천집 : 억송강별서)

3월 9일 박우를 장례하는 날이었다.

임진당(壬眞堂) 채세영(蔡世英)이 호서(湖西) 안경사(安慶使)가 되어 나갈 때 당시의 상황을 알려주면서 선정을 부탁하고 노잣돈 대신에 이 시를 주었다.

하늘은 자꾸만 백성에게 재앙을 내리는데
사나운 관리들은 재물 모으기에 바쁘네
도둑때는 우묵한 땅이면 숨어있기 일쑤이니
파리한 백성들은 풀 속에서 탄식 하네
지방의 관리된 자 모름지기 온화해야 하며
오로지 훌륭한 인재에 힘입어야 하리

10월 강진에서 송대장군가(宋大將軍歌)를 지었다. 송대장군은 이름이 송징(宋徵)으로 완도(莞島), 청해진(淸海鎭)을 무대로 활동했던 무장 세력의 우두머리였다. 그 후 완도사람들은 청해진에 사당을 지어 향사하고 지금까지도 우상화하고 있다. 선생의 백성들에 대한 애민사상이 잘 나타나 잇는 서사시(敍事詩)로 78구의 장편시다.

◎ 명종 5년(1550) 경술(庚戌) 선생 55세

겨울에 송천(松川) 양응정(楊應鼎)이 당성(堂城 : 지금의 해남) 마포(馬浦)에 있는 선생의 별업(別業)으로 찾아와 수창하고 상당기간 머물면서 사사하였다.

이때 읊은 시가 수십 편에 이르며 그 사실이 귤옥(橘屋) 윤광계(尹光啓)가 쓴 선생문집 서문에 기재 되어 있으므로 여기에 붙인다.

정사문(鄭斯文) 언식(彦湜)이 선생문하에서 모시고 종사한지 오래라 그때 일들을 자세히 말하는데 양송천(梁松川)이 급제하기 전에 선생과 재주를 겨루어 볼양으로 황산곡시(黃山谷詩) 천편을 외우고 와서 선생을 뵈었다. 선생은 웃으며 대접하시고 고기시(古器詩) 일편을 지어 주셨다. 지금도 그 시를 읽어보면 고기(古器)는 찢고 주물러서 끝내 고상하고 호사한 기상을 보는 사람으로 하여금 고무(鼓舞)를 금치 못하게 되었다.

송천(松川)이 촛불을 돋우고 밤새 읊조려서 화운(和韻) 한 수를 지어 올렸더니 선생은 웃으시며 말씀하시기를 "만일 대수가(大樹歌)를 지어 주었더라면 이 운이 아니더라도 좋지 않았겠나." 하셨다.

송천이 탄복하고 돌아왔다 한다.

무릇 송천도 진실로 일세의 시호였다. 그러나 선생은 한층 더 나아가셨으니 거룩하지 않으리오 앞서 말한 고기는 솥을 말함이고 정자(鼎字)는 송천의 이름자였는데 선생이 노래로 읊어주었고 대수는 선생의 자이다. 이같이 수작하시는 중에 송천은 미처 알지 못하였으니 지금도 그 의사를 추상해 보면 사람들의 천만층위에 초탈(超脫)하였다 하겠다.

양응정이 동짓날에 선생에게 기증한 시 한수를 붙인다.

  전일에는 백옥당(白玉堂)에 계시더니
  임원(林園)으로 물러와서 시문(詩文)에 종사하네
  문란(文爛)은 동서한(東西漢)을 짓밟아버리고
  시격(詩格)은 성만당(盛晚唐)을 임의로 구사하였소
  석상(席上)에 손이 오면 재야(在野) 취미 말하고
  책상머리 바람이니 기위(奇偉)한 재주 폈다오
  오래 머물며 스승으로 모시기 싫지 않으니
  천지(天地)는 밤중이라 일양(一陽)이 시동(始動)하리라.
              (송천집)

◎ 명종 6년(1551) 신해(辛亥) 선생 56세

장춘정시(藏春亭詩)를 지었다. 나주에 유충정(柳忠貞)의 정자인데, 이 시가 생기면서부터 그 소문이 더욱 널리 알려졌다.

우이정(偶爾亭)이 불탈 때 거기에 걸려있던 선생의 현판이 떨어져 물 속에 들어갔는데 물이 역류하니 사람들이 몹시 이상하게 여겼다.

6월에 상경하면서 정읍군루시(井邑郡樓詩)와 금구동헌시(金溝東軒詩)를 지었다.

7월에 내전에서 빈풍시를 내려 읽은 후에 연제하도록 승정원에 명을 내렸다. 그 명을 받들어 세병연계축(洗兵宴契軸)을 만들었다.

인재(忍齋) 홍섬(洪暹)과는 친우였는데 그가 벼슬에서 물러나 있을 때 다음과 같은 시로써 위로하였다.

> 하늘가에는 기러기 울음 짖고
> 객이 되어 다시 강남으로 가네
> 나이 듦에 걸어 다니기 근심이고
> 늙은 말은 산에 매여 곤란하다.
> 나라 위한 단심은 깨끗한데
> 죽은 동생 생각함에 눈물만 아롱지네
> 깊은 밤 鄕月은 멀리 가 있으니
> 누가 이 늙은이 즐겨 붙잡아줄까
> 　　　　　　　　　　　　　(석천집)

송재(松齋) 나세찬(羅世纘)의 만사를 짓고 조문하였다.

◎ 명종 7년(1552) 임자(壬子) 선생 57세

소렴시(泝㶑詩)와 관물당시(觀物堂詩)를 지었다.

아들 달(澾)을 낳았다.
7월 18일 승정원 동부승지(同副承旨)를 배수하였다.
9월 12일 병조참지(兵曹參知)를 배수하였다.

◎ 명종 8년(1553) 계축(癸丑) 선생 58세
  3월 퇴계 이황이 선생을 찾아와 수창하였다. 선생께서 퇴계에게 7언절구 6수를 지어 주고 퇴계는 이에 차운하였는데 그 가운데 한 수씩을 붙인다.

  집이 하늘 끝에 있으니 혼까지 희미하고 멀다.
  벼슬은 장대 끝에 매달린 듯 눈마저 아찔하네
  백발이 무성함은 절반이 근심 탓이니
  황금도 시비가 많으니 녹아날 수 밖에야.
  (석천집)

  마음은 선(善)을 좋아하니, 난초같이 향기롭고
  기개는 간흉을 미워하니 태산같이 높으리
  늙은 나이에 고사(古史)를 보지 마오
  늙는데 역사 보면 상심만 많아지리
  (퇴계집)

  이때 선생은 퇴계와 시에 대하여 논의 하였다. 선생의 시관(詩觀)중에서 일부를 붙인다.

  나의 시는 호탕함을 숭상하노니
  어찌 교묘한 기교를 사용하겠는가
  나의 행함은 큰 길을 걷노니
  꼭 작은 절차에 얽매일 수 없노라

사옹원계축(司饔院契軸)을 만들었다.
세심대시(洗心臺詩)를 지었다.
10월 21일 강원도(江原道) 관찰사(觀察使)를 제수 받았다.
율곡(栗谷) 이이(李珥)가 선생을 찾아와 뵙고 사사하면서 차운한 시가 있어 여기에 붙인다.

> 석천은 옛 은사(隱士)라
> 휘두르는 붓 끝에 풍우가 인다.
> 준일(俊逸)하고 청신(淸新)하다는 것을
> 지금 공(公)에게 합하여 하나이리오
> 흥이 나면 종이 백장을 써 치우고
> 잠간새 시는 권질(卷帙)을 이룬다오
> 나 같은 재주 부끄럽기만 하여
> 마루와 방을 엿보지도 못하오
> 한자리에 가르침을 받으니
> 동시에 난 것이 얼마나 다행이오
> 평생에 무릎을 꿇지 않았는데
> 오늘에야 공의 앞에 굽히나이다.
>
> (율곡집)

영천신잠의 만사를 지어 조문하였다.

◎ 명종 9년(1554) 갑인(甲寅) 선생 59세
정월부터 관동팔경(關東八景)을 두루 살피면서 기행시(紀行詩)를 엮어서 편장(篇章)하고 동행록(東行錄)이라 하였다. 수종사시(水鍾寺詩)를 비롯해서 오정시(梧亭詩), 2월에는 청허루시(淸虛樓詩 : 강릉에 있음), 사새진시(沙塞津詩), 월정사시(月精寺詩 : 오대산에 있음), 종각루시(鐘閣樓詩 : 강릉에 있음), 해학정시(海鶴亭詩 : 오대산에 있음), 죽서루시

(竹西樓詩 : 삼척에 있음)를 지었고, 3월에는 경호시(鏡湖詩 : 강릉 경포대), 낙산사시(洛山寺詩 : 양양에 있음), 이화정시(梨花亭詩), 청간정시(淸澗亭詩), 비선정시(秘仙亭詩 : 낙산사에 있음), 총석대시(叢石臺詩 : 홍천에 있음), 사선정시(四仙亭詩 : 고성 삼일포에 있음), 모진정시(母津亭詩 : 춘천에 있음), 소양정시(昭陽亭詩 : 춘천에 있음), 봉의루시(鳳儀樓詩 : 춘천에 있음), 수월정시(水月亭詩 : 안사축(安司畜)이 지음)를 지었다.

선생의 동행록에 대하여 다음과 같은 시화가 있으므로 여기에 붙인다.

임진왜란 때 왜구가 해주에 침입하여 부용당 현판의 시제를 모두 부수고, 유독 정현과 김성일 두 사람의 시만 남겨두었다. 김성일은 시에 능하지는 못했으나, 일본에 통신사로 갔을 때, 그의 강직함이 일본 사람들에게 높이 평가되었기 때문에 그의 시는 남겨두었던 것이다. 정현의 시는 왜구들도 또한 절창임을 알았으므로 남겨둔 것이다. 또 왜구들이 강릉에 이르러 관부의 현판을 보고 여러 시편은 모두 남겨두었지만, 오직 임억령의 장편 고시만을 떼어서 배에 싣고 돌아갔으니, 왜인들 역시 시를 아는가 보다.

(어우야담)

석천 임억령이 꿈에 시 한 연구(聯句)를 얻었다.
"바람은 마른 잎 나부끼어 강 언덕에 지고,
구름은 먼 산 안고 바다 위에 솟아난다."
그 후에 관동(關東) 관찰사가 되어 삼척(三陟) 죽서루(竹西樓)에 올라보니, 보이는 것이 과연 이전의 꿈과 맞았다. 사람의 일이란 전정(前定)이 없다 할 수 없는 것이다.

(송계만록)

이율곡과 함께 금강구룡연부(金剛九龍淵賦), 추강도부(秋江圖賦), 추천부(秋天賦), 억만폭동부(億萬瀑洞賦)를 지었다.

  금강산(金剛山)에 올라 시를 짓고, 구룡폭포(九龍瀑布)의 석벽에「후세천하제일명승지지(後世天下第一名勝之地)」라고 새겼다.

  호음(湖陰) 정사룡(鄭士龍)과 수창하였다.

  6월 13일 관직에서 물러나 서울로 왔다.

  청천당(聽天堂) 심수경(沈守慶)이 강원 감사(監司)로 갈 때 송별시를 지어주었다.

  성청송의 청(請)이 있어 그의 아버지인 성세순(成世純)의 비명(碑銘)과 서(序)를 지었다.

  즉 우계(牛溪) 성혼(成渾)의 조부(祖父)이다.

  벽강루시(碧江樓詩)를 지었다.

  종실숭천수가야금 병서(宗室崇天守伽倻琴 并序)를 지었다.

◎ 명종 10년(1555) 을묘(乙卯) 선생 60세

  정록계축(正錄契軸)을 지었다.

  이산해(李山海)가 내방하여 용호도부(龍虎圖賦)를 같이 지었다.

  8월에 선생은 성청송의 파산사언시(坡山四言詩)에 차운하였다. 그때 같이 차운한 분들은 신잠(申潛), 상진(尙震), 조식(曺植), 이황(李滉), 조욱(趙昱), 송연(宋演), 성운(成運), 성제원(成悌元), 김인후(金麟厚), 송순(宋純), 송세형(宋世珩), 성륜(成倫), 김이원(金履元), 김홍윤(金弘胤), 이문건(李文楗), 주세붕(周世鵬), 박효남(朴孝南), 오겸(吳謙), 홍봉세(洪奉世), 조준룡(曺俊龍), 이희안(李希顔), 신호(申濩) 등 23인이었다.

  청송은 유명한 선비들만을 골라 청하였으며 자서진적(自書眞蹟)을 첩(帖)으로 만들어 아들 우계에게 전하였다.

  그 후 계곡(溪谷) 장유(張維)가 이 시첩(詩帖)을 보고 선현들의 찬연한 시와 유묵에 감화되어 장서의 발문을 짓고 청송집에 등제하였다. 선생의 진적시 한수만을 골라 여기에 붙인다.

머리칼에 본래 때가 없으니
어찌 머리 감기를 수고로이 하리요.
건에는 본래 끈이 없으니
어찌 씻을 일이 있으리요
종신토록 즐거움은 있어도
하루아침에 근심거리는 없다.
만약 고인에 비한다면
장주(莊周)처럼 노닐겠노라
                              (석천집)

　소재(蘇齋) 노수신(盧守愼)이 선생의 시를 보고 차운하여 서문(書文)과 같이 보내왔다.

나의 사는 데는 성동리(城東里)요
그대의 문(門)은 해상촌(海上村)
오래 석천에 가기를 생각했으나
언제나 물결이 사나워 꺼려해 왔다.
시원한 그대의 시 이름 크게 났고
맑고 겸허한 좋은 명망 높아라
어떻게 해서 좋은 구경 해볼꼬!
나는 사십에 이미 명문(名聞)이 없네
                              (소재집)

◎ 명종 11년(1556) 병진(丙辰) 선생 61세
한성좌윤(漢城左尹) 이찬(李澯)의 묘비와 서를 지었다.
병조계도서(兵曹契圖序)를 지었다.

◎ 명종 12년(1557) 정사(丁巳) 선생 62세
3월 8일 담양부사(潭陽府使 : 옥과현감까지 겸직)를 배수하고 동헌시

(東軒詩)를 지었다. 이때 고봉(高峰) 기대승(奇大升)과 같이 수창하였다.
　9월에 제현들과 정읍(井邑) 내장산(內藏山)에 올라 유람하였고 권철(權轍), 상국(相國)에게 방장산(지리산)을 노래한 시 한편을 보냈더니 이 시를 받고 감격하여 그 시지(詩紙)에 기름을 먹여 소중히 간직하였다는 일화가 있다.
　소쇄 양산보(梁山甫)의 부음을 듣고 조문하였다.
　서경왕후신씨(瑞敬王后愼氏)가 승하하셨다.

◎ 명종 13년(1558) 무오(戊午) 선생 63세
　정초에 고봉 기대승이 병중에 선생을 사모하여 시 8수를 보내왔다.
　죽림당시(竹林堂詩)를 지었다.(성청송의 별랑)
　2월 15일에 관루시(官樓詩)를 지었다.
　관어대시(觀魚臺詩)를 지었나.(곡성 석곡면 온수리, 정순경이 복축함)
　풍영정시(風泳亭詩)를 지었다.(광주 김언거의 정자, 퇴계, 하서와 같이 10영을 지음)
　7월 20일에 말미를 얻어 전원으로 돌아갔다.
　8월 쌍취정기와 피향정기(疲香亭記)를 지었다.
　옥과에 들러 동헌시(東軒詩)를 지었다.

◎ 명종 14년(1559) 기미(己未) 선생 64세
　용추기우축문(龍湫祈雩祝文)을 지었다.
　가을에 담양부사에서 물러났다.
　하서 김인후가 선생 집으로 찾아와 밤이 새도록 여러 수를 수창하였다.

　　　하서(河西)는 빙옥(氷玉)의 모습을 지녀
　　　그 빛이 옆 사람을 비쳐 주누나.

세상 사람 좀처럼 벗 못하는데
오활한 이 늙은이와 친하다니 원.
손을 잡고 눈 달을 마주 대하여
긴 파람 온 이웃을 놀래게 하네.
아무리 도성 안에 산다지마는
적막한 골짜기와 무어 다르리.
거문고 책 좌우로 널리어 있고
술병은 한 가운데 마련되었네.
술을 들땐 청주 탁주 섞어 나오고
붓끝을 휘두르면 귀신 놀래라.
얻고 잃음 새마(塞馬)에 부쳐버리고
영화 고고(枯槁) 천균(天鈞)에 맡기었다오
부귀는 나의 소원 아니다 마다
밭을 간 정자진(鄭子眞)을 따르는 걸세

                                            (석천집)

헌헌하신 석천옹은
어찌 진세중(塵世中)의 사람이랴
풍채를 일찍부터 흠앙하였으나
한번 웃고 친하기 쉽지 않네
화산(華山) 언덕에 살면서
날로 구름과 솔을 이웃하였네
내 마침 눈 온 뒤에 찾아와서
차가운 시내 가에서 문을 두드렸네
아해 불러 따순 방으로 맞이하고
詩와 이야기로 한가히 서로 폈지
당(堂)의 문을 열고 두쥬(斗酒)를 불러내어
읊조리고 휘파람 부니 心神이 화평하다.
격자창(格子窓)으로 꾸민 창살에 따뜻한 햇빛 찾아들고
소나무 바람소리는 풍류소리 고르루나.

술에 취해 말을 타고 돌아오니
참다운 이 맛을 누구라서 알 것인가.

(하서집)

◎ 명종 15년(1560) 경신(庚申) 선생 65세
정월 16일 하서의 부음을 듣고 통곡하며 만장을 지었다.
성산의 서하당에 거처하면서 본격적인 계산풍류(溪山風流)가 이루어졌다.
8월에 관북(關北)의 명승지를 관상하고 백두산(白頭山) 암벽에 글을 새겼다.

천지현황(天地玄黃) 이후로
몇천 년을 지내왔나
알거니 건곤(乾坤)도 응당 늙었기에
청산도 역시 백두가 되었으리

(세림지)

가을에 서하당 부근에 식영정(息影亭)을 지었다.
10월 조정의 부름을 받았다.

명종대왕 경신년(1560) 10월에 중국 사신 일행이 장차 우리나라를 방문한다는 소문이 조정에 알려졌다. 대신들은 선생에게 사신들과 겨룰만한 詩才가 있다는 생각에서, 李退溪, 宋俛仰과 더불어 참여하기 위하여 역말을 보내어 소환하자는 계문을 전하게 올렸다. 이리하여 다음해인 신유년 정월에 세분이 서울에 도착하여 입궐했는데 사신들의 방문이 취소되어 결국 오지 않았다.

(이 기록은 퇴계·면앙의 문집 속에서 추려냄)

11월에 송순과 시를 수창하였다.

겨울에 집에서 추성재(秋城宰), 임헌가(林獻可)의 시에 답하였다.

환벽당시(環碧堂詩)를 지었다.(사촌 김윤재의 정자로, 식영정 앞에 있다.)

◎ 명종 16년(1561) 신유(辛酉) 선생 66세

여름, 인재 김성원이 해남으로 선생을 찾아와 수창하였다.

낙촌(駱村) 박충원(朴忠元)에게 산정잡제(山亭雜題) 7언절구 19수를 지어 부쳤다.

◎ 명종 17년(1562) 임술(壬戌) 선생 67세

남곽초당시(南郭草堂詩)를 지었다.

김홍석(金弘錫 : 김서성의 아버지)의 부음을 듣고 곡하고 만장을 지었다.

선생이 강진에 계실 때 김성원이 찾아와 수창하였다.

정언식(鄭彦湜)이 서울에서 오는데 그 편에 이율곡과 최간이가 선생을 사모하는 시 한수씩을 보내왔다.

> 선생님 용퇴(勇退)하여 토구(菟裘)로 오셨으니,
> 한가한 세월을 넉넉하게 얻었구려.
> 솔바람은 고요한데 차 다린 불 꺼져가고,
> 유자 숲 그윽하니 죽여(竹輿)길 평온하도다.
> 대둔산(大芚山)을 찾은 참된 발길 구름도 따라 왔고,
> 어강(魚江)가에 손님의 배를 달빛이 전송하였네.
> 구수(丘水)에서 품은 생각 다소간 기록하여,
> 일편의 시구(詩句)를 선생님께 보냈지요.
>
> (율곡집)

벼슬을 마다하고 떨어진 갓옷 입었으니,
말년에도 넉넉하신 님의 뜻 알겠구려.
시대를 걱정함은 제현(諸賢)들이 할 일인데,
달 구경 구름 구경하며 조용히 지내시네.
천한 몸이 공연히 신선의 꿈 품었건만,
머나먼 장도(長途)라서 노를 젓기 어렵구려.
차가운 집에서 파립(破笠)쓰고 시구(詩句)를 읊었으니,
즐거웠던 그 시절 기억이나 하실는지.

(간이집)

11월 26일 동생 구령의 부음을 들었다. 그때 구령이 남원부사(南原府使) 재직 시 별세했다.

◎ 명종 18년(1563) 계해(癸亥) 선생 68세
정월 30일에 동생을 영암에 장사지냈다. 이날 범사를 단속하고 신중하게 처신하여 형의 도리를 극진히 하였다.
환학당시(喚鶴堂詩)와 강학루시(降鶴樓詩)를 지었다.
잠사시(岑師詩)의 시첩을 만들었다.
소쇄원시를 지었다.(소쇄처사 양산보가 복축, 식영정 부근에 있다.)
7월에 식영정기(息映亭記)를 완성하였다. 이 기(記)에는 선생의 말년(末年) 사상이 깃들어 있으므로 여기에 붙인다.

金君 剛叔은 나의 친구라. 이에 맑은 시내 위 푸른 솔밭아래 언덕을 하나 차지하여 小亭을 이룩했는데 네 귀에 기둥을 세우고 복판을 비웠으며 지붕은 띠풀로 덮고 대발로 날개처럼 차양을 달았다. 바라보면 포장친 畫舫같이 되었는데 이것으로 나의 休息處를 삼으라 하고 이름을 지으라 한다.
내가 말하기를 네가 장주(莊周)의 말을 들었느냐. 장주의 말에 예

전에 그림자를 무서워하는 자가 있었는데 햇빛 아래서 힘껏 달려갔다. 빠르면 빠를수록 그림자는 더욱 잘 따라 오지 않는가. 하는 수 없이 나무그늘 아래서 쉬었더니 그림자는 없어져 버렸다 한다.

무릇 그림자란 것이 한번 사람의 형체를 따르기 시작하면 사람이 굽히면 그림자도 굽히고 사람이 재치면 따라서 재치며, 가고 올 때나 걷고 멈출 때에도, 형제 하는 대로만 한다.

그러나 그늘진 곳이나 밤에는 없어졌다가 불빛이나 낮에는 또 생겨난다.

사람이 처세하는 것도 이와 같다. 옛말에 사람의 한평생이 꿈이요 허깨비요 물거품이요 그림자라고 하였다.

사람이 태어날 때 造物主에서 형체를 받고 났다가 조물주가 사람을 갖고 희롱하는 것이 어찌 형체가 그림자를 농락하는데 비하겠느냐.

그림자가 천 가지로 변하는 것은 형체의 움직임 여하에 달려 있고, 사람이 천 가지로 변하는 것은 조물주의 처분여하에 달려 있다.

사람이라면 조물주의 시키는 대로 따를 뿐이지 내가 무엇을 어찌 하겠는가.

아침에 부자였다가 저녁에 가난할 수 도 있고, 전에는 귀하게 살다가도 지금에는 천하게 되는 것이 모두 造化兒의 만들기에 달린 것이라 하겠다.

내 한 몸으로 보더라도 전에는 높은 갓, 큰 띠를 두르고 金馬玉堂에 출입하였는데 지금은 죽장망혜(竹杖芒鞋)로 蒼松白石에 소요(消遙)하며, 五鼎의 부귀를 싫다 하고 한 쪽박 마심을 달게 여기고 高官大爵들을 끊어버리고 사슴과 짝을 하니 이것이 모두 무엇이 중간에서 희롱하는 것이 있었기 때문이요 나 스스로도 알 수가 없는 것이다. 어찌 그것을 기뻐하고 슬퍼하겠는가.

강숙은 말하기를 "그림자는 진실로 어찌 할 수 없다 하더라도 선생 같은 분은 굴신(屈伸)을 자유로이 할 수 있으니 세상이 버린 것은 아니옵니다. 聖明의 시대를 만나서도 빛을 감추고 자취를 묻어버리니 이렇게 된 것 아니겠습니까."
  선생은 말하기를 "흐름을 타면 가고 웅덩이를 만나면 거치는 것이라. 가고 멈추는 것이 사람의 힘으로 되는 것이 아니다. 내가 林野로 들어온 것도 천명이라. 한 그림자를 없애려함도 아니다. 내가 冷然히 바람을 타고 조물주와 짝을 하여 大荒의 들판에 놓일 적에 그림자도 없을 것이며 사람이 바라보고 무어라 지목할 수 도 없을 터인즉 이 정자 이름을 息影이라 하면 좋지 않을까" 하였다.
  강숙이 "지금에야 비로소 선생의 뜻을 알았습니다." 하고 그 말을 써서 기록해 달라고 청하였다.
  식영정 운에 송강이 차운하였다.

        어느 해던고 석천옹이
        산세를 잘 보아서 식영정을 세웠네.
        잠깐 멈추었던 님의 그림자,
        갑자기 천상의 별 되셨구려.
        바람을 쏘이면서 대나무 사이 길을 걸었고,
        솟는 달 보려고 송정(松庭)에 서 있었지.
        속인들의 발자취 찾아들지 않을까봐,
        구름 속 이 정자문을 닫지 안했어.
                            (송강 : 서하당유고)

  식영정 20영을 지었다. 그 뒤, 기촌(企村)이 화작하고, 인제(忍齊), 제봉(霽峰), 송강(松江)이 차운하였는데, 그 중에 선생과 송강의 선유동 한 수씩을 붙인다.

        푸른 시내로 이어진 동천(洞天)은,
        밝은 달 맑은 바람 속이로구나.
        때마침 깃털 옷을 입은 늙은이는,

어느 곳 도사신지 알 수가 없네
                                    (선생원운)

그 어느 해 바다위 신선(선생)이
구름 서린 이 산속에 깃들었던고
유적을 어루만지며 슬퍼하노라
머리 하얀 문하의 선비가
                                    (송강)

　서하당 8영을 지었다. 차운 중에 인제의 가산(假山)과 송강의 서가(書架) 한 수씩을 여기 붙인다.

조각돌 뜰 앞에 서 있으니,
푸른 봉우리 몇 층이나 쌓였던고,
생각하다 꿈속에 학이 되어
훨훨 날아 선옹(선생)을 찾으려고
                                    (인제 : 서하당)

신선의 집이라 청옥 안에 있고
그 안상 위에는 백운편이 있어
손 씻고 향 피우고 글을 읽는다.
솔 그늘 대그림자 어울린 곳에서
                                    (송강)

　송강 정철이 성산별곡(星山別曲)을 지었다. 이 별곡은 식영정의 사시절 경치와 그 속에서 유유자적하고 계시는 선생의 생활을 찬미한 것이다.

◎ 명종 19년(1564) 갑자(甲子) 선생 69세

면앙정삼십경(俛仰亭三十景 : 송순의 정자)과 산정십오경(山亭十五景)의 시를 지었다.

해남의 박백응(朴伯凝)의 생질이 편지를 보내왔다.

◎ 명종 20년(1565) 을축(乙丑) 선생 70세

4월 6일에 중종비(中宗妃) 문정왕후 윤씨(文定王后 尹氏)가 승하하였다.

9월 18일 해남에서 외척인 정언홍(鄭彦洪), 정언식(鄭彦湜) 형제가 편지를 보냈다.

백광훈이 찾아와 수창하였다.

육봉 박우의 묘지명과 서를 지었다. 묘지명의 서두에 쓰게 된 동기가 있어 여기에 붙인다.

    내친구 박순(朴淳)군이 급히 편지를 써서 나에게 부탁하기를 「모월모일에 선군의 묘소에 비석을 새겨다 세우려고 하는데 비문을 지금껏 짓지 못했소 사실인즉, 당신을 기다린 것이요.」라고 하였다. 다만 육봉 선생의 문장과 행적은 남방의 사대부들이 북두같이 우러러 보고 있으니 의당 당대의 명공 거물의 대문장으로 옛날 한유(韓愈) 유종원(柳宗元) 같은 사람에게 요구해서 펼쳐 놓아야 지금과 후세에 걸쳐 불변하게 전해질 것이니 내가 어찌 감히 그 글을 짓겠는가마는 또 스스로 생각하기를, 박군이 서울의 문인에게 요구하지 않고 반드시 나에게 요구한데는 까닭이 있다. 내가 육봉의 문하에 나아가 가르침을 받은 지는 실로 오래 되었다. 나는 비록 극소 부분을 들여다보고 살펴보아 그분의 심오한 데는 알지 못하고 있기는 하지마는 다른 사람에 비하면 그래도 모른다고는 말할 수 없고 외람되게 스스로 그분을 깊이 알고 그분을 돈독하게 믿는 점에서는 나만한 사람이 없다고 여기고 있다. 내가 어찌 감히 제주가 무실하다고 거절

할 수 있겠는가…… (생략)

(석천집)

◎ 명종 21년(1566) 병인(丙寅) 선생 71세

공북루시(拱北樓詩)를 지었다. 이때 호은 정사룡, 송강 정철, 옥봉 백광훈, 송천 양응정과 같이 수창하였다.

◎ 명종 22년(1567) 정묘(丁卯) 선생 72세

2월에 손자 극돈(克敦)을 낳았다.
6월 28일 명종이 경복궁 양심당(養心堂)에서 승하하였다. 선조(宣祖)가 즉위하였다.

◎ 선조 원년(1568) 무진(무진) 선생 73세

3월 9일 세상을 떠났다. 해남 마포 명봉산(鳴鳳山) 기좌(己坐) 언덕에 장사하였다.
제봉 고경명이 만사 50수를 짓고 치제(致祭)하였다. 만사 속에 선생의 생애가 들어있어 여기에 붙인다.

> 하늘에 닿도록 드높은 두륜산 기운, 굽실굽실 내려와 동주에서 막혔구나
> 지령에 따라 인걸도 가끔 태어나고, 진기한 보배도 많이들 생산되지
> 공과 같은 그 역량 어디에 비할까, 기린처럼 희구하고 난초처럼 향기로와
> 몇 길 되는 옥수가 빼난 듯하였고, 한 해에 세 번 피는 지초와 같았네
> 번쩍이는 보검이 하늘에 치솟는 듯, 깨끗한 얼음이 옥병 속에 들어있는 듯
> 깊은 생각 천지도 겨눌 수 없었고, 넓은 가슴 운몽택도 삼킬 만 했고
> 호해에서 노닌 풍정 당할 사람 드물었고, 사부도 지을 때마다 앞자

리 차지하였다.
 뛰어난 재주 이태백과 다름없었고, 세상을 비웃는 마음 장주와 똑같 았네
 객난을 따라 금마문에서 피세하고, 황각 길 어긋나자 시 짓기에만 힘썼네
 소산에 계수나무 얼마나 읊었더냐, 중산의 거문고도 한없이 뜯었지
 오랫동안 벼슬길에 나다녔으나, 깨끗한 옷 더럽힌 걸 부끄럽게 여겼 다오
 풍운 한북의 쌍룡궐 떠나와서, 수죽 강남의 수묘궁에서 살았네
 무상한 세상 일 구름처럼 변하건만, 지주와 같은 굳은 절개 흔들리 지 않았었다.
 단청각 위에는 남긴 초상 없었으나, 연단하는 난로 속에 뭇 걱정 사 라졌다오
 치솟는 불평을 가끔 울리긴 했어도, 나라 위한 충성은 한결 같았지
 황도로 따르는 해 보고 싶어서, 형운이 벗어지기를 고대했었네
 한 시대 인물들 모두 밀려나자, 백발을 날리면서 미인만 생각했다오
 뛰어난 중랑도 소용이 없는데, 훌륭한 안석들을 그 누가 알랴
 가태부 이를 좇아 들어오기 전에, 정호에 궁검이 갑자기 떨어졌구나
 새 임금 착하다는 소문을 듣고, 한 번 모시려는 생각 갖기도 했지
 나이 너무 늙어 걱정되긴 하였으나, 들어만 준다면 해낼 수도 있었지
 세상 일 하나도 뜻대로 되지 않아, 깨끗한 산수 찾아 구경만 다녔었다.
 아양곡 읊으면서 어디로 갈까, 꿈속에 학을 타고 관동으로 날아갔지
 경포대 달 밝은 밤에 바람도 쐬고, 금강산 꼭대기서 휘파람도 불었네
 창랑의 소자미도 만난 듯하고, 구루에 갈선옹도 보이는 것 같았네
 아침저녁 맑은 공기 마셔 가면서, 오르락내리락 세월을 보냈다.
 어지러운 세상 소리 듣기가 싫어, 청도로 올라갈 마음 날마다 더해졌지
 달리던 청우 점점 보이지 않고, 날아가던 백학도 돌아오지 않았네
 천상에 옥황상제 명령을 받고서, 백옥루의 기문 쓰려 가버렸다오
 시골의 뭇 선비도 흐느껴 울었고, 서울의 친구들도 한숨만 내쉬었네
 빛나던 봉황이 어디로 갔는지, 희미한 소미성조차 숨어 버렸다.

신령한 시채도 볼 수 없고, 우뚝한 산두도 찾을 곳 없었네
깨끗한 수감도 땅속에 묻혀지고, 이름난 문장만 상자 속에 남아 있다
어느 누가 이것을 발간할지, 외로운 상제는 힘이 없도다
묘 터 만은 전일에 잡아 놓았으나, 장사지낼 준비가 걱정이라네
쓸쓸한 옛집을 바라보니, 월악산 기슭에 비가 내린다
용문에 의탁한 지 얼마나 되었느냐, 어릴 때부터 많은 사랑 받았었지
못생긴 이놈을 가르칠 만하다고, 여러 가지 방향으로 타일러 주었건만
재주가 너무나 둔한 탓으로, 금옥 같은 그릇을 못 만들었네
그래도 발신하려고 서울로 왔을 때, 가끔 모시고서 물어보았죠
어느 땐가 가을철의 달 밝은 밤에, 필운봉 밑에 앉아 술을 마셨다
나그네 생활하면서 지난 세월이, 어언간 십년이 넘어갔는데
꼿꼿한 구습을 버리지 못해, 이러저리 쓸리기가 아주 싫었네
그만 옥윤 따라 함장에 나아가려고, 굳게 약속하고서 가을 오기만 기다렸죠
뜻밖에 오늘날 부고 받고서, 눈물 닦고 만사 쓸 줄 참으로 몰랐습니다
술 한잔 드리고 제문 한 장 읽는다 해도, 가슴속에 쌓인 한 다 이야기하기 어려운데
다음날 훌륭한 묘지를 짓게 되면, 부족한 문장으로 어떻게 써야 할지요
서리 내린 고개에는 낙엽만 휘날리고, 해 저무는 산양에는 피리소리 처량하다
강한과 같은 문장 다시는 볼 수 없는데, 산하의 원기도 그만 다 사라졌다오
나중에 양담과 같은 울음이 터질 때면, 송추에 밤 달이 환하게 비칠거요

(제봉집)

옥봉 백광훈이 만사를 지었다.

　　참으로 슬기롭게 세상을 산 위봉(威鳳)은,
　　삼조(三朝)를 나고 돌며 영화를 누리셨지
　　군자(군자)의 몸 장식(裝飾)함을 스스로 알았고,
　　대인(大人)의 하시는 일 형통함을 보았지요.
　　부지런히 노력하여 남긴 의론(議論)을 이어받아,
　　이 못난 만생(晚生)을 편안하게 위탁했어요.
　　영원히 돌아가서 고와생활(高臥生活) 하는 날,
　　모시고 다닐 기회 또 다시 있을는지
　　　　　　　　　　　　　　　　　　　(옥봉집)

◎ 선조 2년(1569) 기사(己巳) 선생몰 후 1년
　11월 24일 미암(眉岩) 유희춘(柳希春)이 의용(儀容)과 호위(護衛)를 갖추고 선생의 제청을 찾아 술과 과일로 치제하였다. (미암일기)

◎ 선조 5년(1572) 임신(壬申) 선생몰 후 4년
　선생시집 목판본 4책 7권이 개간(開刊)되었다. 제주목관(濟州牧官)에서 목사(牧使) 소흡, 감목(監牧) 이천(李薦), 훈도(訓導) 정언식(鄭彦湜) 등이 개간하여 전라감사(全羅監使) 백담(栢潭) 구봉영(具鳳齡)이 소지한 것을, 같은 퇴계문하생 임연제(臨淵齊), 배삼익(裵三益)이 증정받아 아들 금역당(琴易堂) 배용길(裵龍吉)에게 전하고 이를 산수정(山水亭)에 소장하였다가 고려대학교(高麗大學校)에 옮겨진 것이 아닌가 한다. 현재 고려대학교 도서관 만송문고에 보관되어 있으며 아직까지 다른 곳에서는 찾아볼 수 없다.

◎ 광해 11년(1619) 기미(己未) 선생몰 후 52년
　정월에 귤옥 윤광계가 선생문집의 서문을 지었다. 이때 선생의 외손자

김전(김성원의 아들)의 청에 의하여 문집 발간을 전제로 지었다고 하였는데, 그 문집이 남아있지 않으니 필사본인지 목판본인지를 알 길이 없다. 서문 속에서 시에 대한 구절만을 골라 여기에 붙인다.

근래에 시로써 이름을 날리는 사람이 한둘이 아니다. 그러나 그 시격이 분방웅양(奔放雄洋)하여 장강대하(長江大河)처럼 晝夜로 도도히 흘러도 다하지 않는 분은 오직 석천선생 한분뿐이라 하겠으며 그 밖에 凜烈하신 氣節은 지금까지 사람들의 이목에 너무도 빛나서 지워지지 않는 것은 시보다 더욱 뛰어난다 하겠다.

개론(槪論)한다면 우리나라가 해우(海隅)에 붙어있기는 하나 대대로 시문이 전해 와서 시를 쓰는 사람이 천백인(千百人)으로 바로 당대의 기풍을 본받았다 하겠으니 어찌 지역이 떨어져 있고 시대가 뒤졌다고 적게 볼 수 있으랴. 그중에서도 우리 고을은 동방에서도 편읍(偏邑)이요 선생은 당송을 지난 천백년 뒤에 나셔서 수천 리 밖 궁해(窮海)의 일역(一域)에서 성장하였으나 그 풍성(風聲)과 기습(氣習)은 이백사보(李白社甫)를 본받고 소동과 황산곡에 젖었으니 이 바로 호걸지사(豪傑之士)라고 말할 수 있다. 어찌 동방의 편읍(偏邑)이요 窮海의 일역이라고 경홀히 논할 것인가.

전해오는 말을 듣건대 을사사화(乙巳士禍)가 일어날 줄을 아시고 「고주의조박(孤舟宜早泊)」(외로운 배를 일찍 매는 것이 마땅하다)이라 하셨으니 높은 기절이 남보다 지나셨음을 볼 수 있고 金安老가 한창 用事할 때에 매미를 두고 지은 시에 「산까치가 물어가려고 엿본다.」하였으니 먼저 보는 식견(識見)이 뛰어남을 알 수 있고, 權정승에게 시를 보냈더니 권정승은 종이에 기름을 먹여 갈무렸다 하고, 송대에게 노래를 지어 주었더니 송대는 꿈속에서도 사례하였다 하니 그 웅편거십(雄篇巨什)은 족히 사람을 감동시키고 귀신을 울렸다 하겠다.

저 용궁문답시(龍宮問答詩)는 어의가 너무도 묘망열홀(渺茫悅惚)하여 神인지 측정할 수 없고 聖인지 헤아릴 수 없다. 이미 신이요 성이라면 선생은 극치(極致)에 도달했다 하겠다.

　나는 어려서 서울에서 성장하여 나이도 어렸고 거리도 멀어서 봄바람 같은 선생님 앞에 다만 한 달 동안이라도 다정하신 高論을 얻어 모시지 못하고 이제 와서 그 餘波를 더듬고 근원을 찾으려 하니 한이 아니 될 수 없다.

　그러나 끼치신 향기와 남기신 교훈은 천고를 지나도 없어지지 않는 것이기에 사람을 통하여 전해오고 얻어 배울 수 있었다.

　嗚呼라. 기절이 凜烈한 분은 매양 문장을 等閑視하기 쉽고 문장이 豪放한 분은 흔히 기절을 지키지 못하는 것이 例였다. 문장과 기절을 兼全하기는 참으로 어려운 일이 아니리요.

　噫라. 선생의 시는 사람마다 외우고 찬미하지만 선생의 높으신 기절은 窮巷中에 하는 사람이 드물다. 그러므로 나는 시종 더욱 밝혀지기를 바라마지 않는 것이다.

…(중략)…

　선생의 문집이 세상에 전한지 오래이나 정유병란(丁酉兵亂)을 겪은 후로 더욱 흩어져서 얼마 남지 않았다.

　金監牧이 散亡한 遺稿를 收拾하여 널리 傳할 생각으로 發刊을 서두르는 한편, 나에게 서문을 청해 왔다.

　그러나 내가 어찌 감히 감당할 수 있으리요. 다만 눈으로 보고 마음으로 推想하며 또 사람들이 전하는 바를 말할 뿐이다.

　嗚呼라. 선생의 절의는 국사에 밝게 나타나 있고 선생의 시는 사람들의 입에 전파되어 있다. 새삼 포양하여 기린다는 것이 잘못이 아니리요. 이것은 남이 웃을 뿐만 아니라 나도 또한 웃을 것이며 다음 날 웃는 사람이 나보다 심하리라 하겠다.

◎ 효종 3년(1652) 임진(壬辰) 선생몰 후 85년

　해남읍 교동에 석천사(石川祠)를 세우고 선생을 독향(獨享)하였다. 이 사우는 해남고을의 수원사(首院祠)로서 선생만을 향사(享祠) 해오다가 1689년에 금남(錦南) 최부(崔溥), 미암(眉巖) 유희춘(柳希春)을 추향하여

삼현사(三賢祠)라 하고, 1721년에 귤정(橘亭) 윤구(尹衢), 고산(孤山) 윤선도(尹善道)를 추향하여 오현사(五賢祠)라 하고, 1922년 취죽헌(翠竹軒) 박백응(朴伯凝)을 추향하여 지금은 해촌사(海村祠)라 한다.

◎ 경종 3년(1723) 계묘(癸卯) 선생몰 후 156년
장암정호(鄭澔 : 송강의 현손)가 식영정중수기를 지었다.

　　식영정은 본래 임석천이 남긴 건물이다. 임석천은 명종대왕 을사년(1545)을 당하여 장차 사화가 일어날 것을 예측하고 관로에 뜻을 끊고 고향인 호남에 돌아왔다. 창평현 성산 아래에 조그마한 정자를 지어 식영정이라 현판하고 정기를 지어 자신의 뜻을 보였다.
　　정자 북쪽에 서하당(棲霞堂) 옛터가 있는가 하면 방초주(芳草州), 자미탄(紫薇灘), 노자암, 금헌(琴軒), 월호(月戶) 등 많은 승경(勝景)이 있다. 김하서(金河西), 고제봉(高齊峯) 그리고 우리 松江 선조가 성산동으로 석천을 찾아와 놀았다는 그의 유적(遺蹟)이 역역하여 지금도 뭇사람들의 입에 오르내리고 있다. 송강 유고 속에 기재된 식영정 잡영(雜詠)을 읽어보면, 「鄭子眞의 谷口에 몸을 숨겨서, 소평(邵平)의 심던 외를 손수 심으셨지.」라는 시구(詩句)와 「오랜 세월 이끼 낀 돌팍을 山翁은 臥床으로 삼았구려.」라는 등의 시구(詩句)가 있으니 그분들의 시가를 읊조리는 고상한 뜻이 가히 상상된다. 요즈음 임석천의 자손은 미약하고 손마저 약간 살고 있지만 세력이 고단하여 능히 이 정자를 보수하지 못하고 타인의 물건이 되게 되었다. 나의 族姪 敏河가 前賢인 석천이 남긴 정자가 농사꾼들이 거처하는 곳이 될 것을 아쉬워하는 생각에서 이 정자를 매수하여 다시 손질을 끝내고 나를 초대하여 重修記를 쓰라고 했다. 내가 族姪에게 이르기를 "네가 능히 전현의 유적지를 사모하는 마음에서 식영정을 말끔히 손질하였다니 그의 뜻이 참으로 가상하다. 그러나 정자 주면에 있는 泉石과 勝景을 사랑할 줄만 알고 당시 諸賢들의 아름다운 문장과 덕업을 사모할 줄 모른다면 끝은 취하고 근본은 버리는 격이 아니겠는

가. 인걸은 지령인 이라는 옛말은 가히 믿음직하다. 석천이 이미 예나 지금이나 조금도 달라짐이 없는데 인재의 배출이 어찌 달라짐이 있겠는가. 이제 네 또한 능히 학문과 행동을 닦은 선비들을 초빙하여 벗들과 인의를 강론한다는 옛 성인의 교훈을 지켜야 할 것이다. 옛 분들이 살았던 곳에서 살면서 옛 분들의 행동을 따라 실천한다면 우리 고장의 문장과 덕업은 뒤 사람들의 입에 오르내리는 것이 마치 오늘날 우리가 옛 분들을 이야기 하는 것과 같을 것이니 어찌 아름다운 일이 아니며 어찌 위대한 일이 아니겠는가."

◎ 현종 11년(1670) 경술(庚戌) 선생몰 후 103년

동복에 도원서원(道源書院)을 세우고 선생을 위시하여 정한강(鄭寒岡), 최산두(崔山斗), 안우산(安牛山) 등 사위(四位)를 병향(並享)하였다. 숙종정묘(1687)년에 나주진사 최운익(崔雲翼)등이 상청(上請)하고, 대사성 김창협(金昌協)이 제소(制疏)하여 익년 무진(1688)년 정월 15일에 사액(賜額)되었다. 동부승지 김만길(金萬吉)이 차지(次知)하고, 동년 4월에 문정공 송시열(宋時烈)이 액자를 썼다. 동월 26일에 예조정랑 김상하(金尙夏)가 집례관으로 치제(致祭)하고, 창평현감 박세웅(朴世雄), 옥과현감 윤선독(尹善讀)이 독축하였다.

국왕이 행 예조정랑 김상하를 보내어 전라도 동복현 고 명신 임억령, 정구, 최산두, 안방준 등의 영전에 삼가 제문을 읽습니다.
아~ 중종임금께서는 장수하시면서 인재를 등용하셨다. 이때 재주와 슬기가 뛰어난 선비를 배출하였기에 서로서로 계승하여 뭇사람들의 이목을 끌었도다. 남겨놓은 그들의 얼은 어엿하여 엊그제 같구나.
말하자면 임억령 승선은 뜻도 높고 행동도 결백하였기에, 간사한 저들을 미워하다가, 드디어는 그들에게 배제를 당했도다. 올바른 방향으로 아우를 꾸짖었으며, 록권을 불살라 자신을 격려했다네. 문장을 연구하는 것은 그 밖의 일로 여겼으니, 뛰어난 인물이었지. 말씀

마다 뜻이 담겨있고 그의 모습 엄격하였으니 누구든지 그의 얘기를 들으면 겁쟁이는 자립할 수 있고 욕심쟁이는 청렴해질 것이다.

또 그 다음 정구 문목은 순수하고 높은 기질을 가졌구나. 寒暄堂의 학문을 퇴계에게 받았다네. 본체와 작용이 꼭 같았으니 의로움과 공경함이 일치되었구나.

나라님께 상소하여 윤기를 붙들었고 기강을 세웠으며, 더구나 온당한 의론을 세워 저술을 펴냈으니, 우리 도학을 도왔구나. 우매한 뭇사람의 식견을 열어주었고, 자신의 깊은 학문을 보여주었도다.

또 최산두 중서는 당세에 三傑이라고 일컬었다. 일찍이 諸賢들과 마음을 같이 하여 학문을 갈고 닦았으니 그는 뜻을 성실하게 하고 마음을 바르게 하는데 학문의 힘을 쏟았고 군주를 바르게 돕는다는 지조를 가졌다. 그러나 뭇 간흉들이 稿를 일으킴으로 사림파는 모두 참화를 입어야 했다. 드디어 외딴 시골에서 귀양살이를 하다가 자신의 뜻을 펴지 못하고 죽었으니 남겨놓은 아름다운 얼은, 오랜 세월을 보냈건만 없어지지 않았다.

안방준 시랑은 선비의 기질을 갈고 닦았으며 책보 매고 스승을 찾아가 그의 가르침을 받았다. 자신의 의견을 써서 전하에게 올렸으니 그의 언론이 정직하였고, 한결같은 나라 걱정은 늙어서 더욱 독실하였다. 시골에 쉬면서 후학을 지도하였으니 선비들 학문하는 붐이 일어나 본보기로 삼았다.

이 네 분 신하들은 세상에 드문 보배로운 선비로다. 그들이 세운 업적 높고 높았으니 그 누구를 같다 할고 그들의 지조와 모습을 회상하니 슬퍼할 뿐 따라 갈 수 없구나. 저 호남 땅 동복읍 바라보니 그들이 살았던 곳이다. 이곳에 조두의 예를 갖추고 차례대로 나란히 모셔라. 이제 예관을 보내어 아름다운 편액을 내리고 멀리서 술잔을 올리노니 흠양하기 바라오.

(열읍원우사적)

◎ 숙종 4년(1678) 무오(戊午) 선생몰 후 111년
문곡(文谷) 김수항(金壽恒)이 선생의 행적기략(行蹟紀略)을 지었다. 이때 문곡은 영암에 있었다.

(상략) 선생은 기위(奇偉) 고결하신 천품(天禀)을 타고 나시어 세속 따라 구합하기를 싫어하시니 자주 간인들의 미움을 사게 되었다.
　벼슬에 계시기는 하셨으나 항상 留落되어 불우하게 지내시다가 을사사화가 일어난 뒤로는 다시는 당세에 뜻이 없어 은퇴(隱退)하시려고만 힘쓰시고 간혹 외직과 방백을 임명받았으나 멀지 않아 사귀(謝歸)하고 임학(林壑)에 은거하여 서적을 탐토(探討)하시다가 돌아가셨다.
　쓰시는 문장은 굉방(宏放) 준일하며 더욱이 시에 뛰어나시어 붓을 잡으면 일필휘지(一筆揮之)로 써내시니 일시인(一時人)들이 다투어 전송하였다.
　일찍부터 창평 성산동의 수석이 좋음을 사랑하여 卜築하고 사시게 되었다. 당은 서하당(棲霞堂)이라 이름하고 정자는 식영정이라 하여 기문과 제영(諸詠) 제시가 있다. 해남으로 돌아오셔서도 자주 왕래하시며 棲息하시니 송강 정상공이 성산별곡 노래를 지어서 선생을 찬미하신 것이 지금까지도 전파되어 불리어 온다.
　선생이 교유하시던 분들도 모두가 명인 석사라 더욱이 聽松成 先生 형제와는 막역한 처지로 지나셨고 그 뒤로 율곡, 사암, 고봉 諸선생들도 모두 경중히 상종하였다.
　선생은 평생에 箸述이 가장 많으셨는데 많이 散失되고 돌아가신 뒤로 후손들이 영체(零替)하고 여러 차례 병란을 겪다 보니 가승구적이라고는 하나도 남은 것이 없다. 심지어 선생의 관직행역(官職行歷)까지도 찾아 볼 수 없다.
　지금 선생의 외손 창평 김성인 집에서 유고한 질을 얻어서 등재 출간하기로 하고 선생의 시졸대략을 이같이 약기하고, 한편 외사에 小錄된 몇 가지와 제현들의 창화수답한 시문 몇 수를 부록하여 다음날 선생을 알고자 하는 사람을 위하여 고신할 바를 준비해 두는 바

이다.(하략)

선생의 문집 목판본 7권 3책이 간행되었다. 이 문집은 앞의 행적 기략을 볼 때 문곡이 편집하고 간행을 주도한 것이다. 문집은 고려대학교에 보존되어 있으며 그때 각한 목판일부가 해남 교동 선산임씨 제각과 영암 영보 전주최씨 제작에 분산·보관되어 있다.

◎ 숙종 18년(1692) 임신(壬申) 선생몰 후 125년

6월 현석(玄石) 박세채(朴世采)가 선생의 묘표를 지었다. 해남 현감 유상재(柳尙載)가 요청하고 비를 세웠다.

호남에 원래 명현일사(名賢逸士)가 많기로 이름 나 있으나 우리 명종, 중종에 와서 가장 전성하였고 그중에서도 문장과 절의가 탁연하여 일시 제현들의 추중을 받은 분은 오직 고 관찰사 석천선생 임 공이 가장 현저(顯著)하다 하겠다.

…(중략)…

선생은 천성이 척당불기하여 기이한 절의와 거룩한 기상이 있고 소년시절부터 문장이 능하시어 빛나는 벼슬자리에 출입하였으나 그 지조(志操)는 정결(貞潔)하여 세속 따라 부앙하지 않고 간사배(奸邪輩)들이 날뛰는 것을 보면 불평을 참지 못하였다. 이래서 만년까지 낙탁부우(落拓不遇)하게 지나시다가 을사사화가 일어날 조짐이 있자 벼슬을 버리고 고향으로 돌아오셨다. 감사, 부사의 벼슬을 다 버리고 돌아와서는 다시 당세에 뜻이 없어 수석이 좋은 창평 성산동에 거처를 마련하고 왕래 서식하시며, 자연을 읊조리고 편히 지내셨다.

그 문장은 웅사하고 호일(豪逸)하시니 대저 남화경(장자)과 청년(이백)을 본받아 모든 사람들의 입에 회구(膾炙)로 전해 오고 있으나 그 심오한 맛은 쉽게 엿볼 수 없다.

평생에 교유(교유)하신 사람은 당대의 명현이 많았으나, 성청송 수침(守琛)과 김하서 인후(麟厚)와 가장 가까이 지나셨으니 그 뜻과 의리가 서로 부합되었음을 가히 알 수 있다.

그 뒤로 사사하러 오는 사람이 더욱 많아져서 율곡 이 선생이 공에게 증정한 시에 「평생에 누구에게도 무릎을 꿇지 않았는데 금일에야 무릎이 스스로 꿇어졌다」고 하였다. 그 뜻은 하필 시만을 마함이 아니리라. 아~ 성스럽다 하겠다.

…(중략)…

진세(塵世)를 뛰어 넘는 기걸한 문장을 가졌음에도 스스로 자랑하지 않고 시대를 비탄하고 우수(憂愁)하는 뜻이 있으면서 스스로 나타내지 않고 벼슬을 버리고 깨끗이 돌아가는 아름다움이 있으면서도 스스로 남달리 행동하지 않으셨다.

뒤에 사람들은 한낱 그분의 초연하신 흉회(胸懷)가 진세를 벗어나서 팔극(八極)의 밖에 우유자적(優遊自適)하시던 것만 보았고 그 위에 일들은 말한 바 없었다.

오직 생각건대 동시의 제현들이 혹은 시문으로 수창(酬唱)하고 혹은 덕의로 추중하여 한결같이 호남의 명현일상 중에 거벽(巨擘)이라 손꼽아서 지금까지 사람들의 이목에 빛나고 있으니 이것이 공을 안다는 것인가. 이것이 공을 알았다 하겠는가. 아~ 성스러우시어라.

…(하략)…

◎ 정조 19년(1795) 을묘(乙卯) 선생몰 후 228년

창평 지곡리 성산에 성산사(星山祠)를 세우고 선생을 주벽으로 향사했다. 이때 계곡(谿谷) 장유(張維), 기암(畸庵) 정홍명(鄭弘溟), 목창(睦窓) 조흡, 삼연(三淵) 김창흡(金昌翕)을 배향(配享)하고, 2년 후에 소은(蕭隱) 정민하(鄭敏河), 계당(溪堂) 정근(鄭根)을 추배(追配)하였다.

◎ 철종 2년(1851) 신해(辛亥) 선생몰 후 284년

성산사우가 홍수로 훼손되어 강 건너 석저촌(石底村 : 환벽당 뒷)으로 옮기고 환벽사(還碧祠)라 하였다. 이때 춘향(春享)은 광주향교, 추향은 창평학교에서 향사하였다. 그 뒤 고종 5년 사우 철폐령으로 위패는 그

자리에 묻고 지금까지 복원하지 못하고 있다.

◎ 광무 2년(1898) 무술(戊戌) 선생몰 후 331년

11월에 선생문집 7권 3책을 인출하였다. 1678년에 문곡이 편집 간행한 목판중에서 8권부터 11권까지는 없어지고 1권부터 7권까지만 영암영보 최씨 문각에 남아있어 이를 보수하고 여기에 현석 박세채가 쓴 묘표와 습유시 몇십 수를 보충하여 7권 3책으로 인출한 것이다.

◎ 고종 17년(1935) 을해(乙亥) 선생몰 후 368년

선생 문집 보유록(補遺錄) 한 책을 작성하였다. 선생의 시 중에서 선별하여 목각하고 남겨둔 시를 임영한(林英漢)이 기록한 것이다. 이 안에는 선생의 연보가 들어 있다.

◎ 광복 39년(1984) 갑자(甲子) 선생몰 후 417년

3월, 선생의 문집 필사본 5책이 서울대학교 규장각에서 발견되었다. 여기 등제된 시가 2,300여 수이며 편차가 연대순으로 되어 있어 선생 연구에 참고가 된다.

◎ 광복 42년(1987) 정묘(丁卯) 선생몰 후 420년

3월에 사남 변시연(邊時淵)이 선생의 묘지명(墓誌銘)을 지었다.

5월에 연민(淵民) 이가원(李家源)이 선생의 신도비명(神道碑銘)을 지었다.

◎ 광복 44년(1989) 기사(己巳) 선생몰 후 422년

선생문집 영인본이 간행되었다.

임남형(林南炯)이 규장각본을 대본으로 영인하고 1678년 간행본 부록과 1898년 간행본습유, 1935년 필사본습유 및 연보를 보정(補正) 첨부하

였으며, 신증(新增)으로 서술(敍述), 제현수창(諸賢酬唱), 사액제문(賜額祭文), 신도비명(神道碑銘), 묘지명(墓誌銘), 식영정중수기(息影亭重修記), 조선왕조실록요초(朝鮮王朝實錄要抄) 등을 국역(國譯)하여 편집하고 임용주(林容柱) 교수의 논문과 임형택(林熒澤) 교수의 해제를 붙여 <여강출판사>에 위탁·간행하였다.

◎ 광복 45년(1990) 경오(庚午) 선생몰 후 423년

선생문집 영인본 속편을 간행하였다. 임남형이 영인본을 간행한 직후, 1572년에 제주목관에서 간행한 선생시집 최초본(고려대학교 소장)을 발견하고 영인본에 없는 시 215수를 가려 속간(續刊)하였다.

〈보유록(補遺錄)에 있는 연보를 보정하여 임남형(林南炯) 삼가 기록함〉

임남형(林南炯)

전남 보성 출생(1932)
목포 문태고등학교 졸업
전남대학교 임학과 수료
선산임씨(善山林氏) 종친회장 역임
무등산권 문화유산 보존회 고문 역임
제13회 전국향토문화연구 발표회 연구논문 우수상 수상
논문 「星山別曲의 創作動機에 대한 再檢討」
　　　「榮山江이 輩出한 湖南의 10大 詩人」

石川 林億齡의 生涯와 詩文學

초판 1쇄 인쇄 • 2011년 12월 15일
초판 1쇄 발행 • 2011년 12월 20일

저　자 • 임남형
발행인 • 박성복
발행처 • 도서출판 月印
　　　　서울특별시 강북구 수유2동 252-9
등　록 • 제6-0364호
등록일 • 1998년 5월 4일
전　화 • (02) 912-5000
팩　스 • (02) 900-5036
www.worin.net

ⓒ 임남형, 2011

ISBN 978-89-8477-508-4　93810

값 15,000원

☞ 잘못된 책은 구입하신 서점이나 본사에서 바꾸어 드립니다.